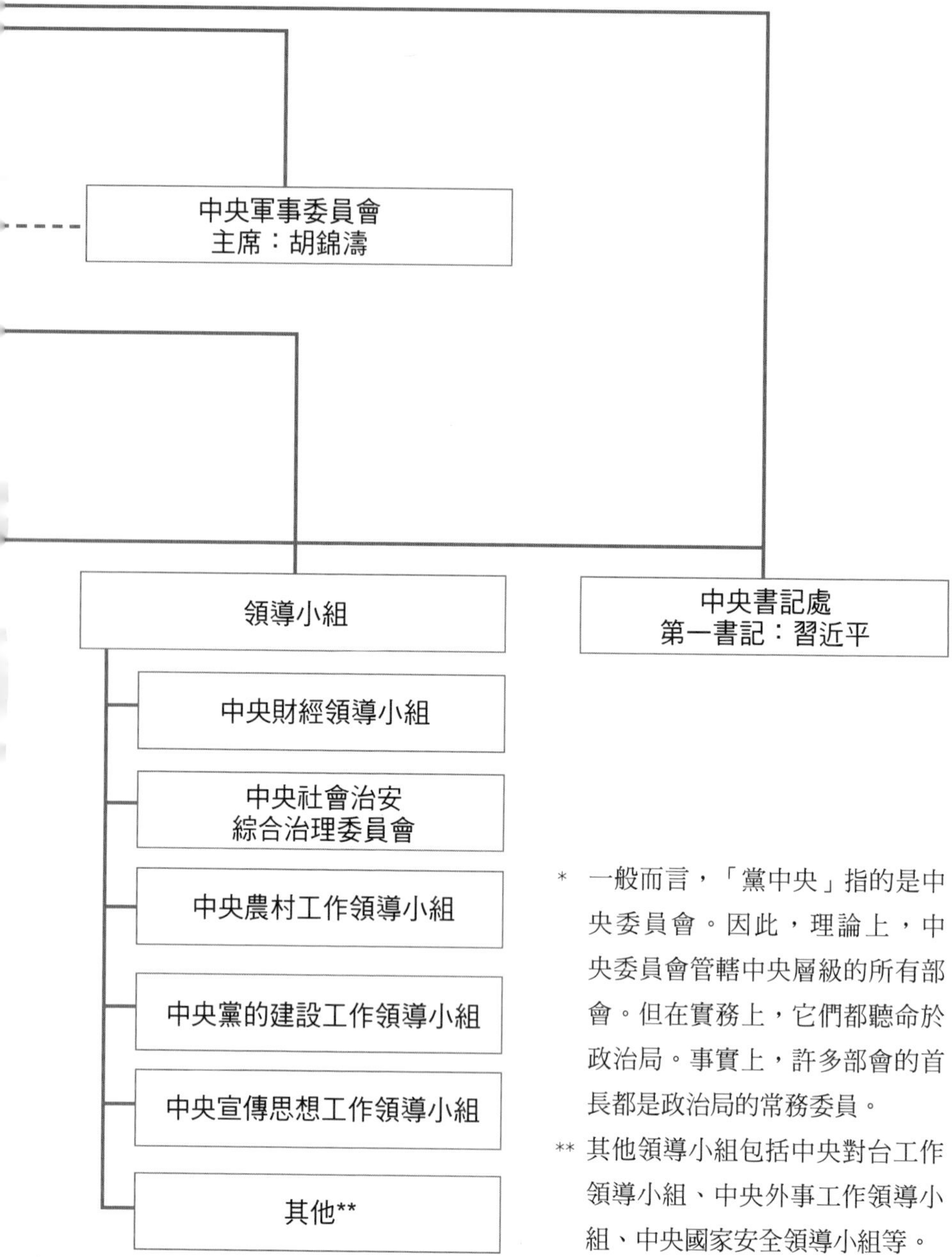

* 一般而言，「黨中央」指的是中央委員會。因此，理論上，中央委員會管轄中央層級的所有部會。但在實務上，它們都聽命於政治局。事實上，許多部會的首長都是政治局的常務委員。

** 其他領導小組包括中央對台工作領導小組、中央外事工作領導小組、中央國家安全領導小組等。

中國共產黨

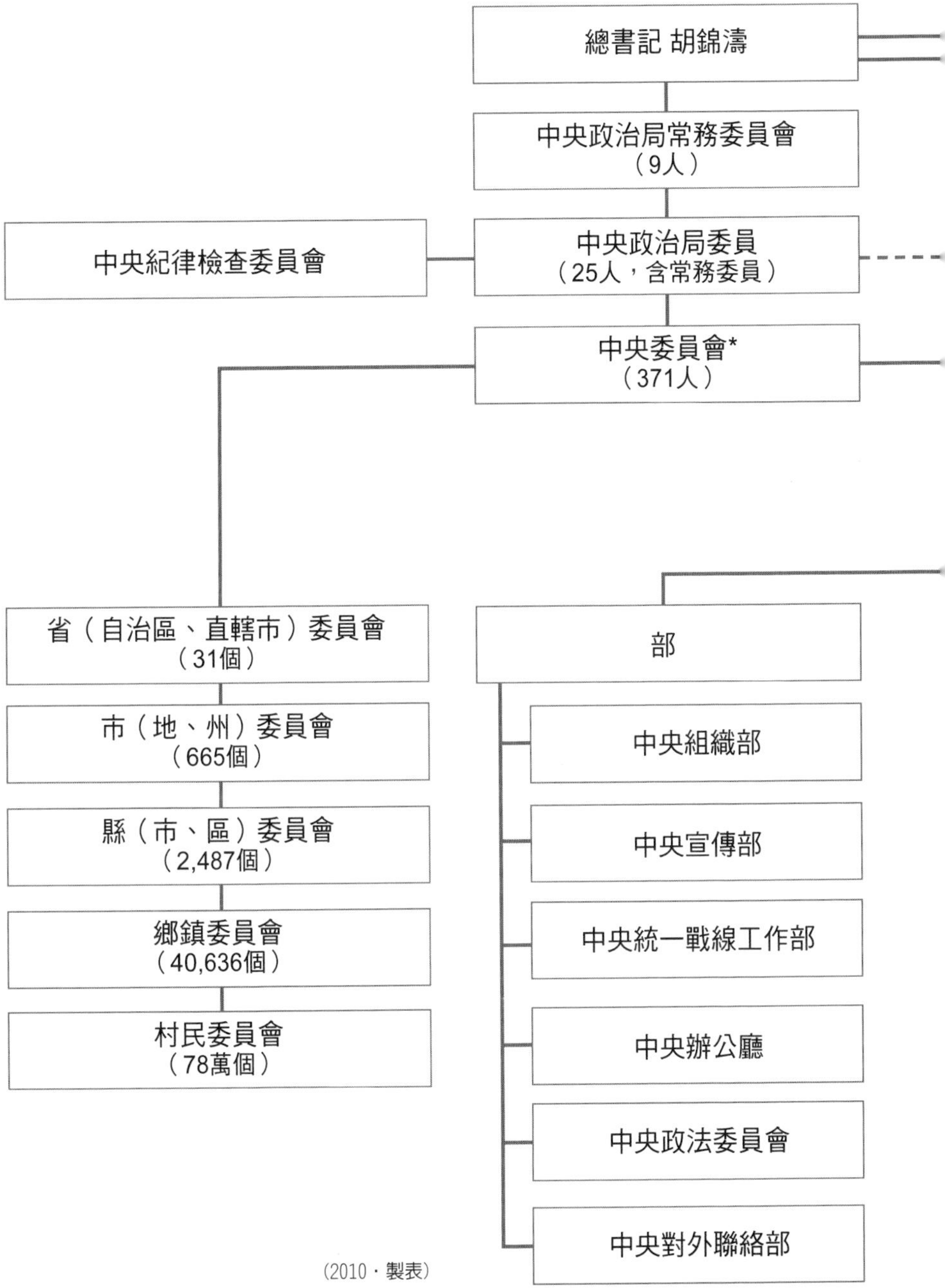
總書記 胡錦濤
中央政治局常務委員會
（9人）
中央政治局委員
（25人，含常務委員）
中央紀律檢查委員會
中央委員會*
（371人）
省（自治區、直轄市）委員會
（31個）
市（地、州）委員會
（665個）
縣（市、區）委員會
（2,487個）
鄉鎮委員會
（40,636個）
村民委員會
（78萬個）
部
中央組織部
中央宣傳部
中央統一戰線工作部
中央辦公廳
中央政法委員會
中央對外聯絡部

（2010・製表）

中國共產黨不可說的祕密

馬利德——著　樂為良——譯

The Party

The Secret World of China's Communist Rulers

by Richard McGregor

獻給Kath、Angus與Cate，
並以此紀念Gwen

中國共產黨不可說的祕密

目次

前言 009

第一章 **紅色機器——黨與國家** 021

九名身著深色西裝的男子

黨不僅控制政府，它本身其實就是政府

共產黨員在哪裡？

「在中國共產黨領導下」

要不要隨你

政治奇蹟已不足形容

第二章 **「中國公司」——黨與商業** 059

蘇聯巨變後，中國的現實應對與戰略選擇？

經濟放開，政治收緊

中國的經濟沙皇朱鎔基

絕口不提黨在國企的幕後角色

社會主義大協作：「中國公司」
挾持政府的中石油
實踐最新版共產主義原則的唯一途徑：為股東爭取最高回報

第三章 **個人檔案看管者——黨與人事** 101
掌握人事任命的神祕機構：組織部
始於毛澤東的疑心
中央組織部說了算
體制促使官員瀆職
買官打入體制享榮華
刻意脫離體制求富貴

第四章 **為何而戰——黨與軍隊** 141
江澤民和胡錦濤：拉攏解放軍的不同方式
黨對軍隊的絕對領導？
從無所不包到現代化、專業化的解放軍
「台灣是中國領土不可分割的一部分」
「爭取島內廣大民心的支持」

第五章 **上海幫——黨與貪腐** 177
小蝦米對抗大鯨魚
只貪汙一百萬美元，該算是清官
「老百姓的眼睛雪亮，許多案件靠老百姓舉報」
上海：從「帝國主義的妓女」到「社會主義的櫥窗」
胡錦濤與江澤民的角力
轉機：周正毅案
出手：陳良宇案
老虎作報告，狐狸拍手笑，蒼蠅嗡嗡叫，耗子嚇得滿街跑

第六章 **天高皇帝遠——黨與地方** 217
奧運的序幕、三鹿案的序幕
如同獨立公司的各個地方政府
用高科技、高標準、高質量、高營養的三鹿奶粉為中國的未來加油！
三鹿案的尾聲
黨何時隱身、何時亮相？

第七章 **鄧小平完善了社會主義——黨與企業家** 245
共產黨和資本主義企業的邪門結盟

The Party

The Secret World of China's Communist Rulers

公有與私營的刻意混淆
階級、財富與企業家入黨
雅芳小姐與沃爾瑪工會
黨組是私營公司「正常」的象徵
要口袋有錢，又懂得政治配合
企業家是重要的養子，不是自己人

第八章 **墓碑——黨與歷史** 287
共產黨！毛主席！救救我們！
中國共產黨政權的成立是歷史之必然
毛澤東的微笑
我們是吃狼奶長大的
大躍進、大饑荒
當局不像從前那麼笨

後記 327
致謝 339

前言

在西方陷入金融危機的二〇〇八年夏，幾位受到中國邀請的老外由接待員領進北京中央的故宮，晉見圍牆內莫測高深的領導高層，提供他們的財政建議。進入會議室後，來客挺直坐在軟墊扶手椅的邊緣；這些披上椅套的扶手椅排成U字形，營造出一種效果，即中國主人與來客各據一方。裝飾的鮮花、冒著熱氣的茶杯、歡迎遠道而來朋友的熱情寒暄……所有經得起時間考驗的待客之道，一樣也不少。

仔細聽的人會發現，會議中唯一未照腳本演出的，就是坐在正對面的主人，也就是負責中國金融事務的副總理王岐山。他身材高大，顴骨突出、精明逼人，這位新政治局委員的作風不像其他不把話說清楚的官員，讓人去猜他到底想說什麼。在過去，中國常常透過這種會面來聽取外國的意見，吸收新的政策主張，熱切的程度有如涼亭鳥一般。但這次王岐山直截了當表明，中國的金融體系可以從訪客學到的地方不多。訪客之一說道：「王岐山說：『西方人這麼幹，咱這麼幹。』儘管這句話中國人常說，但他的言下之意其實是：『你有你的方式，我們有我們的方式，而我們的作法才對！』」

二〇〇一年中國首次主辦博鰲論壇，全球金融家熱情地趕往中國，就像過去每年前往瑞士阿爾卑斯山參加世界經濟論壇一樣，但博鰲論壇所仿造的，其實正是世界經濟論壇。二〇〇九年四月，豪華轎車從機場接走金融界的菁英，趕往海南海濱的會議中心，此地的景觀不同於中國一般冠蓋雲集的場合。這裡沒有北京肅穆的大道，也沒有入口寬敞莊嚴、會議廳風格獨具而警戒森嚴的大理石建築（譯注：指人民大會堂）；氣候也不同於時遭大漠黃沙吹襲的乾燥北京。博鰲論壇的打造，就是刻意為了傳達崛起的中國的善意。

博鰲論壇最初召開的幾年，雙方皆互表善意。北京有意借重西方技術，重整破產的國有銀行，外國銀行家看中的則是進入中國市場這項回報。二〇〇五年底和二〇〇六年初，外國金融機構在中國瘋狂地進行交易，對國有銀行投資了數百億美元，而今這些交易的頭期款已經交付。除了大量投資，外商銀行還承諾要教會落後的中國銀行如何做到風險管理和金融創新。西方銀行把這項工作當成是成人教育，這就是為什麼後來發生的事情如此令人震驚。

這幾筆在中國的重大交易未滿兩年，國際金融界這些銳氣盡失的白人又來到中國。[1]飽受信貸危機的拖累，這次回來，他們既沒面子又低聲下氣，希望尋求中國資金，好出脫剛買到手的資產，把錢匯回國內以平衡資產負債表。在博鰲和北京，這些銀行家與顧問不但沒有露一手，而是露一下臉就閃人。在二〇〇九年博鰲亞洲論壇上，中方高級官員輪番上陣，一改過去會議上盡說好話的作風：首先，某金融監管機構官員痛斥最近一次全球領袖會議只會耍嘴皮子；另位官員則把國際信評機構在這次金融危機的作用貶得一文不值；一位退休的政治局委員意味深長地建議，如果美方希望中國繼續購買美國公債，美國就得確保亞洲國家的利益。

在輪到「中國公司」的代表人物樓繼偉發言時，更是完全不顧客套。樓繼偉是中國主權基金中投公司的首席，自二〇〇七年該機構成立起，便刻意把身段放軟。工作剛展開那幾年的重重困難，使得樓繼偉笑容盡失。而基金最初幾筆大膽的境外投資賠了錢，讓樓繼偉在中國飽受批評。在海外，對美國和德國的投資遭到否決，讓他變得言語尖刻。

樓繼偉告訴博鰲會上的政要，基金成立後，來自歐盟的代表團是以什麼方式要求這個由他承擔全部風險的基金，必須放棄表決權才能購買這些公司的股權。樓繼偉表示，遇到這種得了便宜還賣乖的態度，算他運氣好，因為若順利進入市場，他會賠上一拖拉庫的錢。他說：「所以，我要感謝這些金融保護主義者，因為，最後，我們沒在歐洲投資一分錢。」現場聽眾有人竊笑，有人驚訝，他語帶嘲諷地說，現在歐洲人回過頭來滿臉羞愧地告訴他，歡迎他的錢，而且不帶任何附加條件。「人們突然覺得我們可愛起來。」

博鰲會議流露出中國語帶尖酸的必勝信念，而從二〇〇九年初起，這也出現在政府聲明、官方辯論、官方媒體和國內外進行的雙邊會議中。但外界不易觀察到的是，官方宣傳機器其實也在幕後煽風點火。《人民日報》是中共黨報，頭版通常只報導最高領導人每日的活動、外國嘉賓和最新的政治運動。這份報紙就像是官員內部的布告欄，非報導不可的金融新聞，只能放在後面幾個版。被西方國家嘲笑為金融殭屍的中國各家銀行，二〇〇九年三月公布良好的獲利報告，讓這份黨報無法不為之打破慣例。《人民日報》醒目的頭條主標題為「中國銀行業交出亮麗答卷」，副題為「在國際金融風暴中經受考驗獨樹一幟」。[2]

十年來，北京一直抵制華府的壓力；在前高盛公司（Goldman Sachs）首席執行長、時任財政部長的鮑爾森（Hank Paulson）帶領下，美國向中國推銷金融自由化。從二〇〇一年到二〇〇八年，中國經濟規模增長了三倍多。[3]但隨中國的崛起，北京不願再耐心聽取外國人的建議。不過，還是等到西方出現金融危機，才讓王岐山這類人的信心在體制內緩增擴散，直到前所未有地浮上檯面。許多中國領導人也開始大聲表達王岐山私下的心聲：咱到底從西方學到什麼啊？

鄧小平在七〇年代末所推出的、毛澤東後的中國特色治理模式究竟是什麼？幾經解釋，仍莫衷一是。是新加坡式的善意專制？是眾人用來形容日本的資本主義發展國家（capitalist development state）？是混合市場經濟的新儒學？是蘇聯解體後慢鏡頭的版本：菁英份子攫取公共資產謀取私利？是強盜大亨的社會主義？抑或與上述完全不同，是個全新的模式，時髦的叫法是「北京共識」（Beijing Consensus），其核心就是能實際解決問題的政策與技術創新？

但沒有人再說它是共產主義模式，甚至連執政的中共自己也不這麼說。

世界上最大的共產國家崛起，是如何替共產主義換上新面貌，在某個層次上，並無神祕之處。對現代中國的多種解釋，彼此矛盾的程度令人暈頭轉向，沒人看得懂。本來是個革命政黨，現在卻成了不折不扣的既得利益者。以反貪腐起家的共產黨人，本身卻染上同樣的絕症。最高領導人的公開聲明，依舊堅持馬克思主義，儘管他們要靠不講情面的私營企業創造就業機會。黨中央鼓吹平等，但收入分配的不均，絕不遜於亞洲任何國家。共產黨人一度藐視革命前的中國買辦商人，但在一九九七年從英國收回殖民地和香港富豪攜手同心時，卻一點也不覺得有什麼不好意思。

黨陳述的假象「中國是個社會主義國家」與日常生活現實的差距，一年比一年嚴重。但是，黨仍然必須捍衛此一可笑的假象，因為它代表政治現狀。包瑞嘉（Richard Baum）說：「他們的意識形態就是權力論，因此維護權力乃至高要務。」黨中央護衛權力的同時，也就自然而然地捍衛了既存體制。套用主管外交事務的國務委員戴秉國的話：「中國的核心利益第一是維護基本制度和國家安全，其次是國家主權和領土完整，第三是經濟社會的持續穩定發展。」[4]而所有這些要務的前提，就是黨必須繼續掌權。

黨費盡心思，不讓長期掌權的機制，出現在中國公共生活的前台，或是成為國際社會視線的焦點。許多西方國家也順勢視黨在幕後操作為理所當然，就當中國有個不斷演進的政府體制，也像其他政府一樣，有其優缺點、怪癖和弱點。中國商業的繁榮與對全球化的擁抱，足以讓許多人不再認為共產主義仍緊抓不放，隨處可見的星巴克彷彿就是政治進步的標誌。

然而，窺探中國模式的內部，中國卻要比外表看起來更像個共產主義社會。設計世界各共產主義國家原型的列寧（Vladimir Lenin），可以馬上看出中國這套模式是他的傑作。中共緊抓權力的基礎，靠的就是不斷強調列寧提出的簡單公式。三十年來的改革開放，中共牢牢抓著政府與生存的三大策略，就是控制人事、宣傳和人民解放軍。

自一九四九年起，中共就自命為統一的中國唯一具有正當性的治理機構，黨及領導人在軍隊與政府各個階層的主要位置安插黨員。就算中國人民為了跟上網路時代而加快腳步學習，中國所有媒體還是受制於宣傳部。就算有人想挑戰這套體制，黨還有個備用的大權，就是無論如何都得抓緊的軍方和國安機構，它們是統治的最高保證。

中國早已放棄舊式的共黨中央計畫，改為看起來更光鮮的混合式市場經濟，這是中共最偉大的創新，它創造了巨大財富，也擴大了貧富差距。但根據蘇聯史史學家舍維斯（Robert Service）的定義標準來檢驗中國，北京仍維持了二十世紀共產主義政權許多該有的特質。

就像其他共產政權，**中國共產黨剷除或閹割了政治對手，廢止了司法和新聞自主權，限制宗教和民間社團活動，抹黑不同調的國家定位說法，中央集權，建立無孔不入的安全檢查網，將反動份子打入勞改營**。一直以來，中共領導人都如老式共產黨人一般，表示「馬克思主義沒錯，並自稱是完美無瑕的人類事務家」，只不過最近幾年比較少提而已。[5]

黨歷經數次自我毀滅的危機，首先是五〇年代起毛澤東主政三十餘年間所發動的數次殘酷整肅，接著是一九八九年以軍隊鎮壓北京和其他地方的示威。蘇聯及其附庸國接連崩潰後，中共在一九八九年到一九九二年間也面臨生存危機，此一事件至今仍影響北京的權力核心。每次災難後，中共都能倒地再起，枕戈待旦。不知怎的，這個黨都能勝過、唬倒或乾脆囚禁批評者，讓在許多關頭預言它將滅亡的專家頭暈目眩。純以政治機器而論，黨威力驚人且龐大無比。到二〇〇九年中，黨員達七千五百萬人，相當於每十二個成人中就有一名共產黨員。

中共邊緣化所有的政治對手，把他們變得有點像第二次波斯灣戰爭後的伊拉克軍隊（譯注：主力是美軍，伊拉克軍隊聊備一格）。就算黨潰散或瓦解了，它也會重新再起，因為唯有黨員擁有技能、經驗和人脈運轉中國。上海某知名教授告訴我，中共的態度是：「我辦得到，你不行。正由於你不行，我會去做。」黨的邏輯自圓其說。沒有其他選擇，因為不允許其他選擇存在。

沒有一件事比美國國務卿希拉蕊（Hilary Clinton）二〇〇九年二月飛抵北京，更足以象徵金融危機時期中國的崛起和西方的倒退。柯林頓（Bill Clinton）與小布希（George W. Bush）主政下的前幾任美國政府，無不帶著要與中國一較高下的姿態展開工作。飛機降落前，希拉蕊公開淡化人權的重要性；返美前的記者會上，她滿臉笑容地懇求中國政府繼續購買美國債券，活像出外叫賣的女推銷員。

鄧小平二十年前精心想出的「韜光養晦」戰略，指導中國如何悄悄融入世界，此一戰略早在希拉蕊造訪前便被中國官方拋諸腦後。**中國高調地在非洲、南美和澳洲尋找能源，在海外掛牌上市的幾家國有企業市值高達十億美元，在聯合國影響力升高，以及龐大的經濟力，都使得中國自二十一世紀初便成為全球商業和金融焦點**。中國的光芒比以往任何時候都耀眼，就算中國外交官抗議，他們得煞費苦心，才能讓世人聽到他們為自己這個相對貧困的發展中國家所做的發言。

西方金融體系的內爆，以及對歐、美、日信心的喪失，一夜之間提升了中國的全球地位。二〇〇九年初，無視於國內的任何意見，中國官方承諾投入額外的五百億美元到國際貨幣基金，三百八十億美元給設於香港的亞洲貨幣基金，並延長兩百五十億美元的貸款給現金拮据的俄羅斯石油公司，預留三百億美元給幾家澳洲能源公司，提供數百億美元給南美、中亞和東南亞的國家或公司，藉此鎖定未來採購的標的。

九月，西方政府和企業仍身陷泥沼，中國為了奈及利亞、迦納和肯亞的幾筆能源和基礎設施交易，準備好高達六百億到七百億美元的信貸額度。在幾內亞，軍隊在首都街頭射殺公民和強姦婦女幾天後，軍方支持的政府，儘管遭到非洲大陸和世界各地唾棄，宣布正與中國進行一項價值十億美元的能源和基礎設施協議。

幾年前，無法想像北京會如此張揚其企圖心和影響力。中國人民銀行在二〇〇九年初呼籲，放棄美元，另尋其他全球儲備貨幣，之後仍繼續重申其主張。法國乖乖地再次承認中國對西藏的主權，安撫北京在此問題上的不滿，因為之前為了抗議巴黎歡迎達賴喇嘛，北京取消參加歐盟高峰會議。歐巴馬在二〇〇九年底拒絕會晤這位西藏流亡精神領袖，以增進他該年十一月首次訪問北京的友好氣氛。為紀念海軍建軍六十週年，中國邀請全球領導及重要人物參觀青島港口全新的核子潛艇艦隊。

巨大的中國市場，幾年前還只是個西方長存的夢想，此時的重要性卻已超過以往任何時候。就在二〇〇九年四月上海車展前，中國轎車每月銷售量已高於世界任何市場，超過了美國。一個月後，王岐山和幾位部長，在布魯塞爾會見了當時的歐盟貿易委員阿斯頓（Catherine Ashton）與十五位歐洲企業負責人，聽取他們對進入中國市場受阻的不滿。當然，王岐山在工作午餐聽取他們的問題後，承認市場「有些不當作為」。然而，他帶著一如既往的自信口氣說：「我知道你們有不滿，但中國市場的魅力難擋。」根據現場一位聽了副總理的話後覺得難以置信的與會者說，換言之，**不管你多麼不滿，市場這麼大，你無論如何要來。**雪上加霜的是，與會者多數認為王岐山是對的。

二次世界大戰後，由於去殖民化，亞洲國家如新加坡、馬來西亞、印尼和韓國的成長和轉變，對這些國家的人民和該地區的地位提升都十分重要。日本崛起成為經濟巨人，震撼和挑戰了西方國家。相較於日本，有著全球五分之一人口的中國的經濟轉型，是前所未有的全球事件。**中國的崛起是個真正的大趨勢，是逐一改造世界經濟的奇觀。而這場奇觀由共產黨一手推動完成，更讓西方世界覺得格格不入。因為不過幾年前，西方還陶醉在共黨走入歷史和自由民主大勝的想法中。**

不僅如此，黨七〇年代末做出劃時代的決定，已經改變了數億中國人的生活。據世界銀行指出，一九八一年至二〇〇四年，中國貧民少了五億，世銀說：「客觀說來，開發中國家整體的貧困絕對人口（使用同樣的標準），同期間從十五億下降到十一億。換言之，在二十世紀的最後二十年裡，發展中國家的窮人數沒有減少，只有中國少了窮人。」[6]

僅僅一代，黨的菁英已從一群穿著毛裝、愁眉不展的思想惡棍，變成富裕、西裝革履、促進商務的統治階級。此外，他們已經改變自己的國家並幫助改造世界。現今的中國共產黨全心與全球化接軌，從而轉化為更高的經濟效益、更高的獲利回報、更安定的政局。

中共如何做到這點，而與此同時鄰近的共黨兄弟卻逐一潰散？就像新聞界一句諺語，最好的故事往往就在眼前看著你，中國正是如此。不過，寫中共的問題是，黨可能正在看著你，你卻不能隨便瞪回去。黨和其機構通常戴著面具並一身偽裝。與外界互動時，黨有意保持低調。有時候，你根本看不到黨，而這使得報導中國治理模式的任務格外困難。

黨的神祕作風，可以解釋為什麼對中國的報導經常提到執政的共黨，卻很少能闡述它實際上如何統治。透過解釋黨的組織和結構，以及黨如何透過這些機構行使權力，本書試圖填補此一空白。本書無意假裝什麼都懂，一切都對。這僅僅是好奇的記者，打開或試圖打開中共緊鎖的大門，探頭一看究竟的一些記述。為此，本書有心把中共這個黨放回正確的位置，就是現代中國故事的核心位置。

注釋

1 在投資中國大型國有銀行的西方銀行中，蘇格蘭皇家銀行（Royal Bank of Scotland）實際上被國有化，近乎破產的美林（Merrill Lynch）被美國銀行（Bank of America）兼併，需要聯邦紓困才能吸收損失，高盛被迫轉型成單純的銀行才能獲得聯邦援助，而蘇黎世的瑞銀（UBS）因為獲得瑞士政府的資助才免於破產。把錢投入中國銀行的外國銀行，只有滙豐毫髮無損。但是，許多華人認為滙豐銀行其實是中資銀行。

2 《人民日報》，二〇〇九年四月十三日。

3 高盛首席經濟學家歐尼爾（Jim O'Neill）指出，若以美元計價，中國在二〇〇八年底的國內生產毛額約為四兆三千億美元。而在二〇〇一年，約為一兆三千億美元。換言之，在短短七年，中國的國內生產毛額增加了約三兆美元（*Evening Standard*, 17 November 2009）。

4 《中國數字時代》，二〇〇九年七月二十九日。這是戴秉國在年度中美戰略與經濟對話時的發言。（在本書寫作時，中國外交部部長已換成楊潔篪，而他並非政治要角。不僅戴秉國位階高於他，楊潔篪亦非政治局委員。既然不屬於政治局，楊潔篪的資歷擠不進中共排名前三十五的黨員之列。）

5 Robert Service, *Comrades. Communism: A World History*, Macmillan, 2007, p. 9.

6 *From Poor Areas to Poor People: China's evolving poverty reduction agenda. An assessment of poverty and inequality in China*. Poverty Reduction and Economic Management Department, East Asia and Pacific Region, World Bank, March 2009。世界銀行對貧困的定義為生活費一天不到一美元者，許多經濟學家認為此一基準過時，並低估了窮人口數。

| 第一章 |

紅色機器

黨與國家

黨就像是神，無處不在，但你見不著祂。

——北京一名大學教授

九名身著深色西裝的男子

蘇聯建築風格的人民大會堂，位於北京中心的天安門廣場西側。二〇〇七年中共黨員代表大會結束前，九名男子大步走上人民大會堂的主席台。九人組合定案後，不查者一時可能很難分辨他們是誰。

九人全穿深色西裝，除了一人其餘全繫紅領帶。他們的頭髮光滑烏黑，中國高階政治人物全都定期染髮，除非退休或監禁才一改習慣。如果檢查一下他們的簡歷，會看到另一個驚人的相似處。除了一人全都受過工程師訓練，除了兩人全都六十五歲上下。九人大學畢業後做過的每份工作都兼黨務，一輩子都是全職政客，就算他們曾短暫調去主持或督導某些專案。他們的背景大致相同。有幾人貧寒出身奮發向上。另有幾人是太子黨，亦即享有特權的前高級領導人後代。儘管他們的人脈不同，但之間並沒有重大的政治分歧，因為早在爬升過程中，政治分歧便已被黨的無情批鬥清除殆盡。

以共產主義鼎盛時期傳承至今的出場方式，九人一路輕拍手掌走上講台，為接下來的儀式站好自己的位置。對於見證儀式的大批媒體和政府官員，在這場有點冷場的盛大儀式裡，最重要的事情不是他們如何走上主席台，也不是他們如此相似的外表和事業發展過程，而是他們出現的順序，因為未來五年最高領導層的位階就此確定，並排出整個未來十年的接班路線，直到二〇二二年。在一幅二十公尺寬的長城秋景圖前，九人挺直站著，準備讓排頭的男子介紹他們是中國選出的領導人，而站第一位的，就是中國共產黨總書記胡錦濤。

在黨代表大會前，當局布下專屬重大政治活動的嚴密安全網，加派使館區的衛兵，警察駐紮公路交叉口，人民大會堂周圍有數十位皺著眉頭的便衣安全人員在街頭盤查經過的路人。當地學者收到通知，提醒他們閉嘴。黨代表大會舉行前一個月，也就是九月，數家網路數據中心遭到突襲檢查，成千上萬網站賴以運作的伺服器關機數週。城市外圍，當局已著手拆除上訪村，大批外地人帶著怨氣聚集於此。[1]

數百年來，朝廷一直設有讓百姓上告瀆職官員的國家機構。不過在大會前，北京威脅地方領導人，如果他們城市的居民設法混進北京投訴，就要把他們降級。為避免任何人通過安全警戒線，省要成為最後一道防線，避免政治局受民眾干擾；一排「黑牢」，也就是不做登錄的監獄，可以在投訴人被遣送回家前暫時拘留他們。以此方式羈押示威者，就如同西方領袖以壓低犯罪率來提高政治聲望。

日子久了，安全人員、地方社運人士、政府官員和中外媒體，通通學會配合政治活動的季節性鎮壓節奏。電視若欲採訪重要異議人士，最好在黨大會前幾個月進行。到了開會這一天，任何與異議人士的會面或電話聯繫都會遭到阻礙。如同其他社運人士，直言不諱的愛滋病維權人士萬延海被快速從街上帶走，進行臨時看管。六月四日八九民運週年日，萬延海又在未告知任何罪名的狀況下被帶走並拘留十二小時，接著八月又被看管了幾天。他說：「我的自由受到限制。」他的語調令人想起安全人員在把人從街上帶走時的冷漠。萬延海試圖以血液受到汙染的醜聞控告政府，激怒了衛生部。因為一直與異議人士保持聯絡，他長期被國安人員監視。每一次，萬延海都被關押在酒店房內，會有官方人士和他談談他對黨的看法。他後來說：「他們還是很想控制我們的思想。」

選出領導人前的幾年和幾個月，並不會舉行任何類似初選的活動，也沒有西方選前常見的鼓譟喧譁、情緒對峙。觀賞這場主戲的多半時間，就如同站在一個戒備森嚴的大城堡外，四周有護城河和衛兵，看著燈光亮起和暗下，訪客簇擁進出。有時可以聽到厚牆傳出的斥責聲，偶爾也會有衝突出現，此時高官因為貪腐醜聞、派系衝突或純粹管理不善而被迫退休或坐牢。在籌備二〇〇七年黨代表大會前，中國商業之都上海的市委書記被拉下台，這是十年來最高層級的貪腐醜聞；但在拍板定案前，高層領導人之間其實早已密集談判多年。

黨數十年來以同樣的方式，宣布新的領導班子，就定義而言，就是政府和國家的領導層。正如任何涉及重大利益的政治攤牌，接班人選早早就受困於複雜而私下的談判，並在某些情況下苦戰，直接或透過代理人進行關於經濟、政治改革和貪汙的政策辯論。香港與外國媒體盡力追蹤內部的混戰，但理當充分掌握資訊的本地媒體則是奉命保持沉默。由於大會活動無從報導，反倒使得這件新聞的出現（譯注：指政治局委員兼上海市委書記陳良宇受賄下台）成為現代中國的罕事：一個帶有真正政治戲劇和懸疑性質的片刻，生動而屬於公眾。黨刻意不讓百姓瞭解新領導班底的確切身分和排名，直到他們登上台，走到一片電視攝影機和照相機閃光燈前。

帶隊走上台後，胡錦濤發表了簡短講話，介紹九人的姓名。某外交部官員事前說這是「會晤」政治局的活動。某好奇的記者問：「那我們可以提問嗎？」官員說：「不行，這是單向的新聞發布會。」第二天，本地媒體嚴格按照黨的指示報導，內容是審核消毒過的新政治局成員簡歷，由官方通訊社統一提供。若**第二天早晨把中文報紙併成一排，或拍下各網站的首頁，看上去幾乎不真實，因為標題的措辭、文章、照片大小、放在版面什麼位置，完全一樣**。

當論者認為他們的晉升方式不夠民主，中國領導人每隔一段時間會加以反駁。幾個月後，在二〇〇八年五月，胡錦濤到日本橫濱參觀山手中華學校，一名八歲的小男孩松田浩季天真地問：「胡爺爺，您為什麼想當國家主席？」當教室裡帶著緊張氣氛的笑聲停止後，胡錦濤回答：「……我本人沒有想當主席，是全國人民選了我，讓我當主席，所以我不應該辜負全國人民的期望。」同樣地，胡錦濤的前任江澤民，既是總書記也是國家主席，二〇〇〇年在美國一個時事節目上說他「也是被選上的」，雖然他也承認兩國選舉制度「不同」。

二〇〇七年的代表大會，允許（在某些情況下是命令）黨代表向媒體談話，好對外界塑造更加透明與親民的黨形象。雖然黨不乏可說的趣事，而且二〇〇二年江澤民推動企業家和婦女入黨後，黨員的組成更加多元化，這些新黨員熱情洋溢，各有脫貧致富的生命故事，但即使黨力求表現，仍不改其閃躲和疑心重的本質。

當我遇到陳愛蓮，中國新崛起的富翁之一，也是黨員兼代表，一開始她暢談事業。陳愛蓮的創業過程瘋狂而奇妙，在中國四處都常聽到類似的故事。她說九〇年代初她進入汽車業，因為她喜歡汽車。之後銷售額達數百萬美元，她的私營公司成為亞洲最大的鋁合金鋼圈製造商，並在美國開設辦事處。陳愛蓮擁有勞斯萊斯（特殊場合）、賓士（日常使用）和五十鈴運動休旅車（出遠門）。但是，**我們的話題一轉到黨，她馬上收起企業家的身分，說話制式。即使是最溫和的問題，她也恭敬小聲地說，就像在教堂內。她的回答變得無趣、克制、缺乏活力，除了官方口號，什麼也不說。**

胡錦濤坐在制度頂端。身為共產黨的總書記，其地位高於另兩個頭銜——國家主席與中央軍委會主席；他擁有大權可以決定政府的政策。對政治圈內的人而言，胡錦濤也是位神祕人物，在二○○二年開始的第一個五年任期，他試圖為自己打造的形象是善意的皇帝，偶而會對政策和政治做智慧和拍板式的干預。他一度認同改革派，但個人政治上的這個鮮明標誌，在九○年代初竄升為接班人後便模糊了起來。

就他的職位而言，可以用來強化他改變形象的工具俯拾皆是。五歲起撫養他長大的年邁小舅奶奶劉秉霞，曾接受過幾次外國媒體訪問，是難得一見未經過濾的消息來源。胡錦濤第一次被任命為總書記後，當地官員便不讓她再接受記者訪問。官員還到她家拿走胡錦濤兒童和青年時期的照片，以免落到記者手上，成為非黨提供的生平故事的獨立資料。在上任後七年的二○○九年，胡錦濤年輕時的照片被貼上網，模樣清秀、稚嫩，攝於一次高中郊遊，但地方官員在他甫高升時，不想貿然公開照片。[2]

胡錦濤一直小心維持形象，不讓人看到更多面的自己，在第一任期從不接受採訪，不論本地或外國媒體。[3]在籌備二〇〇八年八月北京奧運會時，胡錦濤接受二十五位外國記者簡短的訪問，所有問題都事前仔細篩選。他的言論經常出現在黨的喉舌《人民日報》，從中看不出什麼他個人的看法。中國某評論家將他的政策聲明比喻為鴨子走路，一隻腳向右，另隻腳向左，維持難看的平衡，只有從遠處才能看出腳步穩定。

胡錦濤嚴控形象，使他看起來像是保守的倒退，退到早期更加專制的共產主義。事實上，與幾位前任領導人相比，胡錦濤個性平凡，刻意不露情感。相形之下，鄧小平有革命家的聲譽，身上留下多年奮戰毛澤東瘋狂政治鬥爭的傷痕。他自豪展示四川人的土氣，八〇年代初在北京舉行的一次香港問題會議上，他一邊大聲咳痰到痰盂，一邊對著柴契爾夫人（Margaret Thatcher）發表毫不客氣的談話。胡錦濤的前任江澤民，能開懷在公開場合唱歌，並朗誦林肯蓋茨堡演講詞（Gettysburg Address）及其他西方經典。毛澤東雖然帶給中國人各種恐懼，卻是個魅力型的名人，他精闢的格言，已成為中國文學、政治和商業的一部分。

胡錦濤既無鄧小平的平實活力或江澤民帶點滑稽的親切，也沒有毛澤東嚇人的肅穆威儀。他沒有特殊口音，聽不出是哪裡人，也沒有說出什麼名言，成為日常生活知識。八國集團二〇〇五年在蘇格蘭格倫伊格爾斯（Gleneagles）舉行會議，英國某外交官安排胡錦濤參加其中一場領導人非正式的自由交談會，但中國外交官一派漠不關心，告訴他：「胡錦濤主席從不做自由交談。」據中國更犀利論者之見，胡錦濤是專業黨官的完美典型，謹慎細心，有能力促成共識，是個「好孩子」。但胡錦濤一點也不老派，他低調的謙虛人品，正符合時代的需要。現代中國變得十分複雜，表示黨、胡錦濤的同儕，甚至是人民，都容不下再出現毛澤東和鄧小平這種強人統治。在毛、鄧時代，領導人壓倒黨。胡錦濤儘管握有大權，卻活在黨的影子下，而不是倒過來。

由於黨選擇壯大自己而非跟隨強人，因此早在胡錦濤升任總書記前，他低調的行事作風便已注定。一九九二年胡錦濤晉升中常委後，明顯將成為接班人，他在政治局缺乏權力基礎，不允許他在成為總書記的競爭途上犯錯；十年後由他接手，結果是沒有什麼現成的自己人，也沒有預先部署的詳細政綱讓官僚體系能依循執行。直到第二個五年任期前，胡錦濤對龐大的黨機器才具有真正的優勢，無論是在北京或以外的地區。大多數美國總統在最後任期的幾年成為跛腳鴨，中國政治制度剛好相反，胡錦濤和之前的江澤民，執政到近尾聲時才有真正的整合權力。

因為人民被擋在正式政治之外，當政治局核心的九位男士列隊站在黨代表大會的台上時，少有尋常百姓可以辨別他們。胡錦濤當然是個熟面孔，就算不瞭解他這個人。排名第二的吳邦國是人大委員長，是個無色彩的上海幫，不聲不響爬到接近頂端的領導地位。溫家寶總理排名第三，巧妙地塑造親民的形象，與經商而聲名不佳的妻兒形成強烈對比。

排名第四的賈慶林是個大塊頭，高而光鮮，撐破西裝的肚子，就像吃多飯局的人。不像其他中常委，大家認識賈慶林，是因為他涉嫌貪汙。賈慶林在中國發生最重大貪汙醜聞時任福建省委書記，涉及六十億美元海關欺詐行為的遠華案；多位官員因涉案被處決或入獄，但也是指控對象的賈慶林夫妻，從來沒有被追究，或者是因為證據不足，或者更有可能的是受政治盟友保護。當他站在台上望著媒體群，許多記者預計他會在黨大會前丟臉下台；賈慶林臉色紅潤，露出持盈保泰倖存者的勝利冷笑。

其他中常委，包括兩名五十多歲者，是胡錦濤的指定接班人，只在他們曾經管轄的省分有點知名度。排名第六的習近平被認定是接班人，初任中常委時的知名度還不如妻子，她是著名的軍職歌手。台上有幾人在其主管的某些部門有些名氣，如媒體和警務。但對多數的中國人，中央政治局是個遙不可及的機構，掌握大權，但缺少特色與個人風格。

胡錦濤的講話簡短，使用空洞的政治口號，所有官方公開政治討論以這些口號為據，如「科學發展」、「和諧社會」、「先進的社會主義文化」等等。黨內和知識界相當重視這幾句口號，它們也成為胡錦濤政府的招牌，但對廣大民眾毫無意義。講話結束後，胡錦濤帶領八位同事下台。在未來幾年，這個政治局核心圈很少會再次全體出現在公開場合。整個儀式持續了約十分鐘。[4]

黨不僅控制政府，它本身其實就是政府

中國五十多家最大的國營企業負責人辦公桌上，在電腦、家庭照片和現代執行長辦公該有的其他用具中，放著一座紅色電話。高階主管和幕僚稱它為「紅色機器」，或許因為它的分

量不只是一台電話。某國家銀行高級主管告訴我：「當『紅色機器』響了，你最好能馬上接起來。」

「紅色機器」不是一般的電話，它的號碼只有四碼，只能接到同一加密系統內的其他四碼電話，然而它們炙手可熱。雖然一級國企的董事長有著各種現代通訊設備任由他們使用，但**「紅色機器」是個象徵，表示他們做到了，不僅是公司的老大，也是黨和政府的高層。**這種電話是最高的地位象徵，因為只裝給副部長級別以上的人。某位大型能源國企主管說：「它們很方便，也很危險。你最好搞清楚你與你能以這台電話連絡的人的關係。」高階主管辦公室的走廊還有另一個專供高級官員使用的工具，即一間內部通信機房，可接收來自中南海領導人的傳真。北京的高層辦公室都設有「紅色機器」，像是部長和副部長、黨報總編輯、一級國企負責人、黨機構負責人的辦公桌上。這些加密的電話和傳真，不僅替黨和政府的通信保密，以免落入外國情報機構手中，也提供保護，以免國內黨政體制外的人窺探。**裝了「紅色機器」，意味著拿到進入統治核心的門票，這個緊密核心約有三百人，主要是男性，他們要對全球五分之一人口負責。**

現代世界有著各種菁英人脈圈，它們在幕後操控的權力，與它們的人數完全不成比例。英國有「老同學關係網」（old boy network），原本用來形容上流私立學校畢業生間的聯繫。法國有les énarques，是巴黎國家行政學院（Ecole Nationale d'Administration）的校友會，他們占據商業和政治高位。日本有東大菁英，全是東京大學法學院畢業生，是進入長期執政的自由民主黨、財政部和商業界的起點。在印度有吉姆卡納俱樂部（Gymkhana Club），由受英文教育的菁英組成。美國有長春藤聯盟（Ivy League）、華府圈內人士（Beltway）、華府說客集中的K街和軍工集團，以及其他指稱關係緊密而可發揮影響力的圈內人士的各種標籤。

但它們無一能與中國共產黨相提並論，它把統治階級的關係網推向新高。「紅色機器」讓黨有熱線伸入國家各個機構，包括近幾年被包裝成獨立商業組織的公營企業。舉個例子，批評小布希共和黨政府的人常常痛斥，副總統錢尼（Dick Cheney）與能源工業的關係非比尋常，那麼，如果錢尼和埃克森美孚（Exxon-Mobil）以及美國其他大能源公司的辦公桌上，裝了安全電話讓他們可以永久、快速地彼此通話，甚至是再進一步，埃克森美孚執行長如果能源源不斷收到黨和政府的文件，就像中國國企高階主管因其職務和級別而收到的文件，不知道這些批評者會罵出什麼話來？「紅色機器」和相關配備就是為了發揮這樣的聯繫功能而設。

某副部長告訴我，他的「紅色機器」接到的電話一半以上是高級黨官打來的要求，說：「你能給我兒子、女兒、侄女、侄子、堂兄弟或好朋友一個工作嗎？」時間久了，他想出一套辦法來處理這些個人請託：儘管他熱情招呼他們，但同時不忘表明，要進入公職，得先通過煩瑣的考試，但很少有人願意考試。「紅色機器」還有其他用途。行動電話流行前，無法直通高級官員辦公室的投資銀行家，會趁熟識的高階負責人不在時去他的辦公室，借用裡面的「紅色機器」，直接撥電話給可能的頂級客戶。也許顯得有點怪，但在行動電話科技發展如此成熟的年代，「紅色機器」仍然是有力的象徵，代表黨組織無可比擬的滲透力、嚴格的等級制度、精心設計的組織和嚴格的保密，就連電話的顏色也是革命的紅色。政治危機時，黨煩惱中國會「變色」，亦即紅色的共產黨會失去權力。

高階黨員享有的社會地位，遠超過有著長期官僚傳統國家的官員可以得到的尊重。他們彷彿在自己的國家享有外交官地位，他們住在安全的大院，海外旅行受限，與官員和直系親屬以外的人往來時須遵循嚴格的安全規定。如果他們被指控不法，得先向黨交待，而不是法律。但好處要負出代價，個人的壓力和對家庭的影響也遠超過世界各地政府的官員。黨員身分是一種承諾，而不是一個簡單的入黨登記。位居要津者必須執行一切交待的任務，想要脫黨絕非易事。到了某個級別，高級官員就像電影《教父》（*The Godfather*）裡的邁可·柯里昂，雖想擺脫家族的黑手黨事業，但每次離去，都只能感嘆「他們又把我拉了回來」。[5]

一九四九年中華人民共和國成立以來，梵蒂岡是少數幾個中國一直未能建立外交關係的國家之一，這不純粹是巧合。這個城市國家是天主教教會的行政中心，也是教宗的家，它是唯一在全球規模上能與中國共產黨相提並論的組織，兩者的儀式和保密性也十分類似。黨捍衛教義威信的熱忱與自負，完全不下於梵蒂岡維護它在信仰上的權威。經過數年斷斷續續的會談，梵蒂岡一直未能談妥它在全球任命主教的特權，因為黨堅持它本身即可批准中國境內天主教教會選出的主教。羅馬和北京這種藕斷絲連的談判，在私下被一個具有自知之明的黑色幽默形容得很傳神。中國某個與羅馬協調的非官方機構，在二〇〇八年訪問梵蒂岡時開玩笑地說，黨和天主教教會真像。他告訴梵蒂岡官員：「我們有宣傳部，你們有萬民福音部。我們有組織部，你們有樞機團。」官員問：「那麼，哪有什麼不同？」中方的人對著全場大笑的人說：「你們是神，我們是魔鬼。」

就像梵蒂岡，黨堅持要自己做出最重要的決定。胡錦濤對「全國選出自己擔任國家主席」的幻想，迴避了一個事實，即二〇〇七年黨代表大會的代表是唯一能投票的公民。即使這樣，兩千兩百多名參加大會的代表也沒有選擇可言。在籌備大會時，中國的政治學者遭到嘲笑，因為他們竟然建議多提幾個候選人讓代表來選，讓他們真正能以選票篩選出最後九人。中共內部也曾辯論過一個更激進的想法，即複製越南共產黨二〇〇六年河內代表大會的決定，讓兩位候選人競選總書記。不過，兩個方案都悄然消失，傳統共產主義風格的投票方式仍維持不變。

黨以政治局、中央委員會、中常會之名行使權力，全都透露中國現狀中最常被忽視的事實，那就是黨在很大程度上依據蘇聯體制運作。領導俄國革命的列寧，設計了一套制度，讓執政黨貫穿整個國家，滲入每個層級。列寧的自我定位是工人階級的救星，但他設計的結構卻是完全強調菁英主導。制度的頂部，列寧規定要「盡可能集權」，讓像他這種自封的職業革命家往下支配，直到工人階級，他認為後者無法抽離日常生活的忙碌。但是，在制度的底層，即工廠裡和基層的黨組織，他規定要「盡可能分權」，讓最小地方發生的事，也上傳到中央委員會。列寧寫道：「中央實際上就是在指揮交響樂團，要知道誰拉小提琴，在什麼位置，誰拉錯音，為什麼（當音樂開始逆耳），以及如何與何處需要換人，以糾正不和諧。」[6]

中央委員會有點像是黨的大型董事會，約有三百七十名委員和後補委員，成員包括在北京的部長和高級監管官員，還有省政府、大城市和大軍區的領導人，也包括幾家大型國企的負責人。其餘的中央委員名額，則來自少數族裔代表如藏人、胡錦濤的中央警衛局（俗稱中南海保鏢）局長、黨的特工。中央委員會「票選」或更精確點是「挑選」政治局的二十五位成員，再由政治局選出常務委員會，這是領導層的聖所，目前的成員為九位。

二〇〇七年排隊走上台的這九人，可能也是與會代表「選票」上唯一的人選，只有他們有資格成為最高領導職務的「候選人」。但無論如何，這仍舊是一個極為重要的時刻，因為要由這個小團體的每個人，分管所有黨用來控制政府、國家和十三億人的政治權力工具。政治局核心的主要職責，可能與你以為的中國統治菁英要務有所不同，至少也與你從北京中央政府的日常聲明得到的印象不同。當然，政治局確實會為經濟和外交定出總體的政策方向，近年來則疲於應付中國面臨的重大挑戰，包括滿足暴增的能源需求、克服生態環境的惡化和管理七億農村人口的移動。政治局委員聽取這些問題的簡報，並對做出的決定負責，但他們不像內閣制的部長一樣每日忙於所轄政務。

政治局的首要任務在其他地方，亦即確保黨緊抓國家、經濟、公務員、軍隊、警察、教育、社會組織和媒體，並控制中國這個概念本身以及官方說法，那就是中國從被列強侮辱和瓜分的弱國重生，變成一個強大的國家和復興的文明。[7] 共產模型是一個多世紀前的發明，其莫斯科與東歐的先行者已於二十年前垮台；儘管中國對共產模型做了些本土式的修正，但它的核心與列寧的原始設計仍然十分相似。即使是「紅色機器」也有蘇聯先例：俄國人使用一種安全的內部電話系統，稱為 vertushka，好讓黨的菁英可以互通訊息。[8]

毛澤東最初採用蘇維埃制度，但他一直認為黨就像官僚制度，革命性不夠，他在五〇年代批評官員像「小腳女人，東搖西擺地在那裡走路，老是埋怨旁人說：走快了，走快了」。於是，他認為不該由黨監督人民，而是應該由人民監督黨，這個理念引發了一九六六年起的十年瘋狂文革，紅衛兵奉命可以恐嚇任何他們覺得偏離革命正路的人。一部描述那個時期的紀錄片說：「毛澤東對不夠革命性的革命發動革命。」[9]毛澤東死後，黨又回到基本路線。鄧小平拋棄毛澤東的毀滅性思想，讓黨組織重回列寧主義根源，以掌權菁英之姿開明地領導群眾。

直到今天，很多人仍然不解這樣的概念：黨不僅控制政府，而且它本身其實就是政府。我從二〇〇〇年起住在上海四年，對於不解這個概念的訪客，我會建議他們觀察載著市府官員出入康平路市領導官邸的公務車，官邸是棟位於街尾的紅磚洋房，聳立於舊法租界綠樹成蔭的後街。如果你有興趣，公務車可以讓你上第一堂中國政治課，叫做「列寧主義入門」，因為車牌清楚顯示上海官員的層級結構。上海市委書記的車牌號是「00001」，市長兼副書記的車牌是低了一級的「00002」，而再下一級的常務副市長兼上海市黨委員是「00003」，以下依此類推。車牌號碼以再尋常不過的方式揭櫫了中國政治最重要的指導原則，即在任何形式下，黨都高於政府。政治語句也忠實反映出這種黨高於政府的層級關係，所有官方聲明在提及領導時，都以「黨和國家領導」稱之。

中國政治的前台，或說是列寧的交響樂團，就是政府和其他國家機關，它們表面上的運作方式一如其他國家的政府：財政部每年編列預算，得在眾多相互競爭的要求中，分配有限的經費；部長像內閣一樣聚會，為自己的重大政策爭取預算；智庫裡，許多優秀的學者發表影響深遠、別具洞見的研究報告；法院判決訟案；大學教學和頒發畢業證書；記者報導新聞；國家認可的教堂祭司莊嚴地做彌撒和施行聖禮。然而，真正的政治其實發生在後台，也就是黨內。

政治局下有個龐大而莫測高深的黨務系統，控制所有公部門，包括軍隊、自北京以下五級政府所有公職人員的生活。透過不透明的任用制度，黨安排人員進入政府部會；透過幕後的委員會，授命政府擬定政策；透過宣傳機構，指導政府採取政治立場與發表公開聲明。黨透過在全國設立的兩千八百所黨校，定期訓練與再訓練公務人員，之後他們才有資格晉升。如果公務人員被控收賄、欺詐或其他犯罪行為，要先接受黨的調查，只有經黨的同意，才能送交人民法院。即便如此，法庭做出的任何量刑，也依據黨的命令和指導；黨直接控制法官，透過律師協會和發照間接控制律師。

中國維持許多正式體制的花樣，使它表面上看起來像是個多元社會，一樣有行政、立法和司法分立。然而，黨在後台無所不在，使得部會在前台的角色，必須不斷地調整，以配合背後一般人看不到的權力中心。黨的勢力隨著國家觸角伸展，所及之處遠遠超出政府的權限。除了坐鎮國有企業和監管機構，黨也監督智庫、法院、媒體、所有核准的宗教、大學和其他教育機構，還直接影響非政府組織和一些私人公司。透過任命領導人和提供經費，黨也直接控制八個所謂的「民主黨派」。

在政府內，前台和後台的角色相當模糊，因為多數在幕後擔任資深導演、製片和編劇的黨員，也扮演公職人員的角色。胡錦濤是黨的總書記，但也具低一級的國家主席頭銜。同樣地，以胡錦濤為首的中央政治局，壓在相當於內閣的國務院之上，後者由總理溫家寶領導，他也是政治局的一員。當胡錦濤出訪時，中國堅持華府和其他西方國家必須稱呼他為國家主席，而不是他最重要的職位，即中共總書記。只有在訪問少數倖存的共產主義盟邦時，像是古巴、越南和北韓，胡錦濤才會亮出黨的頭銜。如果在諸如白宮草坪的場合，出現總書記的稱呼，恐怕會帶給主人不必要的尷尬。更不用說這還會使得黨受到公眾的注意，而這絕非胡錦濤和其他領導人所願。

黨和政府的分野不僅外人看不清，還導致體制內部的隱性緊張，二〇〇三年急性嚴重呼吸道症候群（SARS）所引發的政治風暴便是一例。SARS造成的危機，嚴重到整個國家和經濟逼近停滯，直到胡錦濤介入，撤換掩飾實際疫情的衛生部長和北京市長後，情況才受到控制。領導層之所以會有這麼大的動作，乃受迫於北京一名退休軍醫的舉動，他把正確的感染人數傳真給外國記者，以規避宣傳部粉飾疫情的勒令。

胡錦濤的大動作干預，被國內外評論家譽為分水嶺，是迫使長期封閉且漠視民意的體制開放和負責的一刻。但是，體制內部可不是這麼看撤職事件。批評者反駁說，部長和市長都是政府公職，不該對掩蓋疫情負責。市長要向北京市委書記負責，衛生部長則要聽從主管健康政策的黨組織，兩人都無自主權。胡錦濤的顧問告訴我：「很多政府官員都對此極為不滿，因為他們說，衛生部長和北京市長只是執行高於他們的黨委會和黨委書記的決定。這兩人是代罪羔羊。」

除了幾個做做樣子的例外，每位部長或高階官員都是共產黨員。相較之下，不是所有黨高幹都是政府官員。他們之中有許多人任職於黨的關鍵部門，地位高於單純的政府部會。中央組織部負責人事任命；中宣部處理新聞和信息；統戰部一如其名，為黨爭取轄外重要組織的支持，在國外是港台的海外商會，在國內是社會組織。

在整個體制裡，黨將自己定位為政治的全景敞視監獄（panopticon），監看任何國家或非國家機構，但同時不讓人看到。全景敞視監獄是十八世紀英國哲學家邊沁（Jeremy Bentham）的革命性監獄設計，允許少數的典獄官監看犯人而不讓人看到自己。或許正如前外長錢其琛在反駁西方國家對中國人權紀錄的批評時所言，中國不是個大監獄，從許多方面來看，中國是比過去自由多了；但是，儘管黨退出中國人的私生活，卻仍堅守政治戰場上的制高點。**就像全景敞視監獄，黨在中國政治無處不在，卻能享受神龍見首不見尾的便利。北京人民大學某教授告訴我：「黨就像是神，無處不在，但你見不著祂。」**

共產黨員在哪裡？

九〇年代末，我在北京與梅鐸（Rupert Murdoch）出席一場小型晚宴，他說他每次來中國，都不曾見到共產黨人。表面上，這是句奇怪的說法，因為不管官位大小，中國官員在名義上都是共產主義者，或至少是共產黨員。梅鐸如果想在中國做生意，特別是對外資最敏感的媒體業，想避開黨根本是不可能的事。事實上，他必須擁抱黨，而最後也照做了。花了多年時間，透過各種請託，直到二〇〇二年梅鐸總算見到當時的宣傳部長丁關根，當時是黨內排名第八的關鍵人物。後來，梅鐸與丁關根的兒子合資，設法規避中國對外資媒體的嚴格限制，但都無濟於事。到了二〇〇九年，梅鐸完全放棄中國。

說自己在中國沒看到共產黨員的，不只梅鐸一人。這些年來我常聽到這種說法，說的人是一批批前來中國的精明外國商人，其中大部分才剛與高級黨官開完會。從某方面看來，他們這麼說是可以理解的。在中國轉型為看似百無禁忌的資本主義經濟的過程中投資並獲利的商界領袖，他們唯一會和共產主義打照面的時刻，就只有在面對那些想做生意的官員時。[10] 麥肯齊（Kelvin MacKenzie）曾為梅鐸旗下《太陽報》（*Sun*）的編輯，這份暢銷小報的特點是第三頁的上空美女照；二〇〇〇年，向來高掛反左大旗並效忠柴契爾主義的麥肯齊，跟隨英國代表團訪問北京，難以相信中國在共產主義之下可以發展到這個地步。在中國，他在午餐大聲告訴被他逗樂的主人，他也想「成為共產黨員，好回到英國振興家鄉」。像麥肯齊這種過客，唯一可能見到《毛語錄》的機會，就是在搭機返國前一遊潘家園舊貨市場。

西方菁英曾經弄懂共黨政治的組織表，主要是靠研究前蘇聯開創的模型以及學界、智庫與新聞界的克里姆林宮學（Kremlinology）。九〇年代初蘇聯帝國垮台，大量關於共產主義制度的知識也隨之陪葬。相較於克里姆林宮學，漢學始終是個截然不同的領域，研究中國歷史、文化、科學和語言的比重，不下於研究現代政治。中國經濟和社會的轉型，以及這場轉型對世界其他地區的影響，更加分散了人們對北京正式政治的注意力。大量關於中國的政治新聞出現，但焦點都在於黨內的派系競爭以及政權更替的可能性，卻忽略了每日發生的事件。跟著研究主題一起興盛的中國研究，也感受到中國經濟的拉力，以及政府與企業界的渴望，想要洞悉這場改變五分之一人類命運的罕事。

這種認為媒體和學術界應該集中關注中國的經濟和社會變革的想法，一點也不讓人意外。[11]相較於在檯面下運作的龐大政治機構，中國不尋常的經濟成長，具體展現在世界各地消費者及其民意代表的日常生活上。消費者穿的衣服是中國製，買給孩子的玩具也是中國製，甚至連食物也產自中國。對政客而言，中國是經濟趨勢的心臟，既創造也毀滅他們選民的工作。過去十年，在西方，報導人民幣匯價的篇幅，遠遠超過對共產黨內部運作的詳細檢視。

於是，西方訪客越來越難以將共黨專制的概念與中國炫目的新城市聯想在一起。投資者和遊客過去看到的是灰藍色的毛澤東中國、冷峻的蘇聯建築、愁眉不展的官員、粗魯的服務人員和長期短缺的消費品，完全吻合冷戰時期對共產主義的傳統刻板印象。新中國的前台，好像短短幾年就平地而起，沒有舊模式的痕跡。在二〇〇八年北京奧運籌備期間，《紐約時報》建築作家奧羅索夫（Nicolai Ouroussoff）把他抵達北京新機場的經驗，比做「維也納建築師洛斯（Adolf Loos）一個多世紀前初訪紐約的頓悟：他跨入了未來」，他感受到的不僅是空間的宏偉，而是一種「進入另一個世界油然而起的感覺。北京力擁變革的決心，讓西方國家望塵莫及」，只不過，奧羅索夫的熱情在進城途中被潑了點冷水。不管怎樣，這種將專制統治下的中國視為新世界的樂觀態度，不僅是對北京勇於冒險的開發商以及多屬外國設計的地標的恭維，也證明了黨隱藏自身權力的能力。

西方政客有時刻意否認共黨統治。尼克森（Richard Nixon）一九七二年歷史性出訪中國前，便與季辛吉（Henry Kissinger）一起決定，在談到中國人時，拒用「共產黨員」這個詞，因為該詞會讓他在國內的傳統支持者尷尬。他們以主席簡稱毛澤東，而不是中共主席。國務院此行的官方紀錄，包括演講、敬酒、記者會，無一提到「共產黨員」。[12]二十一世紀在中國的外國人認為他們不是在共產主義國家，尚情有可原；然而尼克森飛抵北京時，中國正陷入文化大革命的集體欺凌、死亡和破壞。

中國人進一步攪局，近年來他們的政治用語，刻意挪用西方自由傳統的核心概念。毛澤東在著作中用到「民主」這個詞，但共黨體制在八九民運後對這個詞的內涵充滿敵意。網路在中國普及後，國安機構一開始是把「民主」加到網頁搜索違禁詞的名單；二〇〇五年凡以微軟中國網站搜尋「中國的民主」這幾個字，就會收到錯誤的信息說：「請將禁用語言從這個項目刪除。」不過，溫家寶二〇〇七年在年度記者會上說了句讓眾人傻眼的話，他宣稱：「民主、法制、自由、人權、平等、博愛，這不是資本主義所特有的，這是整個世界在漫長的歷史過程中共同形成的文明成果，也是人類共同追求的價值觀。」溫家寶這段話，如常引起外國媒體的追捧，認為中國似乎有意擁抱西式政治改革。但他們多半錯解一個事實，就是溫家寶心裡清楚他是在對國際觀眾說話，刻意不提中國官方對於民主最重要的定義：根據黨二〇〇五年的白皮書，「民主執政，就是中國共產黨要堅持為人民執政」。[13]體制內以務實的態度看待溫家寶二〇〇七年的聲明。八九民運下台的前高級官員開玩笑地對我說：「你需要一個新字典，才能瞭解中國領導人口中的民主到底是什麼意思。」

就像歷史中的所有共產和革命政黨，中國共產黨以地下組織的形態成長和擴張，與試圖推翻的政權進行暴力衝突，還有保持神祕的習慣和傾向。中國熱中網路和行動電話，黨卻無一個屬於自己的網站。[14]在革命老區延安黨校教書的陸偉東，斥我的詢問根本多餘。他說：「所有重要媒體都歸中國共產黨所有，因此我們沒必要開辦網站。」

想要隱藏像中國共產黨這麼大的組織，想必不易，但黨小心扮演它在幕後的角色。控制人事和媒體的黨組織，刻意保持低調的公眾形象。黨委員會或領導小組在不公開作業的情況下，指導和決定各部會的政策，而部會則執行這些政策。這些委員會的成員，有時甚至連他們的存在，都很少在國家控制的媒體提到，更遑論關於他們如何做出決定的討論。想要推論出這些機構的成員，只能透過耐心的克里姆林宮學彙編，過濾中文報章，有時得費上數年的功夫。胡佛研究所（Hoover Institution）的米勒（Alice Miller）說：「整個後毛澤東時代，（中國）媒體刊出任何領導小組現有成員的唯一之例，就是二〇〇三年，黨控制的《文匯報》在香港公布了中央台灣工作領導小組成員名單。」[15]

在前英國殖民地香港，黨一直維持地下作業，甚至在中國一九九七年收回主權後，也一樣不理會當地要求政黨登記的法規。健談的曾鈺成議員自殖民地時代起就長期領導親北京的政黨，但仍拒絕直說他是否為中共黨員。二〇〇八年十月，在香港立法會主席選前，曾鈺成說他不願回答這個問題，因為港人對黨的態度「很不好」。他抱怨九〇年代初他創立自己的政黨時，只要與北京交往的人，就被扣上「萬惡的共產黨」之名。

黨一直盡量減少在國際商務露臉，大型國企在境外如紐約、香港、倫敦和其他地方上市時，都刻意壓低黨的角色。厚重的國企公開認股說明書，裝滿了關於國企商業活動和董事會角色的各種訊息，但對於黨的各項職權卻隻字未提，特別是黨對高階人事的控制。提供大型中國公司海外上市諮詢的北京西方律師說：「黨明顯介入這些公司的作業，但聰明的政府懂得把這件事留在後台。從中斡旋的西方公司彼此有默契地淡化黨的角色，因為人們明白，西方不吃這一套。」[16]銀行家和律師認為，事實上他們也沒有什麼好公開的，因為黨從不提供他們任何資料或文件說明它在國企的角色，更不用說它在商業的角色了。另一名律師說：「沒有公開的依據，因為從來就沒有公開過任何事，就像個幽靈。」

「在中國共產黨領導下」

隨著時間的推移，黨不再是為了習慣而保密，而是為了求生存，免於法律約束和面對公民。現在普通公民可以起訴中國政府，許多人也真的告了政府，雖然成功的機會渺茫。但人民不能告黨，因為沒有對象可以起訴。北京大學是中國最古老和最負盛名的教育機構，時任該校法律系教授的賀衛方告訴我：「告黨既危險也毫無意義。作為一個組織，黨處在一切之外並凌駕法律之上。想要提訟，對方必須具備法律身分，但黨甚至沒有登記為組織。黨完全存在於法律體系之外。」**黨要求所有社會團體向政府機構登記，並懲罰不登記的社團，但是，黨從來沒有想到以身作則，其權力基礎，只單靠憲法序言的一句話：「在中國共產黨領導下。」**

中國宣稱要建設更加開放的社會，並以法治為基礎，但當局不喜歡有人提到黨在法律地位上令人尷尬的空白。賀衛方就是其中一人，二〇〇六年一次私下聚會他抨擊黨，後來因為談話內容被貼上網，害他幾乎被捕。賀教授說：「……因為侵犯了自由，踐踏了法律，而且有一個在法律上沒有任何機構，不斷地行使媒體的生殺與奪之大權，這樣的體制是什麼樣的體制？嚴重違反了（中國）憲法說的……」這場私下非正式的聚會，稱為「西山會議」，以北京開會地點為名，在會議內容被出席並做了筆記的熱心學生張貼上網後，便激起左翼對改革陣營的批判。不久，首屈一指的智庫中國社科院，其網站出現一篇未具名的回覆文，表示賀教授和改革派發起祕密會議，共謀成立「未經註冊卻實際存在的『影子政黨』」。就中國人而言，這種誹謗很危險，幾乎等於指控他們密謀顛覆國家。這篇回覆文還虛偽得好笑，因為它正好呼應了人們對黨的批評。[17]

自毛澤東以革命委員會與專斷暴力取代正當程序，使司法制度形同虛設以來，黨已採取更圓熟的方式來運用法律，幫它處理複雜的經濟、上升的社會矛盾和濫用的行政權。法界越來越能向領導人建言，後者公開支持讓中國司法跟上國際標準。政治局現在引進法學家和經濟學家，改變工程師一面倒的情況。但是，儘管提升司法，黨同時也確保自己跟著壯大。一項二○○九年五月的調查顯示，在十五萬名註冊律師裡，有四萬五千人是黨員，約占三分之一。約九五%的律師事務所成立黨組，負責律師薪酬的審核，不只根據律師的績效，還考量他們對黨的忠誠。[18]**黨不認為它對司法制度的滲透是個弱點，反倒是它的核心力量。**重慶是中國西部的大都會，當地一位退休法官講述當他反對黨官干涉裁決時，對方的反應如下：**「你把它叫做干擾，我們稱之為領導。」**

在二○○七年黨代表大會召開前，河南省長李克強是胡錦濤屬意的接班人選。他的一些老同學表示，很欽佩他在七○年代末接受自由派法律教育時的優異成績；曾在北京大學執教的王軍濤說到，從前李克強在校園作風開放並支持「憲政」，即主張行政、立法和司法三權分立。對於外人，這些似乎都是讚美之詞，但對黨這等於是政治抹黑，類似在美國選舉前夕，稱某立場屬宗教右翼的候選人為支持墮胎的自由派，從而導致他出局。這些話若出自有問題的人口中，會使情況變得更糟，例如因為參加八九民運而被關、之後流亡國外的王軍濤。

談到司法時，黨經常重申法律在政治裡的順位。根據最高人民法院二○○九年提交全國人民代表大會的報告，法官必須忠於黨、國家、人民，最後才是法律。[19]李克強後來才明白，若某接班人給人的觀感是不服這個順序，那麼他就得冒著相當大的政治風險。李克強的另位同學說：「這對李克強在黨內造成巨大傷害。強硬派對他表示疑慮。」[20]最後，李克強在黨代表大會上未能如願，在中常委走進人民大會堂的隊伍中，他排在對手習近平之後，後者成為胡錦濤職位的接班人。

首席大法官王勝俊是中國名義上最高級的司法人員，他之所以飛黃騰達，靠的就是貫徹這套司法制度的價值。王勝俊沒有學過法律，憑著在安徽省中部擔任省級警務工作，然後進入北京國家安全機構，接著在二〇〇八年就爬到這個高位。他的學位是歷史系，求學過程曾被文革打斷，此外唯一所受的另個教育就是北京的中央黨校。若要打個比方，就是任命負責芝加哥治安的官員為美國最高法院首席大法官，只因為他先在一個中西部城市成功打擊犯罪，然後經由同黨的政治任命在華府司法部當個單位主管。儘管這個比喻並不精確，因為中國最高法院不同於美國最高法院，它有數百名法官，還擁有行政職能，不過，大致來說，這個比喻還說得通。從黨的觀點，王勝俊的政治資歷，讓他成為高級司法人員的不二人選。

王勝俊還有另一個重要角色，就是以司法體系名義上最高官員的身分來接待外國法官和律師。因為若欲安排外賓與司法體系裡實質上最高級和最有權的人物周永康會面，將會非常尷尬，原因在於他不具公職身分，外界不會明白他才是中國司法的頭號人物。周永康是九位中常委之一，分管龐大的國家安全機構，包括警察。他還主持黨的中央政法委員會，這才是中國實質上最高的司法機構，監督法院、警察、司法部和立法機關全國人民代表大會。二〇〇七年黨代表大會後，官方媒體輕描淡寫地宣布黨任命他為政法委書記，除此之外，一般公眾無從得知他的工作和講話，因為黨組織才是他的職責所在。

高級領導人致力維護黨權力不受侵蝕，對抗西方民選議會和獨立司法的概念。二〇〇九年初，政治局核心圈兩名成員嚴斥西方的民主治理。其中一人是賈慶林，他警告說，中國需要「築牢抵禦西方兩黨制、多黨制、兩院制和三權鼎立等各種錯誤思想干擾的防線」。二〇〇七年前擔任中常委的羅幹說得更白，在任期結束前的一篇報告中，羅幹承認中國的法院必須跟上國際潮流，但駁斥法官和律師因此必須獨立的說法。他說，「敵對勢力」試圖以法律破壞和分裂中國，而司法部門「正確的政治立場的核心，就是始終在政治上、思想上、行動上與黨中央保持高度一致」。

長期以來，中國領導人爭論是否該採取一種中國式的分權制度，好讓黨和國家能有更大的區隔。經過多年無謂的論戰，最後只好放棄，因為一黨專制的國家經不起這樣的改革。黨政真正分離的想法現在變得有點過時，因為追求這個理念的合理推論，就是切斷黨對國家的控制。胡錦濤的顧問說：「鄧小平談了很多黨政分離，也朝這方向做了許多努力；但基本上，到了一定階段，這個觀念就行不通了。」

沒有什麼法律障礙，是大到黨不能排除的。就國安而言，憲法中提到黨領導角色的一句話，就足以成為逮捕任何批評者的法律依據。中國最勇敢的異議人士胡佳，曾質問等在門外不讓他出門的便衣警察，根據什麼法律拘留他。胡佳的質問激怒了警察，有幾人非常生氣，打了他一頓。他說，某天其中一人終於回答他的問題，說出拘留的理由。警察喊道：「根據憲法序言！」接著拖走胡佳。

胡佳在二〇〇八年中因涉嫌與外國人合作破壞北京奧運會遭到監禁。黨最後也沒饒過賀衛方教授，只是沒那麼明目張膽。他對首都的生活充斥政治感到厭倦，辭去北京大學的教職，二〇〇八年接受浙江大學新成立的法律系主任一職。當局先是強硬要求杭州大學撤回聘書，然後再強迫失去教職的他，接受遠在西部的石河子大學的臨時工作，後者是新疆一所評等很低的大學。這種調差分明就是羞辱，類似哈佛大學法學院教授被調往德州鄉下一個小社區大學。

要不要隨你

如果黨死守僵硬的列寧主義方式，保持神祕、腐敗、討厭法治、有仇必報，就無法回答這個問題：黨是怎麼做到的，竟能主導有史以來最大的經濟成長和財富創造？

黨的天分就在於領導人能在過去三十年，兼顧舊式共產主義的政治體制和專制權力，同時棄守原本啟發他們的意識形態束縛。與此同時，黨刻意從人民的私生活退出，也相當於解放了社會。傳統共產主義社會特有的不人道生活方式，在中國已逐漸消失，一如排隊買食物的景象。在這個過程中，黨完成一次出色的政治壯舉，微妙地撮合共產主義國家的權力和正當性與漸趨企業經濟的驅力和生產力。

捨棄毛澤東的極權鎮壓，黨改採「要不要隨你」的方式對待社會。如果你遵守黨的規則，也就是不與黨在政治上競爭，那麼你和家人可以過著自在的生活，還有致富的可能，不過這可不是

什麼附加條件都沒有。靠著無孔不入的宣傳機制，黨長期嘲諷那些想替代它的各種可能。黨的言下之意，就是只有它能抵擋國家再度發生歷史上多次席捲中國的亂局，它們不但凶殘，還帶來貧困。若說得再準確一點，可以簡化為「要麼致富，否則……！」。[21]

即使有著這樣的前提，個人發揮和致富的空間從七〇年代末起大幅增加。現在一般中國人的生活與父母那一代截然不同。一件接著一件過去必須黨許可的事情，只要付得起，現在都是市民個人的選擇，像是住哪、在哪工作和學習，工資多少，去哪看醫生，和誰結婚、哪天、何時生孩子，[22]上哪購物、可以買什麼，何時出外、到何地、與誰同行。長期限制農村居民搬遷的規定，現在也開始放寬。

在毛澤東進行凶狠鬥爭的五〇年代、六〇年代和七〇年代，黨不僅直接統治人民，多半還威脅他們，人們因此學會密切注意黨的聲明。許多人現在已經習慣了敏感政治場合（如二〇〇七年黨代表大會）一再重複的僵硬官腔。不過，政府和學術圈，甚至包括知道黨的政策變化可以影響股價的股市投資人，仍然密切注意這些聲明。除此之外，黨的聲明就像存在於平行的宇宙，如同變成背景的收音機，一直在那兒，但可以輕易轉台，或完全無視其存在。

黨過去曾經粗暴和殘酷地侵入人民生活和工作的許多領域，現在退出，不僅因為它變得開明，也因為這是它的策略。中國人沉醉於這些變化，但弔詭的是，退出反倒給了當局更大的權力。黨因此得以維持祕密的政治生命，在幕後指導國家，而同時享有自由化經濟和更富裕社會帶來的好處與榮耀。

中國一九七八年以來的改革成果明顯。以僅僅三十年的時間，中國完成英、美花了一個世紀工業革命才完成的改造，經濟規模每八年成長一倍。**在相對較短的時間裡，黨將大批農民從農村遷往城市，住房、汽車、企業和股份的私有大增，中產階級已達英國人口兩倍，以及讓上億人脫貧**。在過去十年中，儘管步調或疾或緩，中國已經成功地度過各種災難：一九九七年和一九九八年亞洲金融危機、美國網路泡沫破滅和九一一恐怖攻擊的經濟衰退，以及二〇〇三年一度可能癱瘓所有國內企業的本土ＳＡＲＳ危機。二〇〇八年信貸緊縮衝擊全球，中國要比世界任何地方更有能力處理經濟局勢的突然逆轉。

儘管黨的政治祕密會議運作不透明，經濟卻因為相對開放的辯論空間而受益。多數已開發國家必須面對的所有問題，如開放市場的價值、國營事業的代價、保護主義的危險以及浮動匯率制的影響，在中國都受到討論。自由派經濟學家仍偶爾受到恐嚇，因為黨意識到他們的思維最後會威脅國家的主導地位；不過，黨不停地尋找一帖良方，能兼顧兩個目標，繼續執政同時致富達到小康，或致富而保住權力，而這表示自由派經濟學家的觀點還是受到注意。

黨並沒有從成功的經濟汲取明顯的教訓，也就是凡最公開討論和競爭的公共政策部門，產生的效果最好。在黨的看法，自由經濟之所以在中國成功，是因為它與威權政治結合。中國在這方面的直覺，與亞洲大部分地區相似。**國家有形之手和市場無形之手，非但不矛盾，還能互補和相互強化**。近幾年，中國官員對於共產主義政制與資本主義經濟之間的內在矛盾這種問題，幾乎嗤之以鼻。在現實生活，中國到處可以看到黨如何合併這兩個制度的優勢。中國四大黨校之一的上海黨校，還把這種融合當成一門課程。

該校二〇〇五年底開課，位於浦東新區四十公頃地上的校園，華麗的現代建築，請來巴黎建築師操刀，像個紅色的畫桌，有意表明這是傳統中國文化傳道授業之地。一如以往，黨設定學校在國內與國外分別該以哪種面貌呈現。學校正式中文名稱是「中國浦東幹部學院」，直譯為英文是China Pudong Cadre College，但在正式英文校名裡，帶有共產主義內涵的「幹部」被拿掉，變成China Executive Leadership Academy in Pudong（中國高階主管領導學院——浦東），聽來更像是培養企管碩士的地方，而不是黨體制的棟梁。細微的改名表現了黨校系統的主要目的，既強化與標準化忠誠，也傳授現代管理技能。

開課的第一天，學員全是明星官員，中間夾了幾位私人企業家，照例參觀一座小紀念館，紀念一九二一年十三名共產黨員祕密在此成立中國共產黨。途中，學員經過一片十九世紀末的舊城區，經過波士頓建築師巧手翻新，布滿高檔餐館和昂貴公寓，價格不下於與之競爭的全球都會如紐約和倫敦。從九〇年代起，大片老上海區被拆，取而代之的是高樓大廈。香港某地產大亨因為同意保留部分老舊矮房，並整修黨紀念館，於二〇〇一年獲准翻新這個小區，取名新天地。

過去住在舊弄堂裡的工人和家人抱怨，他們只從發展商獲得微薄的補償。類似問題引起的騷動蔓延整個上海，數年後導致強勢的政治局委員兼上海市委書記下台。但黨的聖地安坐於雅痞樂園，這個想法反而沒引發什麼爭議。過去或許會認為這是價值觀的致命衝突，現在反成了黨的根本長處的最佳廣告。上海黨校總幹事夏建明教授說：「人們可以看到黨的進步，這（安排）是一種和諧。在我們的社會，不同的人會以不同的方式滿足需求。」

政治奇蹟已不足形容

但故事還沒完。一黨治國的反面是多元且越來越多元的二十一世紀中國。過去三十年的動盪，在黨、經濟和社會整體，已播下衝突和變化的種子。根據列寧主義的精神，黨滲入政府和社會。但現在正在發生逆轉，社會及其不斷滋生的各種願望、需求和對立，現在滲透進黨，而黨試圖迎頭跟上。

現在的中國充斥著專業利益、行規和目標各自不同的人和組織，他們與靠鎮壓、管閒事的政府對立。企業家、律師、記者、信眾、教師、學者、史家，甚至勇於說出公衛問題的醫生，都要求更多的自主權去做他們的工作或追求自己的信仰，不受政治干預。中國過去二十年完成歷史上最深遠的改革，創造私有房屋市場，也催生了新型的政治活動家，以及想要保護財產價值的中產階級投資者。**套用作家奈波爾**（V. S. Naipaul）**的話，在街道、網路空間、公司和農場，現在有一百萬叛兵，這些人要的無非就是政府對其行為負責並說實話。**

中國成就不少事，但失敗的也不少。在中國變富有的同時，社會已變得更加不平等，甚至比美國和俄羅斯更嚴重。[23]除了美國，中國目前億萬富翁人數比任何國家都多。富者不僅只是變得更富有而已，在景氣好時，他們是以犧牲國家最窮的人致富。在經濟快速成長的二〇〇一年到二〇〇三年，中國最窮的一〇%的人的平均收入下降，而最有錢的一〇%的人的收入，每年增加超過一六%。[24]

逮捕公然挑戰制度者，並摧毀他們的生計和家庭，黨不覺得內疚，但它絕不容忍大規模的暴力衝突。為了掌權，革命政黨不怕流血。但現在自我定位為執政黨的中共，必須學會一套不同的生存規則。上海黨機關報《解放日報》的退休編輯周瑞金說：「這不只是因為胡錦濤不是鄧小平。要求民主的呼籲日增。從個人在黨內和黨外的表達意見方式就可以看得出來，一人統治的時代已經過去了。」

從黨這個政治機器應付多重挑戰的方式，可以看出它已成為一個身段柔軟、習於冷嘲、善於應變的巨獸。而隨著社會過去十年的變化，黨的成員也有了轉變。高層領導人有系統地拋棄農村無產階級的根基，轉而與市場經濟裡脫穎而出的富裕一代結盟。直到一九七八年前，黨員先是以工人為主，後來是占了近半數的農民，**現在黨開始吸收明星學生和富有的企業家，他們是增長最快的新成員，二〇〇二年增加的人數高達二五五%，二〇〇七年則為一一三%。他們多半樂於擁抱黨，因為入黨獲得的人脈，可以決定他們未來事業的發展。**

二〇〇九年初，我約了三名一流大學的學生在北京一家咖啡館見面，問他們一些黨的事，他們都認為黨有吸引力。清華大學有中國麻省理工學院之稱，數學系的倪漢威說：「對於像我一樣的許多學生來說，入黨代表高人一等。第二個原因是如果你是黨員，可以有更多替政府工作的機會。」中國各地的高中和大學，每年都有一定的黨員配額，就像是優秀學生的獎勵。

窩在北京大學區的醒客咖啡館，三名學生譏諷老式的意識形態，也嘲弄黨員非上不可的政治教育課。他們坦承從網上下載論文，應付入黨的申請要求。一人對天安門事件表示憤怒，另外兩人則謹慎地表示該事件已成為歷史。他們都是因為父母和師長而入黨，似乎也完全相信國家對他們的生命有巨大的影響。人民大學政治系學生黃紅方說：「**外國人說共產黨犯了很多錯，也許幾年後就垮台了。但我的老師說：『不要低估政府的力量。國家主席或中央政府大員非常聰明，他們可以運用手中大權和政策，控制整個國家。』**」[25]

若身為社會菁英所能建立的人脈還不足以誘人入黨，**黨就使出金錢之計**。為了吸引私人企業家加入，黨提供現金獎勵入黨的商業領袖和工人，就像安利（Amway）和其他直銷公司獎勵招到新會員的銷售員。在廣東南部的三湘鎮，地委撥出五百萬元作為吸收黨員的獎勵基金，後來各地仿傚此例。凡能在之前沒有黨組的民營企業內成立新黨組，就可得到五千人民幣，這筆巨額相當於普通工廠工人三至四個月的薪資。[26]

朱培琨是在中國南部從事房產和教育事業的企業家。他說，一九九四年創業時，從未考慮要在公司成立黨組，因為黨不相信企業，企業也不相信黨。現在他提到黨，語氣充滿敬意，認為如果他想拓展事業，黨為他帶來的人脈不可或缺。他說：「黨最成功的是能適應環境變化，所有最優秀的人都入黨。」與朱培琨看法相同的企業家不在少數。

為了鞏固正當性，黨也披上中國政治法統的外衣。不管是在過去十年重新尊重在毛澤東時代被貶為封建主義落後象徵的孔老夫子，還是有條不紊地整修其他文化經典，都說明了黨當下的自我行銷潮流：黨重新包裝它的統治，定位為中國帝國史上開明盛世的自然傳承。黨現在撇開意識形態，轉而選擇性地挑揀歷史事件，好讓一黨專制披上中國固有的帝國光環。

對外界來說，儘管中國共產黨帶有列寧主義色彩，但它畢竟不是一個完全外來的政權，因此想當然耳，它可以善用中華帝國中央集權的深厚傳統。畢竟，國家要擺脫歷史沒那麼容易，儘管痴狂如毛澤東的一些人想掃空歷史，重新改寫。但是在中國，「傳承」在過去很長一段時間都是一種危險的想法。知名的保守派政治學家房寧說：「多年前，我會認為這種想法是種挑釁，因為我們之所以需要共產黨統治，就是為了除舊布新。」現在，房寧主張，若沒有一個強有力的中央官僚機構，「就有地方會獨立，然後出現混亂」。他說：「在中國，政府的祕密就是皇帝控制所有的官帽，他可以摘下，也可以賜你戴上。我覺得這部分的制度一點也沒變。」

毛澤東死後，黨修正了列寧主義根源，謹慎建立司法制度，並開始與富裕、教育程度較高的社會成員合作。就像一些西方政黨自認是個大帳篷，**黨現在的行銷策略，是將自己定位為帶有中國特色根源的有容乃大組織。理論上，中國可以擁有一切：民主、正常運作的司法制度、生機勃勃的公民社會、各執己見的智庫、創新的大學和繁盛的私營企業——只要它們不跨出黨所規定的範圍。**

眾人盛讚中國的經濟奇蹟，它是亞洲多個經濟奇蹟的後起之秀。不過，黨驚人的生存能力，政治奇蹟已不足形容，儘管是靠經濟成長打造出來。黨設法翻修整地，使自己成為具有正當性的統治機構，而同時緊抓財富和權力的核心資產。但若無快速成長的經濟，黨控制什麼都無關緊要。在八九民運餘波動搖黨核心之後，這尤為真切。

注釋

1 當局下令南京和深圳必須限制請願。見〈制訂體現科學發展觀和正確政績觀要求的幹部實績考核評價標準研究〉，《組織工作研究文選二〇〇五》，中共中央組織部研究室編。該文表示，這兩個城市的官員考核基準，包括當地向高於市府單位投訴的人數。

2 *The Times*, 15 November 2002; *Financial Times*, 6-7 October 2007.

3 前兩次訪問莫斯科，胡錦濤沒有回答俄羅斯記者的問題，而是書面提問、書面答覆。

4 中常委再次全體亮相拍照的少數幾個場合，包括為四川二〇〇八年五月地震默哀三分鐘，以及二〇〇九年七月接見華僑、二〇〇九年十月一日觀賞中華人民共和國成立六十週年的慶祝活動。

5 我很感謝已故的Jim Brock對此一觀察的修潤。

6 *A Letter to a Comrade on Our Organisational Tasks*, V.I. Lenin. September 1902.

7 二〇〇七年選出的中央政治局，包括核心的中央常務委員會九人，以及其他二十四人，他們負責重要政務，如農業、財政和貿易，以及重要大省和大城的黨委書記。中常會單獨開會，也與所有政治局委員一起開會。九位中常委分管的工作依序如下：黨務和軍事（胡錦濤）；人大會（吳邦國）；經濟（溫家寶）；民主黨派、台灣和民間組織（賈慶林）；媒體和宣傳（李長春），這在中國是同一件事；日常黨務和部分外交責任（習近平）；輔助經濟與預算、環境、健康、中央和地方工作（李克強）；反腐敗（賀國強）；警察和國家安全（周永康）。

8 感謝Daniel Wolf提醒我這一點。

9 *Morning Sun* (2003), produced by Carma Hinton, Geremie Barmé and Richard Gordon.

10 不用說，這個規則不適用於媒體業。中國無意允許外國媒體進入中國，除非它們完全把內容控制權交給當地合作夥伴。

11 當然也顯然有人不這麼認為，其中一些人協助了本書的撰寫。

12 Steven Mosher, *China Misperceived–American Illusions and Chinese Reality*, Basic Books, 1990, Chapter 7.

13 *Financial Times*, 20 October 2005.

14 在《人民日報》網站上有個超連結，點選後會連結到「中國共產黨新聞網」。一些省級黨部有自己的網站，如雲南。二〇〇九年底，黨的反貪汙機構建立了自己的網站。但是，黨中央本身沒有獨立的網站。

15 Alice Miller, *China Leadership Monitor*, 11 (2004).

16 二〇〇八年六月至二〇〇九年六月，筆者多次採訪中國的銀行家和律師，詢問中國公司在海外上市的程序，這是其中一次，而每次他們都堅持匿名。上海石化的認股說明書是個好例子，它是第一個在海外掛牌的中國國有企業。下章詳論。

17 賀衛方此處的引言來自個人採訪。中央委員會討論是否該逮捕他的資訊來自北京的司法界消息人士。批評賀衛方與西山會議的文章可見http://chinaps.cass.cn/readcontent.asp?id=7288。

18 律師事務所的數字引自《人民日報》，二〇〇九年六月十日。

19 《人民日報》，二〇〇九年三月十八日。

20 引自私人談話，另見Reuters, 'Ghosts of liberal past trail China contender Li', 15 October 1997。

21 Anne-Marie Brady, *Marketing Dictatorship: Propaganda and Thought Work in Contemporary China*, Rowman & Littlefield, 2008也提到這種條件交換。

22 中共最具爭議性的政策之一就是一胎化，雖然規定如此，但實際上在一些地區有些彈性。事實上，一胎化政策是相對較晚納入的黨規，納入年分為一九七九年。

23 此處使用的是吉尼係數（Gini coefficient），常用來衡量收入的不平等。

24 世界銀行中國局首席經濟學家Bert Hofman論文，於二〇〇六年十一月二日北京中國銀行論壇提出。另見*Financial Times*與*Wall Street Journal*, 22 November 2006。

25 應受訪學生要求，此處使用化名。

26 本書使用的匯率為一美元兌換六・八元人民幣。

| 第二章 |

「中國公司」

黨與商業

我們是共產黨，由我們決定共產主義的意涵。

——陳元，國家開發銀行行長

在中國，展示共產黨的政治力量非常重要，
管理層可以解決大部分問題，但不能全部解決。

——李禮輝，中國銀行行長

蘇聯巨變後，中國的現實應對與戰略選擇？

在八九民運所留下的個人和政治傷痕依舊鮮紅的一九九一年底，一些官員、學者和報社編輯聚集在天安門廣場幾百公尺外的北京飯店會議室。在會議舉行、宣言擬定後不久，幾位支持這場會議的人士立即表明與其無關。[1]幾年後，出席者的名單仍引發議論，尤其是陳元，當時他是中國人民銀行副行長，屬於太子黨，是著名中央計畫推行者陳雲之子。不過，日後引起強大反彈的會議主題倒是毋庸置疑，聚會當時肅殺的政治氣氛也一樣。

黨決定動用軍隊鎮壓天安門廣場和周邊大道的抗議者，使得人民心寒。經濟政策陷於強硬派與開放派的鬥爭，前者視鎮壓為重回老式國家控制的契機，後者以鄧小平為首，謀求奪回鞏固市場改革的主導權。許多知識份子對鎮壓異議人士及處罰抗議者的殘酷手段，仍深感痛苦和難過。

蘇聯集團逐步解體所帶來的衝擊，撼動了整個體制。北京飯店會議不久前，戈巴契夫（Mikhail Gorbachev）已被軍事政變推翻，中國先是高興，接著幾天後見他重新勉強上台，頓感不快。在中國人眼中，戈巴契夫是破壞全球共產主義的罪魁禍首。他的政治改革，不僅嚴重削弱蘇聯本土的共產黨，還丟下所有東歐兄弟共黨不管，看著它們一個接一個在他身旁垮台。

有鑑於所有這些事件，北京飯店會議只有一個目標，那就是隨著共產主義在世界各地崩潰，要如何確保共黨在中國的生存？會議得出的結論，寫成一萬四千字的宣言《蘇聯巨變之後中國的現實應對與戰略選擇》，有點激進，但也有先見之明。宣言提到黨領導軍隊時說：「共產黨不僅要抓槍桿子，而且要抓財產經濟。」換言之，**黨要擁有中國名下龐大遼闊的資產，不管是大型能源企業和實業公司，還是土地，一切資產全都隸屬於黨，而不是政府。**

以今天強大並充滿自信的中國，及快速發展的經濟與繁榮帶來的財富來看，很容易忘了當時沒有人保證它能成功。相反地，六四後的中國陷入愁雲慘霧和政治僵局，並因西方國家制裁而被國際孤立。這些年來，**黨成功壓制國內各地對天安門事件的討論，以致現在青少年渾然不知此事，**很多外國人也認為不值一提。總書記趙紫陽在一九八九年因為反對使用武力而下台，在他於二〇〇五年初過世時，許多三十歲以下的中國人甚至不識此人，因為宣傳部自從他下台後便禁止媒體報導他，整整十六年。

黨派兵鎮壓六四的強硬態度，不僅壓抑了人民對天安門事件的記憶，也踩熄了人民心中的不滿。據說在六四後的十八個月內，四千八百萬黨員有近十分之一遭到調查，特別是政府、媒體、大學、智庫、藝文界的黨員。就算他們沒被監禁、解雇或降職，也得被迫寫自我批評，解釋他們六四期間的立場，並誓死效忠黨的行動，這些自我批評全都成了他們個人檔案的一部分。雖然最後遭殃的人數無法與之相提並論，但這的確是一場史達林（Joseph Stalin）式的清算整肅。宋平是黨國元老，也是胡錦濤早期最重要的靠山，他支持強迫有問題的黨員重新申請入黨的運動，以確保「他們成為名副其實的共產黨人」。宋平說：「他們會成為真正替共產主義鬥爭到底的人。黨的戰鬥力將因此明顯提高。」[2]

其實在六四之前的十年裡，中國的確經歷了一場貨真價實的革命。只要達到政府要求的配額，農戶可以在市場自由出售農作，此一改革為中國多數人口居住的農村帶來許多新富人。日趨自由市場化的農村，讓北京計畫者的權力消退，使得經濟在整體上不再由中央完全掌控，也變得更有競爭性。**高層領導人如趙紫陽和胡耀邦，鼓勵政治改革的討論，包括基層選舉、更加開放的媒體，並縮小直接控制政府和國企的黨組織的權能**。不同於今日僵硬的攝影安排，一九八七年黨代表大會結束後，外國記者可以在酒宴上和政治局核心大老進行非正式的交談。

天安門事件後，對於肆意的八〇年代，重新進行嚴苛的評估，領導階層的首要之務也跟著全面修正，這使得中國接下來的這場改革與此前展現截然不同的風貌。趙紫陽和胡耀邦有心扶植相對開放的政治和經濟氛圍的奢望破滅。由於北京在政治和財政上的權力衰頹似乎無可挽救，再加上共產主義在世界各地陷入危機，**從九〇年代初開始，黨中央決心重樹權威並且一把抓到底**。

陳元似乎早有警覺，在六四前很久就意識到老路走不通。黨要再取得執政正當性，需要的不僅是老式意識形態和重走中央計畫。八〇年代中期，在華府宇宙俱樂部（Cosmos Club）的一次午餐聚會上，宴會主人已故政治學家羅賓遜（Tom Robinson）纏著陳元說，政府官方的馬克思主義教條與中國正在進行的自由市場改革彼此矛盾。過一會兒，追問不休讓陳元煩了，他大動作地放下刀叉，擺明要對方別再問了。他說：「聽著，羅賓遜先生，我們是共產黨，由我們決定共產主義的意涵。」[3]

一九四九年主政起，共黨領導人已不只一次重新界定共產主義。值此壓制八九民運餘波盪漾的時刻，他們再次重新界定共產主義。最新的定義不脫老套，但大膽變臉。**黨決定要走高風險的新路，不再試圖保護垂死的國有企業**，因為它們可能拖垮經濟並賠上政治體制。**黨決心無情地裁減國企，並由黨中央控制所剩的企業，由它們帶領可獲利的工業經濟，再將它們領往全球商業舞台**。中國領導人想要在世上實現兼顧共產主義和商業性的企業，而如果他們能做到，黨會比以往站得更挺。

如果一九九一年北京飯店會議需要一個共黨資歷足以替它背書的人選，那就非陳元莫屬。除了位居要職，他繼承父親陳雲的衣缽。在毛澤東後的改革初期，陳雲一度與鄧小平並肩合作，但他在多方面態度保守，對於可能侵蝕黨的有害影響，總是充滿戒心。他不讓陳元夫婦出國留學，陳元數年後向朋友抱怨，因為老爸不相信外國的思維。陳雲有句名言，即中國經濟必須像「籠中鳥」一樣管理，也就是處於中央計畫體制。鳥籠可以變大、透氣，也可放進其他鳥，但絕不可不鎖或讓鳥飛出。[4]陳雲最後為了自由市場改革速度與鄧小平分道揚鑣，因為他擔心改革會蠶食國家權力。不過，他的兒子比他更善於在政策分歧上腳跨兩條船，日後的發展將會證明這一點。

九〇年代末拜訪過陳元北京辦公室的人大概都記得，他在桌上擺了他和鄧小平在文革末期的合影。在文革結束之際，鄧小平決定親自造訪一些老同事及其家人，探望他們是否健康，並向他們拍胸脯保證可以安全回到北京。就目光敏銳的觀察家而言，這幅照片不只讓人看到鄧小平的為人作風。照片的棕櫚樹背景，表明陳雲至少在宜人的熱帶海南島待了一段時間，躲過文革最嚴重的迫害時期，沒有像許多人被下放到寒帶的東北三省。

陳元和他的同路人自認保守，但屬於比較現代化的保守。他們支持逐步引進市場改革和西式機構，同時強化黨的控制和愛國教育。他們反對重回毛澤東路線，稱推動毛路線的人是「浪漫主義者」或「傳統的頑固保守派」。他們自稱「新保守派」，常簡稱為「新保」，遠早於美國在小布希政府時期生根茁壯的新保守主義。最重要的一點是，他們支持黨的領導，認為只有它才能團結國家，對抗西方和內部滋事份子長期以來的顛覆威脅。他們說，原來的革命政黨必須重新調整，搖身變為緊抓權力的「執政黨」。

新保的主要目標並不是浪漫毛派，後者就算在九〇年代初的黑暗時期，也無足輕重。黨最大的危險來自政治自由主義者，也就是中國政治用語中的右派份子。新保斥責自由派不顧後果地替私有經濟撐腰，批黨不遺餘力，還在八九民運初期煽風點火。《蘇聯巨變之後中國的現實應對與戰略選擇》說，自由派要求「徹底改變所有制，然後又把視線轉向政治體制，其焦點便是中國共產黨，必欲摧毀整個現存秩序而後快」。新保的解決之道不是拒戰，而是拉高賭注，讓黨自行接收大型國有資產所有權。

他們認為，以黨之名登記國有資產所有權好處多多。所有權是困擾多年的老問題。國家所有權的形式複雜，分屬部會、企業、軍隊和政府機構，除此之外，還有各種資產糾纏不清的權利與進帳，根本無法交易任何一筆公共財或計算它的價值。新保守派認為，由黨直接擁有國有資產，可以大筆一揮解決所有問題，而且還有政治好處，因為黨可以藉此直接與新興的國企結盟，從一開始就阻斷來自企業家的政治挑戰。

新保守派直指，新興的民間企業「與黨無關」，必須注意看管。至於國企所有權私有化和多樣化的實驗則必須終止，只有虧損累累的小型企業可以做此改變；換言之，無法拯救的國營事業可以賣掉，重要領域的大企業必須維持國有。

起草《蘇聯巨變之後中國的現實應對與戰略選擇》者皆屬特權份子，難怪遭自由派對手嚴詞譴責。[5]除了長期從事黨活動的楊萍外，會議的主要召集人是《中國青年報》副主編潘岳，此君在報社不做編輯工作，而是四處炫耀他的手機。當時行動電話體大如磚，是特權或香港黑幫份子的標誌，因此中國一開始戲稱手機為「大哥大」。潘岳和黑社會沒有淵源，但確有進入體制的優勢，因為他娶了高階將領的女兒。潘岳日後證明自己有能力推動政策或議題，九〇年代末他搖身一變，成為官僚體制中直言無諱的環保代言人，直到二〇〇七年人大會後影響力才減弱。

一九九一年末，楊萍和潘岳籌備了一年多的研討會終於在北京飯店舉行，多位革命先烈與高級領導人的後代出席。一萬四千字的《蘇聯巨變之後中國的現實應對與戰略選擇》定稿在陳元背書下完成。六四後在國內被下放或放逐海外的知識份子和自由派評論家，後來大肆消遣與會者的家譜，稱他們為「花花公子俱樂部」，視宣言為「太子黨白皮書」。[6]某評論家說，這項提案「要把名義上屬於十一億人民的資產，一口氣全轉讓給共產黨，而後者占不到四％的人口」。這項批評很有殺傷力，主辦的《中國青年報》因而不想和這次會議及宣言沾上邊。但真正封殺這項構想的，是更務實的政治見解，即黨直接擁有國有資產只會揭露黨的弱點，而不是強項。與會者之一說：「這種建議非常危險，黨若承接所有權，等於發出它需要安全網的信號，因為船正在滲水，即將下沉。」

經濟放開，政治收緊

中國當時迷漫這種沉船氛圍。從九〇年代初到中期，共產主義制度和北京中央政府的經濟支柱搖搖欲墜。說話直率的北京經濟學家胡鞍鋼喜歡成為媒體焦點，他當時指出，北京徵到的稅收，已經低於分裂前的南斯拉夫首都貝爾格勒分到的稅入，這讓擔心自己歷史地位的政治局委員膽戰心驚。[7]

中國錯綜複雜的經濟問題，讓決策者束手無策。針對如何在國家主導的經濟注入市場紀律，經濟學家傅利曼（Milton Friedman）在一九九三年訪問四川時，對省長提供直截了當的建議。崇尚自由市場的芝加哥經濟學派宗師傅利曼說：「要切掉老鼠尾巴，不要一寸一寸的切；為了減輕疼痛，要一次切斷。」為了說明這種改革不像傅利曼設想的那麼容易，省長沿用同樣的比喻說：「親愛的教授，咱家的老鼠有這麼多條尾巴，不知道要先切哪一條。」據與會的另一位芝加哥學派經濟學家張五常說，傅利曼一時啞口無言。[8]

一如七〇年代末，這次還是由鄧小平一人拍板定案雙軌併行的新模型的藍圖。一九八九年六月九日，天安門廣場周圍街道上的血跡才剛清洗掉幾天，神清氣爽的鄧小平出現在電視上，握手感謝把學生逐出市中心的軍事指揮官。在鼓舞部隊士氣時，他說八〇年代領導人犯的最大錯誤，絕非此時出現的批評聲浪所認定的開放經濟，而是少了配套的思想政治教育。「今後，在處理這類問題時，倒是要注意，一個動態出現，不要使它蔓延（至六四事件的地步）。」

不久，黨開始執行鄧小平的計畫，多加一道政治防線，以免再度引發六四天安門事件；黨強化政治部門，重新鞏固它們在政府部會、法院、軍隊內部的地位，以形成潛在反叛的預警系統。退休的法律教授江平說：「此舉的目的，在於確保黨可以直接控制所有的重要機構。」宣傳部一時最領風騷，獲得更多資源，也奉命對心中仍有陰影的百姓推銷經濟改革。組織部則是改善用人制度，使之更加嚴密，以確保幹部的忠誠，不僅是政府幹部，也包括所有教育機構、媒體和由國家控制的各種機構的幹部。

第二條軌道的鋪設花了較長的時間。一九九二年初，北京仍受制於左派，後者想壓制自由經濟改革，受挫的鄧小平只好搬出毛澤東的劇本，號召支持他的使命的群眾。眾所周知，「偉大的舵手」毛澤東常在政治鬥爭時先退出北京舞台，在適當時機重返，進而壓制對手、主導辯論。雖然鄧小平採用毛澤東的戰術，但目標迥異。鄧小平南巡深圳，這是個毗鄰香港的商業寶地，二十年前還是一片稻田，其象徵意義不言而喻，而鄧小平也藉此一舉根除毛派對經濟政策的影響。

說穿了，鄧小平的公式其實很簡單。黨仍奉行自由市場改革，但同時重新調整並強化北京的政治權威。同樣地，黨或許無法直接擁有國有資產，但它有權派任和解除國企主管的職務。為了經濟繁榮，曾由共產黨政委直接管理的龐大國企將進行天翻地覆的改變，黨的角色改為進入企業內部操控。為了生存，國家必須賺錢，不能再只是單純地依計畫生產，提供社福與鐵飯碗，寄望財政部會概括承受虧損。

鄧小平自一九七八年起推行的市場改革，已讓中國獲得豐厚的回報；中國在八〇年代所出現的財富和創業精神，是依賴石油的蘇聯望塵莫及的。但六四事件及共產主義在歐洲的崩潰，有如警鐘響起，意味若未妥善管理自由市場，黨可能因此垮台。為迎接新時代，黨對內的口號很簡單：「經濟放開，政治收緊。」[9]

中國的經濟沙皇朱鎔基

鄧小平南巡後，經濟起飛，擺脫六四後的驚恐。外資湧入，本地企業家信心大增。中國南方開始成為世界工廠，為諸如沃爾瑪（Wal-Mart）等全球企業供應數十億美元的貨物。但成長也帶來一堆糾纏不清的問題，除了通貨膨脹，還有社會動盪，後者因為國企大規模裁員以及不滿官員大肆搜刮資產而越演越烈。對九〇年代初期到中期超乎尋常的動亂，黨似乎根本控制不了。鄧小平重新啟動的改革，初期影響一片混亂，既無法整合國家，也不能讓黨中央重新取得控制權。

在之後的十年，政府裁掉國有企業約五千萬名的員工，相當於義大利和法國加起來的勞動力，並重新安排一千八百萬人進入不同的企業，這些**公司不再提供他們原單位的福利，亦即「三鐵」——幹一輩子的「鐵交椅」、保證就業的「鐵飯碗」，及保證收入和養老金的「鐵工資」，一下子全沒了**。一九九三年起短短十年，都市裡中央控制的國企員工數，從七千六百萬人的高峰減成兩千八百萬人。國企曾是黨控制經濟的主力，但此時看來似乎毀壞殆盡。鐵了心執行這些改革，引發對鄧小平政策的反彈，論者也警告中國即將陷入猛暴的結構性騷亂。[10]

在海外，很多外國人也認為黨正在進行根本性的改變，但他們**錯把中國的國企改革當成西方式的私有化**。直率而精力充沛的朱鎔基，得到鄧小平撐腰，在九〇年代中期負責經濟政策，一九九八年初升為總理。老布希（George Bush）總統曾問過朱鎔基，中國目前「私有化」的政策進展如何，朱鎔基說他「當時吃了一驚，我說布什（布希）先生，中國不搞私有化，我們搞的是股份制。股份制是公有制的多種實現形式之一」。[11]布希則是一臉不必解釋的表情，認為隨便朱鎔基怎麼形容，這個過程「大家心知肚明」。布希不是唯一誤解朱鎔基的西方領導人，國際間普遍認為，朱鎔基在挖國有經濟的根。這類看法在西方是一種推崇，卻激怒了朱鎔基，因為這讓他在黨內居於劣勢，自家的敵人能用這些看法攻擊他。當他以上海市長身分訪問美國時，被讚許為「中國的戈巴契夫」。此語在中國被多次提起，等於是嚴重的政治攻擊。惱火的朱鎔基回答說：「我是中國的朱鎔基，而不是中國的戈巴契夫。」

急躁的作風讓朱鎔基在黨內飽受批評，他的頂頭上司江澤民說，「他有各種辦法得罪別人」，[12]但沒有人能扣他帽子，栽贓他把大型國有企業私有化。儘管各有見解，北京最高決策者基本上都能同心鞏固和強化黨和國家的權力，而不是讓權力消逝。北京飯店會議由黨直接擁有國企的建議無疾而終，但由黨和國家位居控制經濟制高點的原則則被採納至今。

在一九九七年黨十六大會上，朱鎔基以簡潔的一句「**抓大放小**」，說明了國有企業的改革藍圖。**黨和國家將繼續控制具有戰略性的大企業，如能源、鋼鐵、交通、電力、電信等**。數十家國企採用的方式，是在海外上市一小部分股票，而政府握有七〇％到八〇％的股份。許多外國人常誤以為出讓少數股權就是私有化。至於**規模小又虧損的企業，則是出售或交由地方政府管理**，與新保六年前的設想大致雷同。朱鎔基的政策在很大程度上依然延續至今，以精簡、專業化管理、自負盈虧來強化國有部門。

遠觀在中國有「朱老闆」之稱的他，好像大權在握。外國媒體叫他「**中國的經濟沙皇**」，以形容他位高權重。以善於說出讓記者爭相報導的短語聞名的朱鎔基，也以拍桌子痛斥地方官員廣為人知，因他認為這些人故意讓他的改革出軌。據報導，晉升為副總理後，他曾脫口說出：「我這裡準備了一百口棺材，九十九口留給貪官，一口留給我自己。」朱鎔基後來否認這句話，並解釋說九十九口棺材反正也不夠裝所有貪官。朱鎔基給人的印象，是能運用中央權力，讓地方照他的意思去做。事實上，他對北京官僚的仰賴，反映出他在首都之外沒什麼影響力的問題。北京知名學者說：「為了生存，他不得不發動全國性的攻擊，爭取中央政府內部的支持。他嚴苛，因為他沒有其他選擇，否則他幹不了多久。」

朱鎔基不可能在北京揮一下魔術棒就心想事成，讓偏遠的省市照辦。由於中央在二十年前將經濟放手給地方，於是財政權力也跟著移轉至地方。中央計畫的結束，使得金融體系也同樣出現地方化的現象。知名的大型銀行是國家單位，但各地高級主管的派任基本上由省市控制，規範也由中國人民銀行三十一省的分行各自制訂。二〇〇三年之前，中國沒有一個獨立的國家級銀行監管機構。

想像一下，英國滙豐銀行把倫敦總部外的分行主管任用權交給地方政客，後者又可據此要求貸款作為回報。同樣地，倫敦的金融監管機構又無力監控地區分行，因為它根本不知道首都外發生了什麼事。在幅員遼闊的中國，這種情況盤根錯節地增生，因此不難明白朱鎔基和中央政府面臨的困難有多大。朱鎔基知道，除非能設法控制五大放款銀行的分行，他宏偉的經濟計畫勢必胎死腹中；五大銀行是工業命脈所繫，占了當時所有貸款的六〇%以上。長期以來，在北京的朱鎔基一直埋怨，各級政府的干預，簡直就把「銀行變成官員和國企主管的自動提款機」。但從現在起，若朱鎔基能夠成功，將只有北京才能擁有全國唯一的提款機。

為讓金融體系起死回生，朱鎔基需要一個危機。幸好，在他擔任總理第一年，危機就在眼前。發生於一九九七年中的亞洲金融危機，重創中國經濟和已經搖搖欲墜的金融機構。到了一九九八年，中國最大的債主中國工商銀行，約五七%的放款成了呆帳。就整個銀行體系而言，二〇〇〇年以前的放款有四五%成了壞帳。國有銀行多年來拙劣而腐敗的管理的結果，不僅造成國庫損失，還對整個經濟構成致命威脅。[13]

面對陷入危機的金融體系，朱鎔基悄悄把手伸進列寧主義的工具箱，讓銀行照他的意志行事。採用中央集權的辦法，朱鎔基說服政治局成立兩個一級黨組，把分散到地方的經濟體制重新交由北京控制。兩個黨組皆由政治局委員擔任組長，它們透過一個非常簡單的機制，在九〇年代後期重新控制全國的金融體系：北京的黨機構，加上組織部，把任命各地銀行與其他國企高級主管的大權交給中央，將地方權貴排除在外。任何地區銀行若拒絕接受政治局的方案，就有可能被關閉。說白了，朱鎔基的戰略與越戰期間美軍對付越共村莊的作法有異曲同工之妙，就是黨決定先抓住銀行主管的要害以推行北京政令，之後若有需要，才去管他們的感受和感想。

政府監管體制的前台表面上看來一如往常，地區分行和區域監管組織表面上看來也同樣絲毫未變。但是，在後台，政治局創造了一個平行的政策宇宙，「一個強勢但最難以察覺的黨機構，用以監控金融主管」。[14]朱鎔基和政治局根本沒有在國會通過法案，賦予這兩個黨組法律地位；他們也沒有透過內閣公告它們的設立，賦予它們公權力——事實上，它們的合法性完全無關宏旨。[15]光是政治局的背書，還有對省級銀行主管職務的直接威脅，便足以讓地方官員接受北京的計畫，保住黨的經濟基礎。

二〇〇一年五月香港的《遠東經濟評論》（*Far Eastern Economic Review*）有篇令人尷尬的報

導，指出中國人民銀行行長竟然不是中央財經領導小組的成員。這件事的意涵很清楚，即檯面下的黨組已經完全取代央行的功能。但黨還是很快地做出回應，任命當時的人民銀行行長進入領導小組，但未改變小組凌駕其上的權力。中央宣傳部對此事高度敏感，指示地方媒體不要討論該領導小組，更不用說成員是誰了。中國媒體首次對此二強勢黨組做出實質報導，是在五年後的二〇〇三年，此時它們已大致完全接管銀行體系。

黨竟會正面回應一個區域性英文雜誌的報導，這事或許看來有點怪。但是，從北京決定改組國企，並向海外銷售部分股權那一刻起，黨已刻意淡化它在國企裡的角色，不想讓人民與外界知道。

絕口不提黨在國企的幕後角色

老謀深算的美林投資銀行，一九九二年調查上海石化公司的業務時，發現自己身處一個陌生的世界。[16]坐落在杭州灣的海埔新生地，上海石化是四萬名員工及其家人的「家」，廠內有宿舍、學校、商店和醫院，還支付退休金。上海石化一九九三年的上市顧問說：「除了殯儀館，什麼都有。他們甚至設有警察局，由公司和警察共管。」上海石化是個自給自足的經濟生態系統，也是個靠自我努力成功的老國企。

當北京決定重組當時第九大企業的上海石化公司，並出售部分股權到海外時，面臨不少困難，得做出劃時代的決定。公司提供的社會服務，如醫療、教育和退休金，要怎麼處理？該解雇數以千計的冗員，或借用境外募集的資金給錢了事？該如何應付外國證券交易所嚴密的審計要求與海外基金經理人的詳細檢查？而最敏感的是，要如何解釋公司內黨組的角色，它已經營公司多年，從來不受企業報告和管理規則的限制？

一九九三年上海石化的條件，固然看來不像是能在紐約和香港證券交易所籌到資金的企業，卻是中國領導人推動國企重整的首選。透過出售公司部分股票到海外股票市場，黨等於是找到幫手共同處理即將出現的動盪。當成千上萬名工人下崗，而上海石化的帳本被公開時，黨可以說這是外國人的意思。至於該不該披露黨直接控制企業的角色，參與交易的每個人都猶豫不決。類似的拉鋸日後還會一再發生，但結果都一樣。

上海石化的一位顧問說：「從一開始，第一個問題就是對於中國共產黨，我們該披露些什麼？不是他們說了算嗎？我們為此爭執了很久。」另一位顧問說得更露骨：「現在情勢變了，但很清楚的是，當時黨就是偉大的幕後之手，操控社會各層面及這家公司發生的每一件事。只有黨能主宰這個由上而下的決策過程。」

上海石化與香港美林證券及其法律與會計顧問共同擬定了認股說明書，厚如網路時代前的電話簿。認股說明書詳述產品線、資源利用、物業持有和雇員人數，也列舉身為國企的風險，即其不僅得面對市場，還得應付強勢、反覆無常的官僚，而且後者還能控制能源的價格。但是，除了宣布一兩位理監事兼任黨職，認股說明書隻字未提公司最高決策單位的角色。[17]

一九九三年上海石化上市時，華府對北京鎮壓八九民運之事記憶猶新；贏得總統大選的柯林頓，還曾在選戰中指責老布希總統放縱「北京的劊子手」——這實在不是個提醒美國投資者的好時機，讓他們知道這個在紐約籌集資金的企業由中國共產黨控制。不過，既然黨組在檯面下監督國企在中國國內原本就已是祕密，當然沒有必要在海外大肆宣揚這點。一位顧問說：「公司一點都不想談黨組的權力。一旦開始討論這件事，就會一發不可收拾。認股說明書如果載明有個單位可以決定所有的人事和生產，只會嚇跑投資人而已。」

由於下定決心在認股說明書上對黨一字不提，使得這份文件在某些地方出現令人莞爾的誤導。中國國企在海外上市當時算是創新之舉，因此上海石化被要求必須在認股說明書上，向外國投資者解釋中國政治制度如何運作。儘管這是個由黨控制政府和所有國企的國度，但在認股說明書裡，黨的存在也完全隻字未提。認股說明書的「政治概況」單元，本來該解說中國的政治制度，卻沒有提到黨；相反地，它巧妙地說：「根據憲法，全國人民代表大會是國家最高權力機構。」當然，若根據憲法，最高政治權力機構其實就是黨，它決定政府與國企的政策和人事。

國企及其顧問引述法律文字，解釋為什麼不公開黨在公司營運的角色。他們說，董事會和管理層對自己在商業策略與人事上的決策負有法律責任。輔導多家中國企業在境外交易的律師說：「就董事會所承受的外界影響而言，就算是在美國，這種事也不會公開。花旗銀行不會在公開說明文件裡提到，在開除執行長前，我們得先問過沙烏地阿拉伯人的看法。」律師所提的這種論據掩蓋了一個事實，即沙烏地阿拉伯人僅是股東，他們可以賣掉花旗股票，第二天就不管花旗死活。儘管未公開，黨在國企內的角色是體制化的，還是非賣品。如這位律師坦承：「就企業法，（國企的）董事會可以選擇不聽黨的意見。但就現實，他們不能。」

上海石化上市後，國企發生巨變。數十家其他企業也在海外出售股票和發展業務，它們所面臨的商業環境挑戰性之大，是中國公司十年前想都不敢想的。許多人與外國公司策略聯盟，並聘用外國董事加入董事會。黨組無法再介入日常業務的決定，因為企業過於複雜，無法當作純粹的政治機構進行微觀管理。不過，自始至終，黨在幾個方面絕不退讓：黨依舊控制人事任命，並禁止海外公司討論黨的角色。但是，到了二〇〇五年大型國有銀行在海外股市籌措資金時，中國內部禁止討論黨角色的規定已開始動搖。

說改造後的中國銀行在海外上市是件全球大事，一點也不誇張。如果銀行重整失敗，那麼龐大的金融和經濟改革工程，必將遭到無可挽回的重創。國家巨資投入銀行改造：銀行改革總共約動用納稅人六千兩百億美元，相當於二〇〇五年中國經濟總量的二八%，[18]若再加上二〇〇八年宣布挹注的資金，總金額更加驚人。相較之下，二〇〇八年底小布希政府引起高度爭議的「問題資產救助計畫」（TARP）也耗費了七千億美元，但這項金融救援計畫占美國當年的國內生產毛額比例小多了，約為五%。

不過，北京並不是一次拿出紓困金，而是分成多年，以各種不同方式挹注，同時也不用送到強勢的國會審核。儘管如此，中國的計畫在體制內還是引起相當大的爭議，並靠著強勢的政治決心才得以推動。總的來說，大型國有銀行減少的分行數，由一九九七年的十六萬家減為二〇〇三年的八萬家。中國工商銀行裁撤了約二十萬名員工，但即使這樣，還有約三十六萬名員工、一萬七千家分行。至於中國銀行和中國建設銀行，則各裁撤了十萬多名員工。

在採訪國銀的幾位高階主管時，我一直訝異他們拒絕討論為了讓企業適合海外上市而進行的裁員，還天真地認為這正是外國基金經理的一個賣點。後來我才發現，當局把大規模裁員的消息列為國家機密，只能在內參詳細報告。[19]黨紀禁止這些銀行高階主管回答我的問題。但是，對於其他一些涉及黨本身的提問，一些高級主管的態度就友善多了，例如中國建設銀行的郭樹清。

郭樹清態度比一般官員開放、熱情和健談，而他大多數同儕則僵硬、刻板。不像許多中國公司贈送俗氣的長城複製品和盒裝綠茶給訪客，笑容滿面的郭樹清贈送的是他關於宏觀經濟調控和貨幣政策的著作。一九五六年生於內蒙古，郭樹清擔任高階主管多年。四十出頭時，他已經擔任貴州副省長，貴州是最窮的省分之一，這表示黨打算培植他，因為黨越來越堅持，政壇明星要先到富裕沿海地區以外的地方政府任職。中國人民銀行負責管理外匯儲備，郭清樹之所以空降副行長一職，是因為前副行長在北京一家軍醫院的七樓跳窗自殺。二〇〇五年郭樹清空降中國建設銀行的情況也相當類似，前董事長受賄遭到拘留。郭樹清擅長解決政治問題，在他接手新工作前，沒有任何商業銀行的工作經驗。一個同事在他剛得到這份工作時開玩笑說：「問問他這輩子有沒有放過一筆款？」

中國建設銀行的改造背著許多包袱，因此郭樹清接任新職後的直言不諱，讓很多人吃驚。郭樹清一坐上黨組書記與董事長大位後，便批評黨在銀行的角色。《財經》是挑戰中國新聞尺度的知名金融雜誌，郭樹清與另一位副主管在一次受訪時，指責銀行的黨組篡奪董事會的角色，他們表示，黨組召開「數十次會議」，嚴審貸款並干預各級主管的任命，完全「不符銀行依法執業的原則」。郭樹清承諾他會改變。他說：「原則很清楚：黨和決策機構必須互相制衡。」

郭樹清補充說，除此之外，銀行九〇%的「主管人員不合格」。很有可能，郭樹清沒有想到這些評論會被全盤加以報導，特別是最後這點。幾個月後，他出席一家外國通訊社在北京宴請高階主管的小型午餐會。《財經》主編胡舒立也參加午宴，而正是因為胡舒立的打造，《財經》才能成為中國最獨立、難纏的刊物。[20]外國主人如常保證這場餐會是私下談話，郭樹清回答說，他不擔心主人，他指著胡舒立說：「我更擔心那邊專爆醜聞的女士。」。不過，隨後我採訪了郭樹清，他還是對黨提出批評，他說：「黨不是商業組織，過去對黨的角色認知不清，造成銀行內的不當行為。」

承銷中國建設銀行上市的摩根史坦利（Morgan Stanley）高階主管，聽了郭樹清的話大感意外。幾個人悄悄建議，如果黨在中國建設銀行具有這種影響力，也許認股說明書上也該申報黨的角色，不過，很快就有人糾正他們的想法。一位顧問說：「基本上，沒有人會幻想國家才是這些公司真正的控制者。想要探詢黨組的細節，尤其是以某種挑釁和偏頗的方式，既無益也無用。」另一位顧問嘲笑郭樹清的評論：「他由黨任命，怎能叫黨靠邊站呢？」

如果說對於外國投資者，黨的角色在認股說明書上要完全抹去，那麼對內，在二〇〇五年、二〇〇六年時，中國的銀行高階主管已不再如此，他們會接受《財經》或當地大學研究人員訪問，討論黨的角色。在評論黨的角色時，這些銀行主管比郭樹清來得客氣，但以中國人的標準，還算非常坦率。無論認股說明書說些什麼，高階主管很清楚，銀行並非純商業機構。銀行是國家經濟政策工具，這個事實在三年後的全球金融危機展露無遺。

中國第五大的交通銀行董事長蔣超良說，黨組負責決策與人事。黨絕不是純粹替股東賺錢，而是必須依據政府制訂的政策，採取符合社會「穩定」和國家「宏觀經濟」的行動。交通銀行的外國夥伴滙豐銀行，顯然不覺得這有何不妥，儘管它購買了交通銀行一九．九%的股權，還因此向自己的股東宣傳這是改變舊式企業管理的良機。蔣超良說，當時的滙豐集團董事長龐德爵士（Sir John Bond）告訴他，自己能瞭解他既然是董事長就必須兼黨組書記的情形。蔣超良說：「這傢伙一點也不覺得奇怪。」[21]

當中國記者採訪中國銀行行長李禮輝時，他轉述一則笑話，關於該行某位英國獨立董事曾希望參加黨組會議，「但因為他不是共產黨員，所以曾試圖找一位英國共產黨員，好以他的名義參加」。李禮輝回答時，冷靜地替黨說話，表示在制訂銀行的業務方向和協調其他政府機構上，黨有不可或缺的作用。他說：「在中國，展示共產黨的政治力量非常重要，管理層可以解決大部分問題，但不能全部解決。」

近幾年來，中國內部已不再辯論黨在國企的幕後角色，究竟該不該讓共產黨員以外的人知道。上海石化上市已經解決這個問題，立下不披露的先例，並遵循至今。國內真正的衝突，是郭樹清曾經提過但後來絕口不提的事。問題出在制度本身，黨的守舊派想嚴控企業，因此和國企雄心勃勃的高階主管相持不下。郭樹清對黨的批判是一個重要趨勢的先兆，對全球經濟影響深遠。這些主管認為，如果黨希望他們經營公司，就應放手讓他們在商論商。

經過漫長、痛苦的分娩所產下的「中國公司」（China Inc.），就像一頭新奇的怪獸。正如黨下令要求，它既有商業成分也有共產主義本質。改造後的強大國企的分裂人格，不僅讓全世界難以應付，中國也一直在努力適應。

社會主義大協作：「中國公司」

有如歷史通則，儘管人們已多年縝密思考該如何因應變化，但每次變化來臨，卻總像突然冒出來。這裡的例子是北京在二〇〇五年初試身手，併購西方的大型企業：**中國海洋石油總公司以兩百三十億美元天價，競標總部設於加州、在美國和亞洲都有能源資產的優尼科**（Unocal）。由共黨完全控制的公司想要收購美國公司旗下的石油和天然氣資產，光想就知道很難過關。但交易最終失敗的根源不完全只是可預見的政治風波，還有中海油執行長傅成玉在競標時未能妥善處理黨與董事會的不同要求。

傅成玉一生經歷席捲他那代許多領導人的風浪。生於一九五一年，他的學業被六〇年代中期的文革打斷，轉而加入紅衛兵，後來他告訴同事，那是令人振奮的經驗：包吃、包住，還免費走遍中國各地。到二十出頭，他重回正業，在東北油田工作。傅成玉一路晉升，成為中國最國際化的國企執行長，但還沒圓熟到能夠瞭解，該如何應對公司在海外出售子公司股票後任命的國際董事。

在競標優尼科前，傅成玉已先獲得政府放行，也讓他所領導的中海油黨組同意這筆交易。但當他決定把整件事當成既定事實向董事會報告時，激怒了幾位獨立的外國董事，他們從一開始便阻撓這筆交易，對傅成玉多方掣肘，讓他無法靈活應付隨後的併購戰。在美國國會以國家安全為由提出反對後，中國怒斥保護主義並退出交易。但在整場爭論中，傅成玉一直未能處理更深層的問題，那就是黨組試圖把董事會放在一邊涼快。不管傅成玉怎麼說，華府有足夠的證據認定，中海油代表的是中國，而不只是該企業本身。

經濟改革初期，與大型國企打交道的許多外國人覺得，自己很像八〇年代初期負責上海寶鋼發電廠談判的日本三菱主管。當中方在會談壓倒日方並迫他們讓步，日本人很不爽。三菱高階主管高喊：「是的，談判你們是贏了，但你們是用國家隊打我們企業隊！」國企巨頭陳錦華在傳記《親歷中國改革：陳錦華國事憶述》講到這件事，他說日本人是對的。陳錦華寫道：「為了這次談判，我們把當時電力系統中的許多強將都請來了，日本的三菱作為一個公司是不可能做到這點的。這個例子體現了社會主義大協作的優越性。」[22]

二十年後，當中海油這種大型國企航向境外，現已以「中國公司」為人熟知的社會主義大協作，既占盡優勢也讓人尷尬。雪上加霜的是，國企之間已不再像過去那樣有所謂的社會主義大協作。取而代之的是，黨設定了一種社會主義的競爭形式，以善加利用國有部門。二十一世紀的「中國公司」早已不再是陳錦華所描繪的巨怪，而是貪婪龐大的魚群：牠們對身旁的魚保持警覺，儘管游往同一方向；**中國企業在國內與海外各自爭取交易，就像魚群追逐少量的食物；整群魚由共產黨這條母魚指導，其競爭力不輸海中任何大型動物。**

中國過去三十年的轉型，很大程度上是仰仗人民的動物本能，許多人抓住機會，幾十年來第一次賺到錢。比較難懂的，是黨如何同時解放政府的動物本能，力量之強大超出想像。黨面對的國企問題在一夕間完全改觀：九〇年代，黨擔心企業的存活；二十一世紀初，黨擔心的問題變成了如何管束，因為改造後的企業是如此龐大、富裕和雄心勃勃，其中許多還只是剛起步而已。

數十家大型國企一度被貶為搖搖欲墜的共產主義制度恐龍，但其結構、償債能力和盈利能力卻能在十年內轉型成功。共黨產業的巨人突然丟出數十億美元利潤，多虧政府的保護、快速的經濟成長、廉價的資本和公司改造帶來的效率。二〇〇七年是中國經濟快速成長的歷史性高點，相較於十年前接近於零的獲利，中央所屬國有企業合併盈利高達一千四百億美元，等於是五年前獲利的三倍。在根據公司營收排名的《財星》（*Fortune*）五百大名單裡，過去連邊都沾不上的中國企業現在名列前茅。

儘管中國在這個時期變富有，中國人卻沒有坐享其成。在一九九七年至二〇〇七年這段驚人的經濟繁榮期裡，工人薪資占國民收入的比例急劇下降，從占國內生產毛額的五三％跌到四〇％。[23]國有部門轉型帶來的長久利益超乎黨的預期，一如多年前北京飯店會議召集人所預測的。龐大的利潤減輕了財政預算負擔，美化了國有銀行的資產負債表。但國企享有的優惠政策，如廉價土地、資源和能源，保證繁榮的好處由國家所有，犧牲了廣大民眾。不過，國家積累的火力不僅是為了自我致富。著眼於未來幾十年原物料的需求激增，本國原油庫存下降，二〇〇二年左右，北京開始認真推動現金充裕的大型國企到海外發展，根據最高領導人的說法，是「到海外成為更大更強的公司」。排在隊伍最前面的幾家石油和資源產業公司，所到之處無不掀起波瀾，也不足為奇。

傅成玉笨拙的戰術，導致二〇〇五年的中海油交易失敗，激怒國內許多人，但多虧美方對中國投標做出激烈並帶有排外色彩的反應，他保住了飯碗。等到下個大交易到來時，看得出「中國公司」已記取教訓，雖然黨藏身大型國企幕後的根本問題依舊存在，也未能解決。**中國共產黨在國內撤出掩蓋黨務的保密面紗，因此也在國外模糊了政府在國有企業的角色。**因此，**外國人幾乎無法釐清國企究竟是國營事業，還是商業公司。**

二〇〇一年成立的中國鋁業公司，完全展現出上述這種現代化國企的雙元特徵。它在九〇年代整合鋁礬土礦、氧化鋁精煉廠、鋁冶煉廠和行銷團隊後，立刻變成世界金屬業第二大公司。為了不讓新公司養成國有部門僵化的舊習慣，政府加進市場因素，指示中鋁將一些最寶貴的資產，成立另一家子公司中國鋁業股份有限公司，在同年於海外上市。

公司董事長肖亞慶桌上放了一台「紅色機器」，象徵中鋁擠進了五十多個國家認定攸關國家安全和經濟發展的核心公司之列。挨著黨菁英熱線的就是當前國企的新象徵，一台顯示公司在海外上市企業股票價格的螢幕。兩個設備加在一起傳達了一個雙重信息。**在前台，像中鋁這類公司充滿商業雄心，仿效西方競爭對手一樣殷切追蹤公司股價。但是在後台，黨安靜地避開視線，必要時拉拉韁繩，確認自己有著控制公司所有的必要手段。**肖亞慶這種高階主管要學會應付困難的簡報，既要顧及公司的業務，也要考慮黨認為公司該辦好的業務，一個是經營績效，另一個是政治績效，但兩項都不明確。

二〇〇二年，只有四十二歲的肖亞慶成為國企的董事長，這張新面孔比大多數國企領導人小了十歲。就像中海油的傅成玉，肖亞慶背負著一級國企高幹都會有的政治包袱。他是中央候補委員，擔任中鋁董事長和黨組書記。他也是個聰明進取的商人，把公司帶往不同的方向，在國內將業務多元化，涉足銅和稀土的市場，並且為了推動公司到海外發展，親赴澳洲北部與原住民地主進行敏感的談判。不過，不久後國家就給了他一個使命，讓中鋁或任何國企曾經完成的任務相形失色。

二〇〇七年十一月，世界最大的礦業公司必和必拓（BHP-Billiton）打算收購英澳競爭對手力拓（Rio-Tinto），敲響了北京的警鐘。中國認為這個史上第二大的收購案（一開始的價格是一千兩百七十億美元，後來增加到一千四百七十億美元）顯然是個威脅，因為會形成一個近乎壟斷的市場，特別是在海運鐵礦石貿易。煉鋼的鐵礦石國際價格，在二〇〇三年到二〇〇八年間漲了五倍，中國需求的快速增加是個因素，但缺乏供應是另一個原因，而中國認為之所以會出現後者的情形，是因為大型礦場刻意不積極投資。政治局很快決定不可讓必和必拓得逞，此一決定把「中國公司」戲劇性地推上世界舞台。

幾小時內，**中鋁在倫敦股市做出中國有史以來最大規模的海外投資，以一百四十億美元買走力拓九%的股份**。[24]記取中海油的錯誤，肖亞慶立即站出來，以國企領導人前所未有的方式，接受外國媒體採訪，並啟程前往澳洲，親自向緊張的政客保證中鋁的用意。肖亞慶的公開言論始終一致：中鋁是國有公司，但營運不受政府干涉。他說：「所有管理和商業決定都是獨立的。」從一開始就困擾肖亞慶和他的政治上司的是，儘管他們在競標力拓的兩個階段一再強調公司的獨立性，卻還是遭到中海油在競標優尼科時同樣的質疑。隨著交易的進展，**阻撓中鋁收購力拓的非商業性因素不斷增加，令人尷尬但不難理解**。

就一個新手而言，中鋁只有在做完投資銀行家口中的「選美秀」後，才會加入力拓的投標；稱之為選美秀，是因為各家公司排隊亮出實力以贏得投標任務。就本案，比賽一直由中國政府暗中進行。政治局先是提出愛國呼籲，希望多家能源和鋼鐵國企挺身對付必和必拓，接著再透過內部招標來決定其中由誰代表中國投標。中鋁奪標，因為它在國內展現傑出的商業競爭力，在海外的表現也相當穩當。但是政府對此事的涉入，意味著領導的手無時無刻不放在肖亞慶肩上。

論者還指出，中鋁選擇由母公司出面投標，而不是像中海油一樣由海外上市子公司出面，是一件相當值得注意的事。這項決定有著令人信服的商業理由，因為中鋁是個多元化礦物集團，與它看中的目標力拓一樣。但**中鋁也有強烈的政治動機：母公司是百分之百國有，可以快速決策，沒有麻煩的國際董事干擾**，不會像中海油收購優尼科時一樣。另一件值得注意的事，則是中鋁競標的錢以什麼方式籌措。**錢來自國家開發銀行為首的銀行團**。最早設立銀行團是為了資助地方的基礎設施，但現在國家開發銀行已準備隨著「中國公司」一起向海外發展。投標力拓背後的政治力，從融資批准方式一目瞭然：由國務院直接批准，甚至無須國家開發銀行董事會討論。[25]

最後是中鋁競標到底的能力，此時正值它的國際競爭對手受全球信貸緊縮影響而必須退場之際。數十年才會出現一次的大好原物料市場，不到半年就隨著世界經濟衰退而快速走樣。巨人必和必拓撤退，二〇〇八年底放棄對力拓的收購，並暫時退出戰場，重新評估戰略。二〇〇九年二月當中鋁加倍對力拓持股，中鋁嚴重出血的程度不亞於世界其他資源公司。帳面上，中鋁最初收購力拓股票的一百四十億美元，跌掉整整一百億美元。中鋁的核心業務也一樣在賠錢。儘管如此，**在雄心勃勃的中國政府支持下，中鋁仍有火力推進，對負債累累的力拓又投資了一百九十三億美元，並取得採礦控制權**。

中鋁砸大錢收購力拓，在政府內部成為眾矢之的。中國羽翼未豐的主權投資基金董事長樓繼偉，因為境外投資失利在當時飽受批評，在網路被人痛斥，因為他替基金初期幾筆境外投資辯護，但隨後帳上嚴重失血。樓繼偉二〇〇八年底在清華大學演講後，某網友說他「腐敗、卑鄙、無恥，用人民的血汗錢實現個人目標」。樓繼偉私下抱怨說，人們其實應該查查肖亞慶在中鋁的帳本才對。他說：「帳目少了一百億美元，我的損失比起來可說是小巫見大巫，但我卻被罵到臭頭！」在公開市場，肖亞慶臉上無光。但是在後台，肖亞慶夠靈活，以逼走必和必拓拉抬政績並爭功諉過，儘管這不完全是事實。《財經》雜誌報導，「肖亞慶多次表示，他的目標是阻止兩個（外國）採礦巨人合併，他做到了」。

露骨展示中鋁和政府如膠似漆的關係的好戲還在後頭。正當身為商人的肖亞慶在協商加倍中鋁對力拓的投資時，消息開始傳出，當局正在討論身為政客的肖亞慶的晉升。中鋁的外國顧問注意到，在倫敦談判力拓之事最後幾天，肖亞慶的神經相當緊繃。肖亞慶偷偷開玩笑說，如果無法達成交易，他就不用回北京了。交易敲定後，肖亞慶晉升國務院的消息也跟著拍板。**在中國，交易和升遷綁在一起**。如果沒有第二次提高中鋁對力拓的投資，肖亞慶將損失數十億美元的國家資金，未能同時替他的公司和國家取得新的資源基地。換句話說，他在商業和政治上都功虧一簣。

中鋁企圖加倍對力拓投資，卻在數個月後的二〇〇九年六月中箭落馬，主要是商業理由，但也許失敗的主因和中海油相似。肖亞慶晉升國務院要職成了壓垮交易的最後一根稻草，因為中鋁投資力拓的任何純商業理由，都叫人懷疑中國政府背後這隻手：政府相中中鋁進行交易，它的資金直接由國務院批准，由母公司下標而迴避外界審查，而且它的董事長談成最後協議後離開公司晉升政府要職，取代他的是另一位由黨選出的國企負責人。在投資案告吹後不久，**力拓中國辦事處的四名高階主管在上海被捕，罪名是行賄與竊取商業機密。**難怪澳洲反對這宗交易的政客會說中鋁是國家的代理人。對於想說服懷疑者中鋁的運作確實獨立於國家的黨而言，這無疑是另一次拿石頭砸自己的腳，痛苦萬分。

挾持政府的中石油

至少，中鋁高階主管還試著和反對者溝通，並公開回應他們關注的問題。並非所有國企都願意對外說明，就算他們的說明可能未必與事實相符。中國石油天然氣集團公司，簡稱中石油，在國內對批評充耳不聞，到了國外本性不改。**形容中石油最好的方式，就是中國的埃克森美孚，一個惡名昭彰的大石油公司，高階主管野心勃勃，神氣活現，與政府和軍方關係緊密，一派完全無視他人意見的德性。**中石油在中國最荒涼、首都官僚管不到的地區開採石油，像是新疆、大慶。

九〇年代後期啟動企業改造時，中石油的員工已比世界上任何一家石油公司多出十倍。二〇〇〇年承銷中石油在全球上市的高盛亞洲董事總經理沈思培（Paul Schapira）說：「當時中石油最貼切的稱呼，就是『石油部』。」[26]在整編以出售部分股份給外國投資者的過程中，集團裁掉一百萬名員工，石油部也銷聲匿跡，使得公司幾乎不受政府監督。多名位高權重的石油部官員成為改造後的公司的高階主管，使企業比以往更加獨立。

本業以外的人很少聽說過這家公司，直到九〇年代後期它到蘇丹尋找新的石油來源，以取代枯竭的大慶油田。此一投資使得眾人注意到這家公司以及中國海外投資的概況，這是北京始料未及的。當人權運動者呼籲全球關注蘇丹鎮壓達富爾（Darfur）的叛亂時，他們的目光不僅針對蘇丹政府，也盯上中石油，他們說後者已成為政府主要幫凶。他們把擁有蘇丹資產的中石油及其母公司，說成「中國公司」這個不可分割的龐然巨怪的一部分。母公司及其海外上市子公司的高層主管由黨任命，政府機構握有它的股份，單憑常識就能看出該公司和國家合為一體。明顯可以認定，該公司到蘇丹完全是奉政府之命。

此一爭議在二〇〇八年北京奧運會前白熱化，反而掩蓋了中國內部一個現狀，也就是國企的政治問題變得更加錯綜複雜。中海油和中鋁的競標，一開始並未在國內引起爭議，因為獲得政府跨部門的支持。但中石油並沒有得到跨部會的支持，原來中石油在國內也像在海外一樣不討人喜歡，北京外交決策圈部分人士對它很不爽，雖然國內外討厭中石油的理由不同。中國官員和學者關注的，不是中石油投資人權紀錄惡劣的國家，因為他們也清楚，西方國家長期以來也一樣和完全不民主的沙烏地阿拉伯及其他產油國過從甚密。他們不滿的是，任由一家公司以尋找石油之名，在敏感事件上主導中國外交。

更糟的是，中石油只顧謀利，無視它對外交政策的影響。二〇〇七年我採訪的兩位學者，批評中石油沒讓中國受益，把在蘇丹生產的大部分石油賣給國際市場出價最高者，尤其是日本。北京大學的朱鋒說：「我並不擔心（黨）是否控制或指示這些公司。我擔心的是這些公司做了什麼，這些國企成了非常強大的利益集團。它們甚至劫持了中國對蘇丹的外交政策。」[27]

這些來自著名學者的公開批評相當不尋常，但中石油並沒有加以澄清，而是秉持一貫的態度，根本不理會。隨著中國更加依賴石油的進口，中石油老神在在，不怕國內的批評；但是要在國內經濟面前擺譜，中石油面對的政治環境就險惡多了。布魯金斯研究所（Brookings Institution）的唐斯（Erica Downs）說：「**成功的祕訣是證明自己有管理能力，同時還能不替黨製造問題。**」二〇〇五年燃料價格戰時，幾家石油公司謀利過頭。

中石油和中石化這家營收最高的最大煉油廠，長期對國內成品油價受到嚴控深感不滿。二〇〇五年政府拒絕配合全球急劇上升的汽油價格調高國內油價，兩家公司來硬的，試圖改變這項政策。中石化受到的壓力尤其嚴重，身為中國最大的石油進口商，賣給國內市場的每一公升進口燃料都賠錢。幾家大型煉油廠突然封存，進行公司所謂的「預定維修」，有意玩一場拉高賭注、虛張聲勢的遊戲。公司的行動完全和西方企業一樣無情，造成完全仰賴進口石油的中國南部燃料嚴重短缺，上海周邊的長江三角洲也一樣缺油。憤怒的卡車司機和計程車司機被迫在酷暑排隊加油，商業活動也被迫停擺，這無異把當局逼到牆角。最後，溫家寶總理親自出馬談判，結束了爭端，批准對石油公司的一次性補助，解決短缺問題。

如同學者過去對中石油謀利忘國的批評，各地評論家憤怒抨擊石油巨頭享有國有半壟斷的好處，卻不提出相對的回饋。這次是供應中國南部燃料的中石化成為箭靶。在海外行徑惡劣是一回事，把國內工業中心搞到沒油可用，後果就嚴重多了。中石化執行長後來發現，公司此一作為使他和一些權貴結下梁子。

兩年後的二〇〇七年，中石化執行長陳同海被以貪汙罪名關押，新聞界大肆報導他的情婦聳人聽聞的故事，她周旋於多位部長級官員之間，也害他們逐一下台。不過，和我交談的幾位石油業高階主管，把陳同海之所以下台，歸因於兩年前的石油危機。身為太子黨，陳同海早已貪汙成性。據同事說，他的個人開支一天約為五千八百八十美元，差不多是他一個月的薪水。但是，當陳同海在燃料危機槓上高級領導人，等於是給政敵一個拉他下台的理由。某同業高階主管說：「身為國企負責人，是該替公司出頭，但也要知道適可而止。」

從黨所任命的接替人選，就可以知道陳同海下台不僅是因為貪汙。對陳同海的貪汙調查，讓中石化這個國家重點企業陷入一片混亂。陳同海的繼任者蘇樹林，剛好擁有黨所需要的能力，他的角色和電影《黑色追緝令》（*Pulp Fiction*）中的哈維·凱托（Harvey Keitel）相近，清理一車子的血跡，消除所有犯罪證據。蘇樹林曾任職石油業，但他的主要經驗是黨務。同樣地，蘇樹林被派到中石化救火，重振黨紀，當局認為陳同海治理下的中石化黨紀早已蕩然無存。當蘇樹林開始巡察中石化的合資企業時，他關切的重點相當明顯：他似乎不太瞭解這些事業，而讓合資企業跳腳的是，蘇樹林注意的全是不相干的事——他一直問，為什麼這些合資企業沒有在公司內成立黨組？

實踐最新版共產主義原則的唯一途徑：為股東爭取最高回報

十年多一點的時間，黨完成沒有人認為可能做到的事：打造一個獲利的國營部門，賦予獨立的商業抱負，但最終仍受其控制。對於陳元，九〇年代初他業餘的獻策工作，早已事過境遷。進入二十一世紀，他在政治上和個人上都大有斬獲。

一九九八年朱鎔基撤除陳元中國人民銀行副行長的職務，重創他的自尊心與事業。但陳元獲得新職，東山再起，擔任國家開發銀行黨組書記與行長。國家開發銀行是個所謂的政策性放款機構，資助重大公共工程，如三峽大壩和地方基礎建設。陳元是個十分現代化的共產黨員，他把這份工作視為最重要的事業，把銀行變成中國最全球化的機構之一。一開始，陳元讓開發銀行在國內慷慨解囊，提供貸款給渴望成為全國第一的石油和汽車公司。銀行支持數項頗受政治好評的專案，如提供資金做農村基礎設施、環保計畫，放款給貧困學生和低價住房。國家開發銀行並未進行改造，它的應收貸款在一九九八年是七百三十億美元，十年後增加到五千四百四十億美元。

二〇〇六年，受政治局走向全世界的政策鼓舞，國家開發銀行也搭上「中國公司」的潮流向海外進軍。這家銀行獲得授權管理北京投資非洲的五十億美元基金，並買進英國巴克萊銀行（Barclays Bank）的股票，還主導中鋁競標力拓與其他境外交易的融資。二〇〇八年，花旗集團正在籌集新資本，雄心勃勃的陳元甚至力爭購買其股票，但被高級領導人否決，因為後者對投資這家危急存亡的美國銀行存有疑慮。陳元私下誇口說，他的銀行已發展為全球最大的開發銀行，比總部設於華府的指標性世界銀行（World Bank）還大。或許銘記「韜光養晦」的教誨，在少之又少陳元會見外國記者的場合裡，他不曾再脫口說出這句話。

即使陳元成了中國國家資本主義登上全球舞台的高明旗手，內心還是清楚知道共產黨無產階級的根源。在國家開發銀行國際顧問委員會二〇〇七年會議前，我在五星級半島酒店的大堂發現一名男子，他頭戴布帽，身穿毛澤東時代的普通夾克，酷似八〇年代中期國家工廠的幹部，而大堂全是打扮入時、忙得不可開交的祕書和顧問。這人的服飾和周遭環境極不相襯，我沒看出是陳元，直到他走進電梯。

他女兒陳曉丹不喜歡無產階級打扮，她選擇到美國杜克大學（Duke University）留學。二〇〇六年十一月，她代表中國參加巴黎的名門千金成年舞會（Crillon Ball）。這個一年一度的初次社交舞會，傳統上只邀請歐洲皇室、跨國企業執行長和好萊塢影星後代參加。那年，這場舞會有幸邀請到由陳曉丹代表的全球最新強權中國共產黨參加。所有名門千金當晚身上的高級訂製服飾都是租或借來的，陳曉丹穿著阿拉亞（Azzedine Alaia）的粉紅色禮服，如果真要付錢，恐怕得耗上她父親好幾個月的官方薪水。不過，她今天之所以能參加舞會，正反映出她的家庭走過的軌跡，而中國共產黨也同樣一路走來。

我在半島酒店大堂巧遇的陳元，打扮得像個老幹部前來參加有錢有勢的外國人的會議，這也許看來相當特別，因為近來中國領導人通常只會在黨會議和軍事場合穿毛裝。然而，陳元及其家人的風格反映了高層早已學會說出兩面討好的話。無論變得多麼富有和強大，他們早就善於察言觀色，視說話對象來決定他們是要支持馬克思、毛澤東還是市場。官員在這方面的八面玲瓏，正是「中國公司」永遠讓人看不透的地方。一分鐘前還會為了捍衛中國具有競爭力的出口價格，跟你大談西方應恪守市場規則的官員，下一分鐘就會向中國聽眾痛斥不受約束的資本主義的恐怖，宣誓他對馬克思主義的效忠。政治服飾變化之快，活似《超人》（*Superman*）一般：一位華爾街銀行家走進電話亭，幾分鐘後搖身一變，立刻披上馬克思外衣。

但最善於變臉的，就屬中國銀行業監督管理委員會主席劉明康。文革結束後，劉明康於一九七九年加入銀行業，當時他三十三歲，接著他平步青雲，在數家國企和政府任職。在銀監會於二〇〇三年成立前，他曾服務於中國銀行、福建省政府和中國人民銀行。期間，他唸完倫敦城市大學（City University London）企管碩士班，至今他仍以獎學金送前途看好的金融官員前往母校攻讀自由金融和經濟。當國有銀行改制時，劉明康嚴厲要求下屬瞭解全球監管規範的重要性，如資本充足率、風險回報率和呆帳率。銀監會低階官員開玩笑說，在大家都放鬆的星期五下午，劉明康有時會突擊他們的部門，嚇死他們，並即席拷問他們訂下銀行準備金最佳水位的新版巴塞爾協定（Basel II）內容。

劉明康長期被認為是中國最西化的官員，他能以流利的英語侃侃而談金融改革，讓外賓另眼相看。不論是否在對你說話，劉明康都讓人留下深刻印象。但是，在重要政治場合，劉明康這個舌燦蓮花的全球銀行家，搖身一變成為中國馬克思主義的樸實學生。在二〇〇七年黨代表大會，劉明康不談自由貸款的祕方和新版巴塞爾協定，而是大談馬克思主義中國化這偉大的發明。二〇〇七年末黨代表大會召開前，在銀監會黨校新班開課時，劉明康向主要幹部演講，敦促銀監會官員「要始終堅持用馬克思主義中國化的最新成果指導實踐」。[28]

在此同時，中國建設銀行的郭樹清說：「實踐最新版共產主義原則的唯一途徑，就是為股東爭取最高的回報。」[29]至少這不是句空話。**銀行最大股東是中央政府機構，由黨控制**。銀行能長久獲利，無疑符合黨的利益。事實上，經濟靠它。但股東回報與共產主義同台唱戲，即使在中國，也是第一次聽到。

要嘲笑這些言論易如反掌，但不能輕率斥為信仰的儀式咒語，就像失去信仰的天主教徒還是參加週日彌撒，是基於習慣也想維持寶貴的人脈。**奉承黨是因為黨有強勢的政治組織，可以拉抬也可以打擊你的事業**。在黨代表大會的敏感時期，官員適時說出這些話以向黨表明政治忠誠和可靠，兩者都是擔任公職的要素。

中國龐大的國企金融改造，具體展現了這種矛盾。這些公司的重整多半是以單刀直入且往往帶來苦難的方式推行：連根拔除整個社區和家庭，而這些人一輩子靠的就是企業的鐵飯碗；公司高階主管承受來自全球投資者的壓力，完全超乎當初的想像；至於靠著老式公營事業為生的政治保守階級，則是被掃到一旁。

但是國企的政治體制改革以及黨的角色，卻一直不清不楚。為了獲利和全球競爭，國企高層主管近年來能較自由地經營業務，這在十年前是不可想像的，許多人順勢利用這種自由建立個人的帝國。但在整個國企改革中，黨依然大權在握，可以任命所有的高層官員。透過人事，黨就能指導公司的政策。

二〇〇八年底和二〇〇九年初，全球金融危機日益惡化，有可能席捲中國，就像被吞沒的世界其他地區，黨因而適時展示權力。中國人民銀行、銀監會，甚至銀行本身，都提出建議，希望當局小心應對危機。過去十年，這三個機構辛苦地打造了可靠的商業金融體系。然而，政治局眼見經濟成長減緩的深淵就要到來，因此頒布了最高指令，要求打開錢的閘門。一旦如此決定，銀行別無選擇，只能放手一搏。二〇〇九年上半年，中國各家銀行的放款總額比整個二〇〇八年還多出五〇％。相較於二〇〇七年占放款總額三分之一的高峰，僅僅一五％的錢流到家庭消費者和私人企業，大部分的錢流入了國有企業。

相較於已開發國家的同業，中國銀行的作法更有看頭。這時許多西方銀行已被政府接管。在華府和倫敦，美、英政府都懇求金融機構重新放款振興經濟，但缺少有效的工具讓銀行就範。相形之下，在中國，銀行都是國有並由政府控制。當黨指示銀行放心放款，高級主管的政治職責就是遵行，不能只是考慮業務的利益。《財經》報導說：「因此，（國有大銀行的）高層主管相當於副部級的政府官員，除了照顧銀行，有責任支持中央政府刺激經濟的政策。」[30]

黨的人事權是促成國企改革又同時不致失去國企控制權的關鍵。因此，黨非常看重任用和裁撤政府官員的權力，如同它珍視控制媒體和軍隊的權力。態度比較自由的北京中央黨校政治理論家周天勇，二〇〇八年初出版的《攻堅：十七大後中國政治體制改革研究報告》為黨勾畫了最後底線。周天勇寫道：「**堅持黨對政治體制改革的領導，須遵循三項原則，即黨管軍隊，黨管幹部，黨管新聞。**」

中央組織部是黨裡握有最高人事權的機構，毫無疑問是世界上最大和最有權的人力資源單位。這個機構跨越各部會，深入政府每個部門，但它鮮為外界所聞，在中國境內也少有人知道。就像黨本身，組織部是個可怕而神祕的巨人，努力適應過去三十年來日趨複雜的世界。

注釋

1 以下的內容來自該次會議主辦者和參加者的訪談，以及宣言本身與遭到的批判。見'Realistic Responses and Strategic Options after Dramatic Changes in the Soviet Union: An alternative CCP ideology and its critics', *Chinese Law and Government*, 29 (2) (Spring-Summer, 1996), translated by David Kelly。感謝Ben Hillman替我找到這份寶貴資料。

2 這句話以及四百萬黨員接受調查的數據，引自James Miles, *The Legacy of Tiananmen*, University of Michigan Press, 1996，該書是記敘這段時期的佳作。

3 蒙大拿大學（University of Montana）教授Steven Levine提供了這則軼事。他參加了那場午餐，時間約在一九八五年。

4 坊間常以為「摸著石頭過河」的說法出自鄧小平，但其實是陳雲。這句話至今仍被用來形容中國以實驗進行改革的方法。

5 見Su Wei, 'How the Princelings Launched Their " Political Platform " ', *Chinese Law and Government*, 29 (2) (Spring-Summer 1996)。

6 Chen Kuide, 'A Doomed Dynasty's New Deal', *Chinese Law and Government*, 29 (2) (Spring-Summer 1996).

7 胡鞍鋼在九〇年代中期經常對記者（包括筆者）提出這個比較。

8 見以下論文之注釋Steven NS Cheung, 'The Economic System of China'，於二〇〇八年八月三十日至三十一日北京市場化三十年論壇提出。

9 Anne-Marie Brady, *Marketing Dictatorship*, Rowman & Littlefield, 2008, p. 49.

10 Andy Rothman, *Harmonious Society*, CLSA, May 2002.

11 見朱鎔基二〇〇一年三月十五日全國人民代表大會閉幕記者會新聞稿。

12 江澤民顯然有此看法，引自其授權傳記Robert Lawrence Kuhn, *The Man Who Changed China*, Crown Publishers, 2004, p. 354。

13 Richard Podpiera, 'Progress in China's Banking Sector. Has Bank Behavior Changed?' International Monetary Fund working paper, 06/71, March 2006.

14 引自Sebastian Heilmann, 'Regulatory Innovation by Leninist Means'，收於*China Quarterly* (March 2005)。也感

謝Victor Shih指出這一點。

15 關於此一黨組及其涉及的機構，詳情請見http://magazine.caijing.com.cn/templates/inc/content.jsp?infoid=3322&type=1&ptime=20030405與http://magazine.caijing.com.cn/20030305/2461.shtml。

16 以下的內容來自與四位上市與認股說明書顧問的訪談。

17 這些理監事在黨的反貪機構任職。我看過眾多認股說明書中，這些似乎是唯一公告的黨。

18 Guonan Ma, *Who Pays China's Bank Restructuring Bill?*, Bank for International Settlements, Asia and Pacific Office, Hong Kong, 2006。這是在二〇〇六年做出的計算，還沒算進農業銀行和其他國有銀行修正資產負債表的成本。

19 *State Secrets: China's Legal Labyrinth*, Human Rights Watch in China, 2007, p. 280.

20 由於主管長期以來一直試圖審查雜誌內容，胡舒立在二〇〇九年末離開了《財經》，於二〇一〇年初成立新事業。

21 見《財經》一六一號（六月十二日）及一六二號（六月二十六日）。亦引自Nico Calcina Howson, *China's Restructured Commercial Banks – the Old Nomenklatura System Serving New Corporate Governance Structures?*, University of Michigan Law School。龐德爵士拒絕對蔣超良的引述做出評論。

22 Chen Jinhua, *The Eventful Years. Memoirs of Chen Jinhua*, Foreign Languages Press, Beijing, 2008.

23 這些數字來自瑞銀的中國經濟學家王濤的報告，Wang Tao, *UBS China Economic Perspectives: How Will China Grow? Part 4: Can Consumption Lead Now?*, 5 May 2009。

24 中鋁拿出十二億美元突擊股市。

25 《財經》，二〇〇九年二月二日。

26 *Finance Asia*, November 2000.

27 他和其他學者對此事的意見，最早報導於*Financial Times*, 17 March 2008。

28 http://www.cbrc.gov.cn/chinese/home/jsp/docView.jsp?docID=20071119665FCF8F1C1598D6FFB023DAE44B8200.

29 Reuters, 'China's Top Banking Regulator Pushes Marxism', 1 November 2007.

30 《財經》，二〇〇九年五月。

| 第三章 |

個人檔案看管者

黨與人事

幹部都知道我們在哪裡，就像知道父母住哪兒。

——王明高，湖南省組織部

制度來自蘇聯，但中共將其發揮到極致。

——袁偉時，廣東中山大學

李剛（為了職位）送了三十幾萬，
兩年內受益五百多萬，收益率高達1,500%。
天下哪裡有這麼高利潤的行當！

——某紀委官員，引自《中國新聞週刊》

掌握人事任命的神祕機構：組織部

在長沙黨領導人辦公區裡的咖啡廳，我一坐下便遞上名片，這是亞洲自我介紹禮節中不可缺少的反射行為，也是商業顧問至今諄諄告誡的正確文化交流方式。坐在我對面的王明高，先是扮演好他的角色，細看我的名片，並頻頻點頭讚許我的資歷，但並未立即回我一張名片。當我們聊完，正準備離席去吃晚飯，我直接問能否給張名片，以便日後聯繫。他回答：「我沒帶名片。」雙臂交疊放在胸前，表示事情就此打住。對他而言，此舉並無怠慢之意。王明高與外界交往，從不遞名片。他服務的湖南組織部只對內負責，也就是只對黨負責。

王明高開車到長沙機關大院門口接我。就像中國所有政府機構入口，接待處仔細盤問，既費事也有嚇阻外人之意，但對特權人士及其座車又大開方便之門，眼不尖是看不出他們級別高低的。我和助理走近時，門口穿綠色制服的衛兵瞪著我們，僵硬地舉起手，示意我們停下，吆喝我們靠邊站，與附近其他閒雜人等湊在一塊。就在我們等的時候，當地要人駕著通常不掛車牌的時髦轎車，直駛進大院，理都不理警衛。王明高請我們上車，衛兵卻沒來盤問，這表明他的地位不低。車子經過一棟莊嚴的紅磚政府建築，是國民黨蔣介石政府在一九四九年因共產黨勝利而流亡台灣後留下的。很快地，他讓我們在一家複合式咖啡店前下車並接受採訪。

此次約訪進行了數月之久，費盡唇舌再加糾纏與騷擾總算安排成功。他最後說：「只要無關國家機密，應該可以。」王明高有禮貌地回應我們的殷勤，在兩小時的採訪中，未曾面露不悅，接著作東請我們吃晚飯。在中國，如果不留客人吃飯相當怠慢，在長沙，每位招待外來訪客的主人一定會留客人用膳，如果邀請被拒，肯定大嚷那怎麼行。不過，由於王明高不肯賜張名片，他等於是完全無視於初次見面該守的禮節。處理名片的方式不過是訪談結束時的一個小細節，卻顯示出他的機構如何看待世界。組織部以外的宇宙，對王明高而言都是次要的。他只在共產黨圈內遞出名片，不給外界。[1]

要約見不對外公開的機構的官員極為不易，即使是對國內，組織部也保持低調。從天安門廣場往西，沿寬敞的長安街走約一公里，會看到一棟無標記的建築，此即中央組織部總部。大樓外沒掛招牌說明租戶從事什麼行業，電話簿查不到組織部的總機號碼，從大樓裡的電話撥打手機也不會像一般來電顯示來電號碼，只會出現一串零。[2]在北京，一般民眾可以聯繫組織部的唯一方式就是撥打一二八三〇留言，以舉報縣級以上的「組織」問題。二〇〇九年初組織部推出網站，提供同樣的投訴服務。大約在同一時間，組織部也設立了發言人，但發言人到職後六個月，沒有在公開場合說過一句話。二〇〇七年底上任的組織部長李源潮是個比較開通的人物，他的朋友曾開他玩笑，誇張地問說：「難道我們還是個地下政黨嗎？」因為他們覺得組織部實在保密過頭。但他的老友承認，儘管自己和李源潮無話不談，但他絕口不提關於工作的事情。

或許聽來平淡無奇，但組織部其實就只是黨的人力資源單位，不過，這也不盡然，因為它

有權伸入全國各個政府部門，甚至干預名義上屬於私人的企業。若想認識組織部的工作，最好的方法就是想像在華府有個機構可以監督以下的人事任命：整個美國內閣、州長及其副手、主要城市的市長、所有聯邦監管機構的主管、最高法院的大法官，奇異（GE）、埃克森美孚石油、沃爾瑪和其餘美國五十大的企業執行長，再到《紐約時報》（*New York Times*）、《華爾街日報》（*Wall Street Journal*）和《華盛頓郵報》（*Washington Post*）的總編輯，以及無線電視網和有線電視台的老闆，還有耶魯和哈佛及其他名校的校長、布魯金斯研究所和傳統基金會（Heritage Foundation）等智庫的領導人。不僅如此，評鑑過程還是閉門舉行，而宣布任命時也完全不解釋理由。當組織部否決某人升遷時，也是私下進行。

在北京，政治局決定最高階官員的任命，但所有候選人都必須通過組織部這道關卡才能上任。晉身位高權重的祕密菁英集團的王明高，帶著驕傲口吻說：「凡一定級別以上領官餉的職務，全由組織部安排。」他使了個眼色後說：「從一九四九年起，甚至包括某些記者。」對於王明高及其在各級組織部中的同僚，分辨誰能自由進出黨的大院再簡單不過。他們的日常工作，就是確認與識別官僚層級及其特權。黨曾嘗試讓制度更加透明，允許民眾參與地方人民代表大會的某些環節，表達對即將晉升官員的看法，並充滿創意地稱這個程序為「民主推薦」。不過，**組織部的工作大致上都是黑箱作業**。

當我建議王明高，組織部大可不必如此神祕時，他的反應再次提醒我組織部及其成員的封閉性質。這個問題讓他一時不知所措，就像從來沒有想過這是個問題，他說：「政府部門在大樓外掛牌是因為他們必須面對公眾。我們這兒只服務幹部，幹部都知道我們在哪裡，就像知道父母住哪兒。」

組織部為一級公職人員建檔，記錄他們的政治可靠性和過去工作表現，是黨控制國家和龐大公共部門的必備工具。組織部借重黨內反腐敗單位的同仁，交叉比對收賄與不當男女關係的汙點紀錄。因為無所不在，組織部為此自豪。一份內部文件自誇：「黨的組織工作資源，世界上沒有其他政黨可以相提並論。」[3]這套制度在各級政府推行，為化繁為簡，由中央組織部監督各省的任命，省級組織部監督城市的任命，以此類推，直到最低層級的政府，也就是鄉鎮。在實務上，各級黨委書記對於所轄的人事任命握有相當的權力。

某位改行做私募資本投資者的官員，曾把組織部的工作比成美國公職提名人必須通過的聽證會。兩種情況都是提名人選必須接受面談：在中國由組織部人員主持，該部也派人在全國各地尋訪值得拔擢的官員；在美國則是由國會小組委員會舉行聽證會。不過，除了這點類似之處，這實在是個不倫不類、容易誤導的類比，也是直接比較中、西治理制度時常見的謬誤。美國是由執政黨在公開場合進行討論，中國則幾乎完全閉門造車，透過媒體操控得到支持，而媒體就算知道真相，也不得報導任命爭議的細節。像幽靈的黨，不會留下文書紀錄，它藏身政府之後，操縱人員的任用，因此這種中、西治理制度的比較多半只是多餘。

由於最有權的黨、公職的任命必須透過組織部，因此如何把自己的人馬安排進去已成為中國政治制度裡最激烈的鬥爭，不是你死就是我活。政治局成員、各個派系、中央和省、來自不同部會和行業的個人，無不搶著要把自己人安排進入有權有勢的國家機構。知名的自由派雜誌《炎黃春秋》主編吳思說：「如果有個局長職位出缺，北京的許多高層官員都會想讓自己人填補空缺。這時候，組織部就很為難。本意是選賢與能，實際上變成測試你和組織部的關係以及你的後台的地位。最後，你還是無法避開組織部。」由於黨、公職人選不經選舉或公開競爭，**因此在幕後爭取任命成了中國政治的主戲。身為爭取任命的「票據交換所」，組織部成為整個政治體制的中樞。**

組織部前幾任部長後來的發展，可以看出該部的地位。鄧小平和胡耀邦都擔任過組織部部長。政壇和事佬曾慶紅是江澤民當權時的大紅人，也領導過組織部。二〇〇七年底胡錦濤在第二任期開始時，已能掌控黨機器，因此才有辦法派效忠自己的李源潮出掌組織部。

但在組織部這個龐然大物的底下，恐慌已初現端倪，因為組織部無法控制的各種趨勢正試圖破壞整套制度。自從八九民運後，組織部加緊監督可能出問題的機構，尤其是大學，但支撐組織部工作的意識形態基礎已經動搖。組織部一份祕密文件說，黨員「失去信仰，有些個別黨員頭腦不清，甚至包括領導幹部，他們懷疑社會主義和共產主義的最終勝利」。許多人已經開始信「鬼神，而不是馬克思和列寧」。[4]這裡的鬼神不只指涉西方宗教的散播，也及於中國迷信的再起，儘管後者在一九四九年後曾被掃除一空。

就像多數政治制度，組織部也受困於經常性的緊張狀態。政治局致力讓組織部挑選高級官員的程序更加專業化，同時卻又因為優先派用親信和親屬而破壞這個程序。強勢的地方官員坐地為王，更無視於規範的存在，搞起買賣官職的勾當，獲取暴利。一九九四年至一九九九年擔任組織部長的張全景說：「戰後倖存的老幹部和年輕官員不同，後者只顧自己，只想要權力、薪金、地位、住房和醫療保健。這種想法讓人生妒，並鼓勵買官升級。」

二〇〇七年四川一宗個案說明了這種交易所涉及的驚人金額。某個自稱為組織部官員的人，竟成功地從當地官僚騙取九十七萬人民幣，只不過是唬他可以給一個高級政府職位。當地媒體報導：「雖然人們嘲笑這名付了賄款、可憐又倒楣的官僚，也驚訝組織部對官員竟有如此龐大的影響力。」[5]

令人豔羨的排場和特權，組織部位高權重令人畏懼，也同樣令人不滿。組織部是官僚體系殘存的舊制，卻得跟上一個更加開放多元的社會，並抗拒錢淹腳目的周遭新世界的要求和誘惑。一位每年必須通過組織部考核才能保住飯碗的副部長，以一句俗話形容組織部：「好不保證成功，不好保證失敗。」很多關於中國的論述都集中在黨如何控制人，但其實還有一個更大的挑戰，就是**黨能否控制自己，而這個挑戰的核心就在於組織部**。

始於毛澤東的疑心

三〇年代流竄後不久，紅軍被困延安，毛澤東想要有個機構能確保其他撤入山區投身共產主義事業人士的政治可靠性。這種守門人組織，可以就近參考蘇聯的模式。蘇俄的組織局

（Orgburo）是列寧一九一九年設計的兩大機構之一，直屬中央委員會，指導黨的日常業務。史達林很快就發現它的用處。一九二〇年代初，他把組織局變成「個人擴權的第一個基地」，開始竊取臥病列寧的大權。史達林掌管高階黨員的個人檔案，而有了「檔案櫃同志」（Comrade File Cabinet）的綽號。[6]

毛澤東並非平白無故擔心到延安的數十個外人的忠誠度，他們不屬於黨的鐵甲部隊，其中可能滲入國民黨的奸細。毛澤東挑選新人成立該組織，並灌輸存在至今的風格：**作為把關者，確保高幹對黨及領導人的絕對忠誠**。延安最初的革命理想主義消失後，取而代之的是困於當地共產黨員之間的派系惡鬥；毛澤東發現這個機構很管用，可以幫他集大權於一身。

組織局是中國共產黨從蘇聯引進最重要的設計，幫它在中國建立共產制度。但是到了中國，它一點也不像舶來品，而是在中原肥土盛開。中國以中央機構控制政府官員的傳統可以上溯到近千年前。在漫長的歷史中，地方首長都由中央任命。資深中國觀察家勞達一神父（Laszlo Ladany）認為：「沒有專業行會（guild）形成力量並建構社會，沒有中世紀歐洲的自治單位，沒有形成自己意見對抗中央權力的平衡力量。只有靠強大的中央統治者，才能不讓中國分裂。」[7]

早在漢代（西元二二五年到二二〇年），帝制已有類似組織部的機構，後來稱為「吏部」或銓敘部。吏部尚書位高權重，又稱「天官」。之後幾個朝代，吏部都是六部之一，提供意見供皇帝作為任命、免職、察舉、晉升和調動的參考。唐代（西元六一八年到九〇七年）歷史記載，官分九品，考核文官的德義有聞、清慎明著、公平可稱、恪勤匪懈等；同時也以同樣的嚴格標準考核郡守，根據「二十七最」，檢驗他們是否「斷決不滯、與奪合理」（譯注：即唐代考課官史的「四善二十七最」）。

黨越來越喜歡引經據典，彷彿要展示一條完整的中國政治文化道統，視其統治乃王朝的傳承。近來組織部舉唐代格言為例，說唐代官員升官進京前要先到農村服務——「沒有州縣官的經歷，就不能提名擔任中央高級官員」（譯注：唐玄宗立下的規定）。組織部在二〇〇八年一份文件上說：「如果未來能更加照著（舊唐）所言去做，可以重振官僚制度，且有益於農村發展和國家繁榮。」

在當代中國，我們今天所知道的中央組織部，在一九三七年前並未獨立存在，當時國共第二次和談，組成統一戰線抗日。中國新成立的組織部在那時開始針對個別黨員建立厚檔，他們被迫書寫和重寫個人生平，達幾百頁，提供家人和朋友的詳細背景。對於可疑人士，組織部的評鑑，加上黨情報單位的配合，可謂十分殘酷。此乃當時風氣使然。延安常被美化成一群年輕革命家休息再出發的補給站，好讓他們有氣力重新發起團結中國的運動。實際上，延安是權力鬥爭的重鎮，接著就是可怕的清算。被國民黨關過、後因臨時停火協議而被釋並獲准前往延安的共黨同志，必須提出獄中表現的書面檢討，包括同牢的同黨幹部。然後黨對每個人做交叉比對，若有矛盾則無情審訊。

後來成為著名作家的劉白羽，在時稱「延安整風」的反革命運動接受審訊，得了妄想症。在黨校官員指示下，他撰寫並重寫數千字的長篇自傳，從出生當日寫起。他回想過去剝削的行為，並鉅細靡遺地狂寫，甚至寫到他幼年去拉一個正在洗家人衣服的小姑娘的裙子而後悔不已。劉白羽後來聲稱，這種治療讓他看到靈光。他說，強迫寫下九次的人生故事草稿是對付像他這種知識份子的「一帖良藥」，並強迫他「客觀地」看清世界。他說：「精神上，我經歷一場個人的革命。」黨讚許他的轉型。在毛澤東撐腰下，劉白羽後來成為文化部副部長兼中國作家協會黨組書記。[8]

儘管有這麼多先朝前例，毛澤東的組織部複製的還是蘇聯的黨管幹部（nomenklatura）制度。這是共產黨統治階級的黨員名冊，只有上頭的人才能出任政府、產業和其他地方的高職。這套制度讓黨掌控「幾乎直至最基層官員的任用、調職、升級和罷黜」。[9]中國與蘇聯大不同之處，就是它的制度更加無孔不入，更深入基層政府和其他國家控制的機構。廣東中山大學袁偉時說：「中國更加激進。因為中國共產黨的權力管到最低的居委會和學校，它凡事要主導，這是最大的區別。」

例如，蘇聯的大學和其他重要教育機構，黨組書記的工作是監督黨員。袁偉時說，在中國，黨組書記能控制黨員和任命，並監督課程，地位高於學校掛名的校長。他說：「中國這些事非常可笑。一九九八年北京大學創校一百週年慶，江澤民在人民大會堂發表講話，而不是在校園。主持會議的人不是校長，而是黨組書記。當時有很多教授告訴我，這個場面多麼可笑。黨組書記是活動主角，揮舞雙手四處致意，校長則像角落裡的一隻老鼠。制度來自蘇聯，但中共將其發揮到極致。」

從老人協會和殘障者協會的負責人，到科學家的任職以及如三峽大壩的國家工程項目負責人，都要經由組織部批准同意。中華全國工商業聯合會是私營企業的商會組織，但其主席也是菁英黨員名冊上的一員，使該會難以獨立促進商業，當然，這也本來就不是成立聯合會的宗旨。除了負責任命，組織部就像個小型的多元文化事務部，協助分配政府職位給中國五十五個法定少數民族的優良份子；不管屬於藏族、新疆維吾爾族或回族穆斯林，對黨的忠誠都是前提，他們得到的職位大多是象徵性的，讓幅員遼闊的中國看起來更有包容性。組織部還負責撥出一些政府、學術界和其他領域的配額，分給八個所謂的民主黨派，以獎勵它們默許共產主義一黨統治，此中毫無諷刺之意。

袁偉時在北京大學校慶見到的奇觀——托大的黨組書記和膽小的校長——追根究柢可以回溯到黨對八九民運的反應和它在幕後操控官僚體系的方式。組織部在八〇年代開始對大專院校鬆綁，只要求大學任命高階主管時和黨商量。這點小惠並不意味大學就有了自由，變成民主自由主義的溫床，但確實些許約束了直接的政治壓力。一九九一年五月黨單方面決定，擴大菁英黨員名單，讓組織部進一步控制大學。大約在同一時間，透過要求大學領導出席該校加強黨建的年度會議，黨對學生和知識份子有了更多操控籌碼。而且後者還為黨提供了一個更好的平台，可以吸收全國最優秀的人才入黨。

與此同時，黨也強化組織部的宣傳網絡，把記者協會和數家媒體列入正式的菁英黨員名冊。黨的各個機構控制工會，共青團和婦聯重回組織部高度觀察名單。政府部門裡曾被趙紫陽縮小、甚至撤除的黨組，現在重新作業以補強體制的政治核心。[10]

組織部所控管的菁英人數及其身分原本就列為機密，現在更加強保密工作。中國人事部其實就是代表組織部的政府部門，香港大學學者伯恩斯（John Burns）九〇年代初透過該部取得資料，拿到一九九〇年菁英黨員的職務名單。另一位香港大學學者陳洪（Hon Chan，音譯）則取得一九九八年菁英黨員的職務名單，但他是透過自己的管道，因為人事部不再發布這方面的信息。陳博士指出，加強保密有違黨「提高透明度和政務公開的宣示」，也違反二〇〇一年加入世界貿易組織做出的承諾。伯恩斯博士估計，在九〇年代初，中央直接控制約五千個重要黨職和公職。陳博士也許是受制於高度機密，沒有做出任何評估。

表面上看，二十一世紀的組織部與延安時期所構想的國安機構，有了很大的改變。組織部共編了七十多條任命規則，看起來很像法條。升級要看服務年資、教育水準，並規定每五年要上黨校的課。[11] 擔任省長或市長等公職的官員，其評分根據是一份冗長得嚇人的清單，上面全是像由管理顧問精算出來的量化指標；經濟成長、投資、當地空氣和水的品質、社會治安，全都當成績效來計算。

經驗老到的跨國獵人頭公司使用的道具，組織部全都精通，如心理測驗、測謊、私下約談即將升職官員的同事。但要評斷這些規定實際上發揮什麼作用，就比較困難了。規定裡頭有漏洞，而且大到足以完全不用去管績效基準。例如，被評為「特別優秀年輕幹部」的官員，可以不論資歷晉升。組織部一位顧問說：「一切都取決於你最後是否被人相中。沒有科學制度。在這些精心設計的評估項目的得分，幾乎每個人都不相上下，因為若你沒辦到，只會讓你的上級臉上無光。」

高級領導人對一些部會和工業部門的職務握有主導權。一九八九年宣布戒嚴的李鵬總理，一直是電力事業的大老，兩個孩子都爬到高位。朱鎔基主導金融事業，可以影響大型國有銀行主管的選擇，他也幫助兒子成為中國最大投資銀行的高薪主管。江澤民則是主導科技產業，為多位死忠下屬安排到重要的工作，並在本世紀初讓兒子成為上海科技業呼風喚雨的人物。[12]最近的例子，則是曾慶紅與二〇〇七年成為中常委並兼任中央政法委書記的周永康，他們是所謂石油黑幫的要角，能左右能源部門高層官員的任命。

隨著政治局的執政重點改變，相關的績效基準也變得攸關生死。**一九九九年，法輪功信眾在中南海的靜坐，驚動了高層，江澤民隨即下令嚴加取締法輪功，地區黨幹部則雷厲風行地採取粗暴手法，包括酷刑和謀殺，以防止信眾流入北京抗議，並從根剷除法輪功。**最近幾年政治局高度關注另一件事，就是改善採煤安全標準，這使得煤炭資源豐富的山西省臨汾市在二〇〇九年裡有六個月市委書記職位懸空，可能的繼任人選都不敢接下這個燙手山芋。臨汾市因為極度汙染，衛星經常拍攝不到。該市一名轄縣縣長說，北京施壓防止煤礦事故，已使在山西省當官成為「一個高度危險的職業，一不小心就會坐牢或送命」。

黨認為經濟成長就是創造就業和社會穩定，是中國最重要的量化指標，但光做到經濟成長，不保證個人事業飛黃騰達。如果經濟成長是晉升的主要標準，那麼所轄地區數年來成長速度都快於全國的地方官員，就應包辦中央政府多數高級職位，例如經濟以私營事業為主的浙江溫州，但事實上，這些地區的官員很少能爬到北京高位。一位中國學者解釋，績效基準只是備而不用的東西。他說：「某些級別以上的工作，這些數字不管用。這種方式有利高級官員，因為可以藉此增強他們個人的權力和地位。要不，他們就受困於制度了。」又說：「在中國，這些規定就像法律，僅供參考。」

過去十年，黨提倡競爭力並抑制任用親信的最佳工具既務實又老式。組織部考驗前途光明的官員的抗壓力，輪派他們到全國各地，到不同的行政部門工作，如果通過測試，再調升他們回北京擔任要職。例如，在二〇〇七年接任負責貿易政策、談判及外資政策的商務部長前，陳德銘曾經歷三個工作範圍截然不同的職務。

陳德銘擔任蘇州市長和市委書記期間，把這個位於長江三角洲、鄰近上海的城市打造成中國首屈一指的製造中心；他備受讚許，因他力爭地方利益，不惜讓北京感到尷尬。一九九四年中央政府與新加坡政府簽署協議在蘇州成立工業園區，陳德銘便授權當地業者在蘇州另一端設立一個與之競爭的商業區。當憤怒的新加坡人要求做出解釋時，**陳德銘告訴這些外國投資者，到中國做生意必須考慮「文化差異」**。[13]他本人或許無意，但這種回答明顯帶有輕蔑意味，還相當諷刺。新加坡領導人在九〇年代花了許多時間推銷自己是亞洲的代言人，歌頌該地區獨有的和諧價值觀，不同於西方的傲慢與粗魯。陳德銘則以創新但挖苦的方式，高舉文化牌對抗新加坡，還以顏色。

蘇州之後，陳德銘被派往陝西，聲譽未受骯髒、腐敗和多事的煤炭業汙染——光是能做到這點，就是不容易的成就。最後陳德銘上調北京，在國家發展和改革委員會負責敏感的能源政策，最後終於成為商務部長。小布希政府中的商業部長古提瑞茲（Carlos Gutierrez）二〇〇七年底首次見到陳德銘，對他能在接任新職短短時間內，清楚掌握商務部的工作，留下深刻印象。古提瑞茲說，陳德銘的事業發展，讓他想起嚴謹、成功的跨國企業磨練接班高階主管的方式；**先派他們到外地，到困難地區的辦事處，到表現不佳的部門，然後再調回總公司，觀察他們的表現**。古提瑞茲觀察入微，但其實還可以再做些補充說明。

組織部把陳德銘當成公司員工調動，但這裡的公司是中國共產黨。同樣地，組織部也把國企負責人當成黨官，隨意調動他們，不管可能出現的商業衝突。當國企高階主管奉命要表現得更像企業家而不是政客時，新一輪的衝突便不可避免地浮上檯面。

中央組織部說了算

二〇〇四年十一月田溯寧抵達倫敦文華大酒店，會晤可能入股他新成立的電信公司中國網通的投資人時，他面臨了一些嚴重的質疑。因為前一天組織部無預警地宣布改組中國三大國有電信公司——中國移動、中國聯通和中國電信——的高階主管。其中兩家公司在海外交易所上市，另一家則準備在海外出售股份。此舉讓投資者和公司高階主管嘩然。

這就像把美國電話電報公司（AT&T）執行長在不知情下，調去接掌競爭對手威瑞森公司（Verizon），威瑞森執行長又被調去經營斯普林特公司（Sprint），而此時這三家公司正為了訂價和產業標準激烈爭鬥、僵持不下。田溯寧是美國的海歸派，受邀擔任中國排名第四的中國網通的執行長，正在全球推銷公司即將出售的股份。田溯寧知道這些人事變化的傳言，但不確定會發生什麼事。他說：「這很難向西方投資人解釋。」就連田溯寧自己，也要在一段時間後才能瞭解這套用人制度。

大多數不滿的外國投資者，甚至從未聽說過中央組織部這個奇怪的單位，它聽起來像是只有歐威爾（George Orwell）小說裡才會出現的機構。當然，這些公司及其銀行家和律師，在銷售其十億美元的股票前，肯定也絕口不提組織部。花了多年功夫替這幾家新面貌的國企打造真正企業文化的中國人，顯然更加生氣。

中國人生氣的原因，倒不是組織部對於大型國企在過去十年精心打造並向外資宣傳的公司法規和治理視若無睹。據某著名的中國銀行家表示，**真正的問題在於組織部的無知**。黨甚至不考慮董事會的職能，以及董事會選派董事長和高級主管的法律責任。這位銀行家說：「恰當的程序是董事長遞出辭呈，再由董事會討論。組織部完全無視於此一程序的存在。這不只牽涉到應遵守的約定，影響絕不僅止於此。它直接違反全國人民代表大會制訂的中國證券法，規定董事長的工作不受任何外部機構左右。」

這位銀行家說：「由董事會實際經營公司這個觀念，其可信度基本上和中國言論自由和宗教自由受憲法保障差不多。實際上沒這麼做。在所有大型國企內，黨的會議定期在董事會議前舉行。經營成本、資金承諾等，都是在董事會上討論，但人事仍由黨控制。不管有多少位獨立董事，或做些什麼監督，說穿了，如果所有主管都由黨任命，什麼都不會改變。」

王建宙從中國聯通調去經營競爭對手中國移動，他告訴朋友，這事沒有人預先告訴他，也沒有一家公司的董事會被事先徵詢。王建宙明白身為紐約及香港證券交易所上市公司的主管所須擔負的法律責任，因此急忙徵詢律師對這種調動的法律意見。律師的意見很簡潔，告訴他：「別談你的老公司。」

這些舉動造成的意外完全符合黨的旨意，不只是要激怒高階主管和投資人，還要提醒他們誰說了算。對於國企高階主管，人事調動所傳達的信息簡單明瞭。由於中國移動忽然間成了世上最大的行動電話公司，整個產業也跟著水漲船高，影響國家安全的戰略性產業的幾家公司執行長握有的權力也隨之日增，因此正如這幾家公司的某位顧問所說的，「**黨的想法就是要箝制這些人，最好讓政客、而不是企業家經營這些公司。黨的目的就是要瓦解新興權力中心**」。

由正式的政府機構向民眾宣布這些新任命，如國務院、管理國有企業的國資委、各部會或母公司，全是為了精心杜撰黨未參與這些決定的謊言。這些宣告一定是以「工作變動」上了報紙的標題，但「工作變動」的說法只是掩人耳目，因為它與黨看待這些任命的方式有著微妙而根本的差異。從黨的角度來看，官員在企業間調動或進出政府機構，都算不上是換工作。他們是在同一體制內調動。

二十一世紀初，中海油董事長調為海南省長，中石油負責人調為國家能源領導小組辦公室副主任，華能國際電力股份有限公司董事長任命為山西省副省長，中國人民銀行副行長任命出掌中國建設銀行，中鋁董事長升為國務院副祕書長。民生銀行是中國唯一名義上的私營銀行，許多馬屁新聞稱它為國家壟斷金融下的新貴，但就連它的行長，也要經過黨的安全檢查。

中國網通的創始執行長田溯寧，是少數能從內外兩個角度來瞭解這套任命體制的人——他一開始是局外人，後來黨將他納入菁英黨員名單。九〇年代後期田溯寧受邀接掌新興的國營事業中國網通時，他已是個成功的富商。亞信科技（AsiaInfo）是他共同創立的私營公司，在紐約納斯達克成功上市；他的中國同事以為他瘋了，才會考慮到公營事業工作，而有段時間，田溯寧自己也同意他們的看法。

依中國官方標準，中國網通是一項開明的計畫，為開放地方的電信事業，由四家國有單位出資，然後由巨頭中國電信和背後支持的部會主導。成立中國網通的用意是把寬頻帶進中國，整頓電信事業，並同時讓投資者（如鐵道部）有機會參與全球經濟最熱門的事業。從私營企業招聘留美的田溯寧，可以看出任命體制有意跳出框框思考，並獲得諸如江澤民之子江綿恆這種重量級人物的支持。但是，當田溯寧堅持認為執行長應成為新公司的董事時，他卻遭到拒絕。其他董事均為副部長，而他只是個生意人。俱樂部還沒準備好接納層級低的人。他說：「我頓感失望，也不想幹了。他們說，別急，先做一年試試，看看我們做得如何。」

一年後，中國網通成就斐然，僱用了數百名管理人員，十三個城市納入中國網通的網路，營收增加。最後，投資者同意讓執行長加入董事會，田溯寧說：「這是個重大的時刻。我認為體制肯定我了。」不過，真正的肯定其實在兩到三年後才到來，一度曾是小型國有事業的中國網通，此時接收了中國電信十個省分的業務。若田溯寧想繼續擔任業務不斷擴大的中國網通執行長，此刻他不只要通過董事會這一關，還得通過黨這一關，也就是組織部。對雙方而言，這都是一種新經驗。

田溯寧想要這份工作，但不想要隨之而來的副部長級特權和限制。他不想在辦公桌上裝「紅色機器」，也不想要公務護照，因為這會限制他一年只能出國兩次，當時副部長級的人都受此限制，超過兩次就要上級批准。田溯寧說：「我並不想加入政治體制，這會妨礙我的自由。」組織部考量他所受的外國教育，同意讓他例外。在田溯寧通過內部審查，並恢復黨員資格（他大學時代的黨員資格在留學時已過期）後，組織部感到滿意，認可他的執行長職務，並允許他加入黨組的密室會議。

不過，組織部將電信事業領導人大搬風這件事，還是讓田溯寧與董事長兼黨組書記張春江十分惱火；當田溯寧在倫敦遭到質疑時，張春江也尷尬地全程在場。返國後，兩人寫信給黨和政府，表達對主管玩大風吹遊戲的憂慮。中國網通上市後，張春江進一步擺脫黨對公司的控制權。他延攬正在中國講學的前高盛總裁桑頓（John Thornton）加入董事會，並請麥肯錫顧問公司（McKinsey & Co）就內部流程的運作提出建議。

桑頓曾帶領國企進入國際股市，但當張春江介紹黨組的功能時，還是讓他「大開眼界」。

桑頓說：「黨組擔負六項功能，每項都很重要。」[14]光為了設法讓公司經營更加透明和負責，便花掉好幾個月的時間。高級主管的評鑑和任命究竟屬於誰的權責？是董事會，就像網通海外上市文件所承諾並如中國法律所規定的？抑或仍由黨組掌握？網通最後同意由董事會批准高級主管的任命。但微妙處就在於為董事會推薦人選的委員會，必須要有一半以上的委員由黨任命。董事會的評鑑和任用權，理論上獲得強化，但實際上董事只能看到通過黨審查的人選。忙了一陣子，開放公司人事制度的努力最後還是虎頭蛇尾收場。某顧問說：「表面看上去一片光鮮，但如果往下深探，實際的作法還是很傳統。」

約一年後，田溯寧回到私營企業，張春江被調到另一家中國電信公司——中國移動。二〇〇八年，中國網通完全消失，在最新的一次產業整頓中，被併入另一家國營公司。二〇〇九年末，張春江因涉嫌貪汙而遭到黨的反貪腐單位扣押，對於一個曾被譽為中國式公司治理佼佼者的官員而言，以這種方式結束官場生涯可謂相當諷刺。儘管如此，田溯寧離開一年後，對體制的看法反而比當時正面。他說：「我覺得現在我可以替這套體制說話，更加瞭解為什麼它可以運行一千年。十年前，我沒有這種感覺。」田溯寧拿他在中國網通的經驗，和在西方公司擔任董事的經驗做一比較，他說，**西方公司的執行長是由忙碌的董事在諮詢獵人頭公司後挑選的。且不論政治力如何介入中國的程序，他還是認為他的故土對執行長的審核徹底多了。登堂入室的他，甚至認為產業整頓有理。**他說：「就像三兄弟盲目爭吵，大人說話了：『換換你們的座位。你會從另一個角度看到對方。現在起你們最好守規矩點。』」

組織部在此期間繼續管束走錯方向的國企主管。**二〇〇九年初，三家國營航空公司的負責人一夜之間互調，以免競爭失控。電信公司負責人也互換了幾次。**

組織部必須替約五十家最大的國企物色負責人，扮演這些公司的嚴父，這做起來相對容易些。但政府層級越低，離北京越遠，中央就越難對官員貫徹紀律。李源潮出掌組織部前的經驗，就是最好的證明。

體制促使官員瀆職

二〇〇七年黨代表大會之前六個月，江蘇太湖變成綠色。周圍化工廠排放的汙染物，造成幾千萬人民的水源、中國古代「魚米之鄉」的太湖藻類大量繁殖。這個現象已經存在好些年，但這次汙染格外嚴重。這個事件促使北京領導人採取行動，一如之前曾多次以此要求地方政府更嚴格執行存在已久的環保法規。一個指標性的水道遭到汙染，也引發了尖銳的政治問題——它將會如何影響當時被看好的江蘇省委書記李源潮。

眾所周知，在當年稍晚的黨代表大會中，李源潮將會晉升為政治局成員。儘管黨已預定讓他和其他明日之星進入黨的決策小組，但媒體卻不准報導相關訊息；奇怪的是，這些訊息卻傳遍中國，直到人人皆知，彷彿報紙頭版一直在報導，大家似乎都知道李源潮將高升，只是不知道到底是什麼職位。太湖事件前幾個月的二〇〇七年三月，陪同李源潮接受採訪的省級幕僚，趁長官不在拿李源潮的升級來開玩笑。李源潮則沒那麼輕鬆，在訪談結束時，他拜託訪問者千萬不可寫到他的未來出路。[15]

當天，李源潮也細談了身為江蘇省委書記，他該如何貫徹考核官員的績效基準。他強調，近幾年環境與經濟同樣重要。他認為過度重視經濟成長而犧牲空氣和水的品質，就像孩子愛吃糖果：「如果一個孩子吃了太多糖果會爛牙。國內生產總值也一樣。（糖果）是好東西，但不能過量。」幾個月後，李源潮發現自己要對一些後果負責，而這正是他抱怨的放任成長的代價。但江蘇當局對藻類覆蓋太湖的反應，要比李源潮先前高談的現代考核基準制度守舊多了。

李源潮在公開場合抨擊汙染水道的凶手，他說，寧願犧牲全省「一五％」的經濟成長來清理湖面，並下令關閉兩千多家小型化工廠。在著迷於經濟成長的國度，這種作法當然引人注目，但他卻避而不談災難其實是在他的治理下發生的。在這個汙染工廠聚集的縣，地方官員對如何處理這個問題另有想法。對地方官員而言，管制化學工廠排放的汙水絕非選項，因為這些工廠是地方納稅大戶；他們也不打算迎合批評者，後者想關掉當地賺錢的企業。地方官員不但不肯犧牲經濟成長，反把矛頭對準當地社運人士**吳立紅**。[16]

吳立紅多年鼓吹太湖周圍的汙染者必須負起責任。他的努力獲得北京的讚許，二〇〇五年成為「**中國十大民間環保傑出人物**」。他收集大量太湖現況的證據，包括照片和具體樣本，並對地方、省級和中央政府做了無數次有關湖泊現況的簡報。他最擔心的事，現在因厚藻蔓延整個水道而噩夢成真。他的開創性工作雖然呼應北京高度重視的環保政策，但此刻的他不但未獲讚揚，反而被捕。他很快就被定罪，**罪名是勒索當地公司**，威脅要揭露它們的汙染問題；定罪的根據，是連續五天不給食物、不准睡覺而簽下的自白。

從最初冒出一句要犧牲經濟成長以保護環境備受矚目後，李源潮在此期間保持沉默，默許對吳立紅的拘捕和定罪。原因很快就浮上檯面。十一月，也就是吳立紅對三年監禁提出上訴遭到駁回前後，李源潮正式被提名到北京出掌組織部。就算水道受創及重要飲用水源受到汙染使李源潮在黨內遭到指責，外界也無從得知，因為眾人只知道他傑出的績效表現。此一事件顯然沒有阻礙他的事業發展。一如長期以來的預測，李源潮成為中國排名第十的領導人，職位低於九位中常委；可以預期的是，他將會在二〇一二年的黨代表大會後晉升為中常委。李源潮一到北京，就看得出他很進入狀況。他主導的第一個重要任命，就是把江蘇省宣傳部長拉到中宣部擔任副部長，讓他在官方媒體的核心有個盟友。身為胡錦濤的長期支持者，李源潮更大的任務是盡可能把高階職位留給胡錦濤陣營，加強對黨機器的控制。

表面上，**李源潮因處理太湖環境災難而晉升政治局，使他看來像是號偽善的人物**。但這種批評沒觸及真正痛處，那就是政治制度的現實，以及地方領導握有經濟和人事大權。李源潮確實可以就水道汙染撤除並處分官員，但他可能會在這過程中引發政治風暴，最後完全毀了他的事業。法律規定不管用，沒有可以讓他用來取締和對付違規汙染者的強制令，遑論執行了。地方法院屬於當地黨體制的一環，不能獨立運作。在緊急事件擴大為全國性危機，並撼動以北京為首的整個體制之前，李源潮能做的十分有限。

與此同時，**湖南省發生另一起令人震驚的汙染事件**，這才讓我看清楚，像李源潮這種看來強勢的省委書記，在處理低他幾級的政府幹部任命上為何使不上力。情節相似，**數以噸計的有毒金屬被排入湘江，它是數百萬人的飲用水源**。想要徹查發生汙染物傾倒的縣到底發生什麼事，主要障礙不是態度開放且急欲整治問題的中央和省級機關，而是它們轄下的地方政府。

湘江四周分布著數十家大小型工廠，已有幾十年歷史，中國最大的鋅廠就在附近，中間隔著汙濁的水池和菜田。當地村民開冷玩笑說，只要人們知道菜是種在什麼地方，保證沒人敢買。一個村民告訴我：「我們提供茶水，但遊客都不敢喝。」湘江最近一次汙染發生在二〇〇六年初，汙染源來自五、六十家小型銦廠。這些銦廠在短短數年狂建，工程品質堪虞，都是想趁半導體和液晶顯示器使用的金屬元素全球價格飆升之際大撈一筆。過去多數銦廠都位於南部的廣東省，但在嚴重汙染當地水道後，老闆把工廠北遷，另覓新址。

我打算前往該地報導此次汙染事件，但這趟陰鬱之行最叫人詫異的一刻卻是發生在行前。在往湘江途中，我先拜會長沙的國家環保總局省級領導人，隨和率直的他在辦公室裡告訴我，關於銦廠違規，他完全被蒙在鼓裡。他宣稱：「我今天已下令關掉它們！」但當我請他的辦公室打電話給湘江當地的環保主管，讓他帶我到該區看看，湘江的環保主管立刻回絕，語氣堅定地告訴國家環保總局省級領導人，這類訪問要先取得地方政府許可，他幫不上忙。

國家環保總局的湖南省級領導人，其級別遠高於地方環保官員，但不是真正的權力所在。湘江官員只聽地委書記指揮，後者才真正有權決定他們能否保住飯碗。地委當然不會在北京要求他們正視汙染問題之際，陪著外人去宣揚自己的怠忽職守。湘江官員拒絕接受採訪，還另有原因：讓鋼廠繼續經營，他們有直接好處，因為設廠的老闆給官員工廠乾股。湘江和太湖官員一樣都介入商業。

官員和業界打交道時，官員的籌碼要多出許多。當生意大好時，他們可以隨性新開或關掉工廠，可以決定是否處罰汙染者。他們可以更改政府允許的汙染程度，以及如何和何時可以排放汙染物。他們可以控制警力，決定是否要對示威抗議採取行動。當地法官也聽命於他們，甚至他們還能幫你向當地銀行融資。擁有如此龐大又不用負責的權力，他們可以為自己或親屬和親信要些乾股，而他們也的確這麼做了，只要他們允許工廠繼續營業。這種組合——在經濟大好的時機握有行政裁量大權——意味著地方官員可以決定企業生死，特別是遠離大城的地方，沒什麼人管，又不用負什麼責。貪腐的滋生可想而知，但中國的貪腐與他處又有所不同。

許多官員被捕，是因為收賄批准商業買賣。但黨和組織部也同樣關切買賣官職的歪風，即美國所謂的「想玩就付錢」（pay-for-play）。地方黨委書記和組織部主管的職位最值錢，因為他們是公職分配的最後決定者。買賣職務，使得組織部選賢與能的使命淪為一場笑話。也就是說，罩住政府不放的組織部，卻被它理應監控的每一職位所形成的龐雜地下黑市吞沒。中國有案可考的「買賣官職」實例不勝枚舉，但沒有一個像黑龍江馬德案這麼明目張膽、影響深遠。

買官打入體制享榮華

賄賂案一般是公職人員要錢才給方便。[17]根據馬德和他妻子的供詞，他收賄的原因正好相反，因為許多人有求於他，不用他去暗示要有什麼回報。當馬德首次出任鄰近俄羅斯邊境的東北牡丹江市副市長時，他的妻子說，忙了一整天的他有時回家不敢開燈，「燈一亮，門外就有一堆人排隊準備送禮」。

一九八八年初到牡丹江履新時，馬德夫婦不肯開門見送禮者。他們這種作法後來被一個同事痛斥。馬德夫婦說他們被對方質問：「好啊，你們是不食人間煙火還是怎樣？如果你不接受送到家門口的東西，那些人會認為你不信任他們。你是要把他們推給別人？看看其他人怎麼吃香喝辣馬殺雞。如果你想當獨行俠指揮官，你要怎麼推展工作？如果你不拿禮物，你的政務就無法穩定推行。」

相信不貪腐就成不了事的人很多，多到成了二〇〇七年暢銷小說《駐京辦主任》的主題。[18]書中講述清官與貪官之爭，兩人當時正在當地人民代表大會上競逐副市長一職。該書為系列小說，書名指的是東北某個市政府的駐京辦主任，作者的來歷使得這套大部頭的書具有相當的可信度。執筆者為馬向東的前政治祕書王曉方，馬向東是東北的重工業中心瀋陽市副市長，該市市政府在九〇年代末被非法組織滲透。

王曉方真實生活中的上司，拿了數百萬美元賄賂，並收受下屬大量現金，後者過年過節時競相送禮。他最後被黨反貪機構查獲，當時該機構正在追查到澳門賭博的官員。攝影機拍下馬向東在豪客貴賓室賭博的鏡頭，估計他在那兒一個月內輸掉四千多萬人民幣，最後在二○○一年處決。捲入同一樁醜聞的瀋陽市長雖也因貪汙被判死緩（譯注：死刑緩期執行為中國特有刑罰，刑法規定如下：「死刑只適用於罪行極其嚴重的犯罪份子。對於應當判處死刑的犯罪份子，如果不是必須立即執行的，可以判處死刑同時宣告緩期二年執行。」），但不久後便死於癌症。

小說裡的第一個官員李為民有為有守，真心關注他所服務的地方。他是空降到市府的官員，道德標準極高，不讓家人利用他的職務謀取私利。但李為民簡樸的生活方式非但不能討好同事，還激怒了他們。司機和祕書都不喜歡替他工作，因為他們長時間的辛勞沒有得到額外的好處。李為民決定住在舊房，不搬進光鮮的新官邸區，這讓他的同事很尷尬，認定他有意讓他們在老百姓面前丟臉。他擯棄華麗的官方宴會，選擇在辦公桌吃工作餐，迫使他的同事跟進。書中說他的行為，使他看起來「不近情理，對同事沒有同情心」。

李為民的對手完全是另一個樣子。賈朝軒好賭好色，還和商界及非法組織勾結，在和李為民競爭副市長一職上顯然技高一籌。雖然李為民遵守不得拉票的規定，刻意保持距離，賈朝軒卻表現出道地的派系政客嘴臉，親自造訪當地人代會，開出競選支票和送禮。書中寫道：「凡是跟他幹過的幹部，無不以我是賈市長的人自居，機關幹部大多知道跟賈市長幹活不會白乾。賈市長這個人知道下面人苦，有什麼好處從來不會忘了大家。」（譯注：大陸稱副市長為市長。）

最後一如預料由賈朝軒勝出，因為有資格投票的就只有其他那些官員。

小說作者王曉方，曾在瀋陽市長辦公室工作長達五年，直到他的上司被捕。接下來三年，他在市政府沒事可做，只能協助黨和警方進行後續的貪腐調查。他說：「有一次馬向東去賭博時，我向他大叫，叫到臉都發紫了。」王曉方替政府工作的經驗讓他大失所望。他說：「**從某個層面上看，過去三十多年很偉大，經濟發展，但文化、社會和政治沒有進展。本質上還是同樣一個舊制度。人們只是一步步往上爬。在西方，政客選上只能幹個幾年。在中國，他們可以幹一輩子。我們一輩子都要跟他們綁在一起。**」

王曉方的小指留著半英寸長、精心修剪的指甲，這種「作態」在中國仍相當普遍，是區分學者和勞工的傳統象徵。就他而言，指甲也代表他的抗爭，即作家和藝術家應該得到社會尊重，不該只是獨尊官員。王曉方不願屏息以待。他拿前蘇聯「讓列寧同志先走！」這句老話所彰顯的尊重，比擬中國高官的地位。王曉方說，如果作家、藝術家和官員同排坐，「那麼每個人都會聽從官方的，權力崇拜在中國已經成為國教了」。透過組織部，接著再由地方人代會內部選舉選出市長，這套監督官員的體制，基本上是齣鬧劇。他說：「就像爺爺監督兒子，兒子再監督自己的後代。想改變政治制度，就像壯士斷腕止血，甚至有可能喪命。」

行賄、貪腐、背叛和純粹私利，是中國「想玩就付錢」制度的主要特徵，這在吉林組織部一份內參文件上寫得淋漓盡致，語帶諷刺但極其坦率。[19]該文件以「四種賽跑」形容四種升官策略，以避開組織部為使升級制度標準化而訂下的內規。「衝刺」就是官員趁領導層重組的時機，集中遊說上司以求升級；「長跑」則是透過各種手段拉近感情，如提供接待和禮品，並幫助上級解決問題，大拍領導人的馬屁；「接力賽」則必須動用親戚、朋友、同學和同鄉，從各方面推薦，以親近領導人；「障礙賽」則是官員跳過直屬上司，通常會動用離退休幹部代為向組織部施壓。[20]

馬德本人一開始在牡丹江並不得人心，在人民代表大會表決中輸了，被迫丟掉副市長的工作，很像《駐京辦主任》小說中的角色李為民。馬德因此記取教訓。他在被捕接受偵訊時坦承，他之所以能在十年後的二〇〇〇年做到生涯中最高的職務，即黑龍江綏化市的黨委書記，靠的是送十萬美元紅包給該省的組織部主管。這時的馬德已練就一身好功夫，當然不會拙劣地把錢直接在辦公室交給官員，在那裡有可能被拒絕，他是在醫院送給組織部主管第一筆錢，她當時正動完手術在醫院休養。這樣，錢比較像禮物，表示慰問她的病情，而非公然賄賂。

抵達綏化後，各地黨領導人該有的動作，馬德也行禮如儀。二〇〇〇年十月，他召集市府官員一起觀看反貪局製發的一部江西貪官紀錄片《胡長清案啟示錄》。（胡長清在九〇年代後期因收受五百萬賄款而被處決，是五〇年代後第一個遭遇如此下場的省級領導人，之後還有許多人面臨同樣的命運。）看完影片後，馬德發表講話，要幹部「深刻反省並嚴格遵守黨規和國法」。馬德也公開推崇實行透明而可信的任命制度的重要性，北京中央組織部建議的所有相關現代措施也是不可或缺。馬德還表示，為了要在綏化推行真正的「責任制」，量化的績效基準、晉升幹部前的民意徵詢，以及常委會內部的公開投票，樣樣都不可少。在一次對黨委會講話時，他說：「我絕不會以權謀私。我們要（在黨委會）形成敢說真話的優良團隊精神，並淘汰如基層奉承、幕後串聯和欺詐等行為。」

因為買官，馬德事實上也已直接進入長期存在的貪腐體制核心，所有他公開反對的弊病都根深柢固。在針對此案發表評論時，北京黨校研究的貪汙專家邵道生說：「冰凍三尺非一日之寒。」該地的賣官體制在較早的田鳳山時期就開始了；田鳳山二〇〇〇年已躋身北京中央政府，擔任國土資源部部長。[21]馬德做的一切只是讓運作更完善，把它變成全方位的完備體制。到了二〇〇二年馬德和數十人被拘留時，檢察官說有兩百六十五名官員不是買官就是賣官，就像股市交易一樣，這個數字占了綏化市組織部根據菁英黨員名冊任命的官員的一半。馬家的銀行帳戶，由他兒子在北京開立，短短三年有兩千萬人民幣的進帳。

綏化的下級政府，有「數十個小馬德」靠賣官吃飯。其中包括李剛，他付了三十萬人民幣買了綏化一個小縣的書記職位，該縣人口三十三萬，以農業為主，人民貧困且不見好轉。該地成千上萬學生沒錢上學，數以萬計的失業工人因國企破產而下崗，在街上遊蕩找工作，還有三千五百個家庭要靠福利存活。李剛被捕前兩年，該縣經濟萎縮，稅收下降三〇%。與此同時，賣官收賄的李剛，卻在經濟衰退中成為富人。反貪汙偵查員在計算他的賄款時，曾驚嘆他買官的投資實在太成功了，偵查員說：「**李剛送了三十幾萬，兩年內受益五百多萬，收益率高達一五〇〇%。天下哪裡有利潤這麼高的行當？**」

馬德被捕後，靠死對頭綏化市長王慎義才保住一條小命，後者在縣黨部排名第二。馬王互憎對方。認識兩人的某人說：「馬德冷漠粗魯，他大塊吃肉、大杯喝酒；王慎義細膩，像個女人，甚至皮夾裡的錢都像銀行一樣整齊放好。」兩人有段時間修好共事，在市中心人行道鋪磚的大工程上，把城市劃分為二。然後他們發出行政命令，以「統一規畫市政基礎設施建築」的政策為名，向路上的商家與住宅收費。最終兩人因涉嫌貪汙於二〇〇二年被補，為了自救，雙方互揭對方犯行。馬德的律師表示，他的完全認罪，為他換來死緩，而不是立即處決。

拘留中的馬德變得有思想起來，他說任命制度由黨的領導完全掌握，這本身就種下貪腐的誘因。他說：「實際上，在任何地區，書記就是黨和組織部的代表，而身為書記，對人事問題就有最終決定權。」快速拔擢明星官員的制度也有同樣的影響，因為黨等於公開宣布，別人都沒機會升級了。「被排除的人便一心賺錢。而快速竄升的人遇到謀利的上司，會毫不猶豫付錢以便儘早升官。」

不改變體制，誰做書記都一樣。馬德說，為了測試他的理論，反貪汙機構應做一次試驗，從內派出新面孔到某地擔任書記，讓他自行其是一年。馬德說，在沒有外力控制下，這個人很快就會收賄，比他自己收過的更多。

刻意脫離體制求富貴

在馬德的個案裡，任命制度的基礎被龐大的貪腐網侵蝕。近年來，組織部發現，正當的公營事業對黨有一樣的致命破壞力。在過去，凡是比菁英黨員低一級的官員，都努力爭取下次的晉升以進入菁英團隊，那將是他官場生涯的關鍵時刻——他將從單純的幹部搖身成為統治菁英，並由組織部直接控制。在中國一黨專政的體制下，它相當於西方國家耕耘多年的新秀政客終於勝選當上公職。

但在二十一世紀初，在國企中竄升的官員，心裡卻有著不同的盤算。當國有企業在海外出售股票，高階主管會分到股票選擇權。股市大漲後，他們面臨了前輩未曾遭遇過的兩難處境。該等待晉升為菁英黨員的機會嗎？換句話說，做個全職政客，承受跟著而來的嚴格審查和壓力，並且只能有很少的合法金錢回報？或者，該兌現合法股份，繼續做企業高級主管？不足為奇地，很多高階主管選擇後者，享受應得的合法金錢。在此前幾年，不會出現這個問題，因為直到九〇年代後期，國企重要主管根本分不到股票選擇權。

北京改變作法的時刻，發生在開始推動大型國企到海外股票上市之際。股票上市的成敗是如此攸關重大，因此北京在那時決定對市場發出明確的信息，國企高階主管將會得到股票選擇權，就和西方國家的私人公司一樣。藉此，他們認為，中國高階主管會像西方投資人一樣有誘因去提高獲利並拉抬股價。理論上，選擇權和公司績效息息相關，因為它能讓高階主管以預定的價格購買股票，日後若股價漲過買價，便可賣出股權獲利。海外市場對此消息拍手叫好，但**北京其實有件重要的事沒有對外明講，就是選擇權是不能兌現的。**中國的選擇權是個精心設計的策略，不是用來激勵高階主管，而是要讓國家能以最高價在海外賣出股權。**選擇權確實掛在這**

些高階主管名下，但它們仍是屬於國家的財產。《經濟觀察報》記者李利明說：「當時，政府對未來並沒有多想，只想解決當下的問題。」

首先，並非所有高階主管都知道該怎麼談他們分到的選擇權。某外國投資銀行家表示，他曾帶著上海實業有限公司一名客戶到富達（Fidelity）全球基金管理公司，當時這家上海市府名下的公司在香港發行新股。上海實業一九九六年五月在香港報價每股約七港元，漲了近六倍，若這位高階主管賣掉選擇權，將會帶來一筆巨額獲利。富達經紀人問高階主管，沒有選擇權的同事不會嫉妒嗎？這名高階主管回答說，這些選擇權毫無意義，因為並不是真的屬於他的。這名銀行家記得，富達經紀人頓感憤怒，要求知道和選擇權有關的所有其他信息是否也同樣造假。這名高階主管很快意識到自己說錯話，並改口說已經把錢捐給國家了，以免造成他和同事的間隙。

大型國企高階主管當中有許多人，因為公司在海外上市分到選擇權，坐擁數百萬美元的潛在暴利，但除了奉行不得賣出選擇權的指示外別無其他選擇。至於尚未晉升為菁英黨員的高階主管，他們的職位並不受黨直接控制，自然有不同的盤算。股票在二十一世紀初大漲，這些高階主管開始悄悄兌現他們的獲利。到了二〇〇八年，中國移動幾位高階主管已兌現了價值十五億三千萬美元的選擇權。

另一棘手的內部爭議使選擇權的問題雪上加霜，那就是國企高階主管正式的薪酬微薄。高階主管艷羨西方執行長動輒上百萬美元的薪酬。某中國銀行家說：「大家都知道，香港的國企執行長當時的薪水和他們的祕書差不多。」由於正式薪資微薄，他們就開始尋找其他方式為自己加薪，如獎金、報公帳、祕密金庫和透過子公司額外支薪等。

派駐國外的國企高階主管紛紛效法中國移動的同儕。**季海生**是中國遠洋運輸集團新加坡公司的總裁，坐擁數百萬美元的選擇權。中遠集團在新加坡的股價隨當地外貿總額大幅成長而飆升。就像世界各地許多處境相似的企業主管，股價上漲，季海生自認居功厥偉，應該給他紅利。[22]他說：「中遠在新加坡的投資創造奇蹟，因為我們的股票價值從不到一億星幣成長到今天的一百億星幣。新加坡媒體稱我為『超級明星』，因為我創造了無數百萬富翁，甚至億萬富翁。」季海生不假思索地說，他不「明白」北京政府限制行使選擇權的規定，並覺得「必須遵守本地的法規」。換言之，他理當賣掉自己的選擇權，後來他也馬上就賣了。

像季海生這種人有意識地做了權衡。他們有兩個選擇，要不就服從規則，讓自己有資格晉升到黨的高級職位，要不就繼續做資深主管，但荷包滿滿。記者李利明說：「如果有人不想做高官，誰也限制不了他們。」股票選擇權原本只是個看似難懂的財務問題，現在卻成了具有高度政治意涵的一件事。不僅牽涉到錢，還牽涉到新一代官員因經濟利益而不想晉升。某中國銀行家說：「**這些高階主管說，我創造了附加價值，所以我應該得到回報。黨說，你創造了附加價值，是因為我們把你放在那個位置。**」

二〇〇八年底，政府已設法在這個問題上重新掌握部分控制權。政府提高國企高階主管的正式薪酬，直到後來出現經濟衰退為止。政府也整編有關選擇權的規定，限制高階主管可以得到的最高金額。中遠的季海生被迫默默離開公司。全球經濟放緩使得股市成了空頭，因而給了體制一些喘息空間。

但根本的問題一直懸而未決。李利明說：「政府不希望公司完全以市場為導向。否則，他們會失去控制，而這正是他們所害怕的。他們擔心，如果給高階主管巨額薪酬，他們就不會想回到黨的體制。」

北京的股票選擇權爭議，和東北惡名昭彰的馬德醜聞，其實是一體兩面。馬德案是官員看到付錢打進體制的好處，甚至甘冒被捕的風險；國企案則是官員可以脫離體制而發大財。黨腹背受敵。

有個地方是黨絕對得費盡心力不讓這類不忠行為出現的，那就是一黨專政的靠山——人民解放軍。

注釋

1 事實上，組織部官員二〇〇八年在北京會見美國學者時，的確遞出名片。

2 網路正在撬開中國的大門，跡象之一便是組織部總部的地址西長安街八〇號，可以在二〇〇八年七月的Google Map找到。二〇〇九年末，《金融時報》（*Financial Times*）希望採訪組織部，也確實找到聯繫管道，但組織部拒絕受訪。

3 〈整合黨的組織工作資源問題研究〉，《組織工作研究文選二〇〇六》（下），中共中央組織部研究室（政策法規組）編，頁三九七。

4 李英田，〈「以黨內和諧促進社會和諧」的著力點〉，《內部參閱》第四十三期（總第八三六期），二〇〇六年十一月十七日，《人民日報》內參部編。

5 *China News Service*, China.org.cn, 13 October 2007.

6 Jerry F. Hough and Merle Fainsod, *How the Soviet Union is Governed*, Harvard University Press, 1979, p. 125.

7 Laszlo Ladany, *Law and Legality in China*, C. Hurst & Co., 1992.

8 高華，《紅太陽是怎樣升起的：延安整風運動的來龍去脈》，香港：中文大學出版社，二〇〇〇。除了高華的書，並可參考http://news.sina.com.cn/c/2006-08-29/180710863110.shtml。

9 Hon S. Chan, 'Cadre Personnel Management in China: The Nomenklatura System, 1990-1998', *China Quarterly*, September 2004.

10 John P. Burns, 'Strengthening Central CCP Control of Leadership Selection: The 1990 Nomenklatura', *China Quarterly*, June 1994.

11 二〇〇二年第十六屆黨代表大會頒布的《黨政領導幹部選拔任用工作條例》。

12 靠裙帶關係並不意味他們就不稱職。例如，李鵬的兒子李小鵬讓許多人印象深刻，認為他在主持華能國際電力時是個能幹而投入的主管。在北京，我常聽說朱鎔基不讓兒子利用主持中國國際金融有限公司謀個人私利，但這種說法沒有正式紀錄。據說江澤民的兒子江綿恆相當聰明，但某位曾與他共事的人告訴我：「中國聰明人可多了。」

13 *Far Eastern Economic Review*, 8 July 1999.

14 引自*Wall Street Journal*, 29 September 2006；其他部分則根據對參與其事者的採訪，包括田溯寧。

15 關於李源潮的晉升機會，二〇〇七年三月十五日的《金融時報》有篇深入的報導，雖然事後看來太過樂觀；他被提升到政治局，但沒有進入中央常務委員會。

16 吳立紅的報導，見*Financial Times*, 3 August 2007與*New York Times*, 7 November 2007。

17 以下的內容來自對該案辯護律師的採訪以及中國媒體的報導，後者有些是根據對檢察官的採訪。見http://www.hlj.xinhuanet.com/zfzq/2006-03/23/content_653880.htm、http://news.sina.com.cn/c/2005-03-24/14156183789.shtml、http://news.sina.com.cn/c/2005-03-23/15176172792.shtml、http://news.sina.com.cn/c/2005-07-29/07476557245s.shtml、http://news.sina.com.cn/c/2004-06-24/03373503585.shtml、http://news.sohu.com/20050411/n225121587.shtml。

18 《駐京辦主任》，作家出版社，二〇〇七。謝謝Graeme Meehan推薦本書給我。

19 中國共產黨吉林省組織部工作調研組，〈關於全面防範和治理用人上不正之風問題研究報告〉，《組織工作研究文選二〇〇六》（下）中共中央組織部研究室（政策法規組）編，頁三四三。

20 有篇語調更加嘲諷的文章，二〇〇九年十月在部落格間廣為流傳，並由《中國數字時代》於該月將其譯為英文。該文作者藉著遇到某安徽省退休官員，諷刺用人唯賢的概念。

部落格說：

經常聽到領導同志們在各種場合莊重地宣講：「我們的幹部路線是任人唯賢，而不是任人唯親。」聽來當然令人肅然起敬，但現實中卻滿不是這回事，不免令人沮喪。

有一次坐火車，碰上一位安徽省的退休幹部，向我講出一番道理，使我茅塞頓開，有醍醐灌頂之感。

「不僅任人唯賢排不到前頭，任人唯親也要往後排呢！」

這一句開場白就不同尋常，於是我趕緊問：哦，何以見得？

就像戲文裡經常唱的那樣，這位老先生不緊不慢地說：「你且聽我慢慢道來——

「排在第一位的是『**任人唯上**』，也就是說，要領會上級的意圖，上級讓你安排誰你就安排誰。否則上級一不高興，你的位置就坐不穩了，更別說想要繼續進步了。」

唔，有道理。下邊就該任人唯親或者任人唯賢了吧？我問道。

「還是排不上。」老先生說，「排在第二位的是『**任人為幫**』。現在的官場，局面複雜，鬥爭白熱化，表面上你好我好大家好一團和氣，實際上都在下邊使絆子。你如果孤零零的一個人在官場上混，不弄幾個志同道合的哥們兒在前後左右幫襯著，想幹什麼都幹不了，不僅幹不了事，連這個官位也坐不長久，很快就會給人家撬掉了。」

噢——我恍然大悟，便不再插話，任由他繼續說下去。

「把上邊打點好，再把前後左右人安插齊整了，就可以做第三步了，那就是『**任人唯錢**』。為什麼？因為『錢』比『親』重要，『親』畢竟還是別人，『錢』可是揣進自己腰包裡去的。」

「排在第四位的是『**任人唯拍**』。官位坐穩了，錢也撈到了，就該弄幾個拍馬屁的人圍在身邊享受一下了。陳毅都說過：誰不愛馬屁，頌歌盈耳神仙樂。你可別小看這拍馬屁，這可是一門學問，不是誰想拍就能拍得好的。弄不好拍到馬蹄上，那就是找噁心了。但如果拍好了，拍出水平來，被拍的人那真是其樂無窮。這麼給你說吧，就跟抽大菸似的，上癮！」

「排在第五位的是『**任人唯吹**』。現在的GDP增長，你們大城市怎麼樣咱不知道，反正我們下邊，那都是吹起來的。到了報GDP數字的時候，各縣各鄉的頭頭你看我，我看你，大眼瞪小眼，都不願意先報。為什麼，先報了你就沒餘地了。比方說你先報你那塊兒GDP增長是一一%，我就報一一．五%，我今年的政績就走到你前頭了。領導喜歡GDP增長快一點，但你又不能太離譜，太離譜就鬧笑話了，領導也不高興。當然嘍，如果你是個死心眼，實際增長多少你就報多少，那領導就更不高興了！你這是在拖領導的後腿嘛！領導也想要進步，是不是？所以說，『任人唯吹』，這一點也很重要。」（譯注：原文還有排第六的『任人為親』與排第七的『任人為賢』。）

21 田鳳山二〇〇三年涉嫌貪汙被捕。

22 《財經》，二〇〇六年六月三十日。以下部分其他資訊來自個人訪談。

| 第四章 |

為何而戰

黨與軍隊

軍隊不允許有立場。（黨）禁止他們表達看法。

——閻學通，清華大學教授

中國人不那麼夠民族主義，他們很看重錢。
主旋律是拜金。只要台灣局勢有利於賺錢，
我們不在乎（台灣）是否獨立。

——閻學通，清華大學教授

江澤民和胡錦濤：拉攏解放軍的不同方式

在檢閱部隊前幾晚，江澤民會在鏡子前面預演自己的動作。就像青少年在浴室鏡前模仿明星唱歌，江澤民仔細排練閱兵動作，鏡前的他在立正前，以閱兵的精準調校肢體，根據他的授權傳記所言，他姿態挺拔、表情嚴峻。[1]

三軍統帥的威嚴令人嚮往，但不是人人都辦得到。一九八八年美國總統大選民主黨候選人杜凱吉斯（Michael Dukakis）戴著頭盔駕著一輛坦克車，試圖給人威武的軍人印象，卻讓他淪為笑柄。就江澤民而言，他的任務嚴肅多了，不單只是要甩脫一九八九年被人拉上台時小咖的形象及初任總書記那幾年的滑稽印象，因為當他接下中共總書記這個職務時，他同時接掌了國家、政府和軍隊。

人民解放軍原名為紅軍，成立於一九二七年，是革命政黨的軍事羽翼。取得政權後，中共盡力維持這種黨軍關係。七〇年代末起，黨放鬆了中央計畫經濟，開放私營事業，開始退出順民的私生活——改革開放使中國變了樣，再也找不到鄧小平接手時毛派反面烏托邦的蹤影。不過，創立解放軍時「黨指揮槍」的原則從未動搖。儘管近來關注的是解放軍在全球日漸強大的影響力，但它的主要任務一直都是國內優先，維持黨繼續掌權。江澤民剛上台便有人善意提醒他，軍隊攸關黨的存在。**一九八九年，在北京市中心面對示威者兩個多月後，鄧小平調派部隊把**

批評黨的人從街上趕走，造成數百或數千手無寸鐵的人民死亡。江澤民在鎮壓八九民運前被任命為總書記，但未被告知派遣部隊的決定。當黨在五個月後再度控制國家和首都時，鄧小平才把軍權交給江澤民。

比起毛澤東和鄧小平，江澤民和繼任者胡錦濤要更有理由擔心自己能否依賴軍隊的忠誠。毛澤東和鄧小平既是政治領袖，也是職業革命家和軍人。共產黨一九四九年上台前，中國處於軍閥割據幾十年。**江澤民和胡錦濤打破模式，是近百年來中國第一次由文人領袖控制政治和軍事體系**。[2]在江澤民上任時，鄧小平給他的建議自然是：「五個工作日中，有四天要放在高級將領。」江澤民顯然謹記於心，上任後兩年內，親自巡視了一百多個軍事據點。

在江澤民和胡錦濤主政的過去二十年裡，沒有其他機構像解放軍一樣受到如此用心的拉攏。根據黨的指示，自九〇年代初起，財政部每年增加的解放軍正式預算超過一〇%，同時未公開地再提撥數十億美元購買武器和軍備。在江、胡主政期間，中國加快軍事現代化的步調和範圍，解放軍跨出中國，把影響力伸入全球，進入印度洋和太平洋海域。江澤民和胡錦濤先後定期參加解放軍的典禮，參觀軍事大學，巡視各省時順便到軍隊食堂用餐，正式檢閱部隊時必恭敬地穿上橄欖綠毛裝。

兩位領導人在任期內和軍方的關係都有進展，只是方式不同。**江澤民對台灣採取強硬立場以拉攏強硬派。胡錦濤上台時，被迫緩和江澤民的對台政策，把中國從兩岸軍事對峙的危險邊緣拉回**。多數撰寫中國文官與軍隊關係的書，焦點都放在黨和人民解放軍潛在的摩擦。但是，在文人領導軍隊的新時代，最危險的分歧卻在於江澤民和胡錦濤，換言之，在黨的領導層內部。

江澤民的冒進主義讓政治圈許多人擔心，因為它威脅黨政策的基本宗旨，就是提供經濟發展一個穩定的國內外環境。**胡錦濤放棄江澤民路線，端出鄧小平一九七八年重新上台時推行的政策**。在改革開放初期，鄧小平說服將領以經濟為優先，因為這是穩定中國及推動解放軍全面現代化以迎接未來的唯一出路。中國採用蘇聯的紅軍模式，**但鄧小平完全拒絕莫斯科在冷戰時期的另一項既定政策：與西方軍事競爭。中國認為，最後拖垮莫斯科共產政權的，正是軍備競賽**。胡錦濤親信鄭必堅二〇〇五年闡述的中國「和平崛起」理論，其立論基礎類似，也就是避免和西方軍事對抗。鄭必堅說：「中共不同於俄共，因此，我們相信未來會更加繁榮。」

改變對台政策，胡錦濤替解放軍設想更大的角色，以配合中國不斷擴大的全球利益。不管是對待軍隊，還是人民，他的**成功關鍵都在於經濟持續成長**。只要有更多錢用於軍事預算，胡錦濤心想應該就能安撫強硬派的批評者。但**胡錦濤對台灣讓步，讓國防和外交圈的鷹派心裡不快，他們私下抨擊胡錦濤已放棄統一台灣，只剩表面空談**。

最有名的鷹派閻學通說：「台灣問題已經結束，沒有人再討論統一了。」他擁有柏克萊加州大學（UC Berkeley）博士學位，是名校北京清華大學國際問題研究所所長。二〇〇九年中，兩岸關係迅速回暖，我在這時訪問閻學通，他一吐為快。

> 我認為政府太倚重經濟發展作為它的正當性。他們認為，只要人民相信可以賺更多

> 錢，他們就有權統治這個國家，無論流失多少領土。這是中國主流意識形態，但我認為這種立場將帶來災難。

若眾人開始覺得閻學通這種煽動性的言論有道理，那麼領導人在黨和軍隊的地位將會受到嚴重的打擊。不用說，就連在中國國內，也沒什麼人會對這種看法加以報導。

黨對軍隊的絕對領導？

二〇〇九年初中國本身局勢安定，和美國、台灣及日本的關係也如數年來般平靜，但《求是》這份黨刊卻登出高級將領李繼耐上將充滿危機感的文章，彷彿處於生死交關，而非承平時期。李繼耐是指揮解放軍的最高機構中央軍委會的委員之一，他說：「（我們）堅決抵制『軍隊非黨化、非政治化』和『軍隊國家化』等錯誤思想影響，使全軍部隊始終以黨的旗幟為旗幟、以黨的意志為意志。」[3]

二〇〇四年底，江澤民正式把軍權交給胡錦濤，《解放軍報》在隔年的建軍節特刊中也以社論傳達同樣的訊息，只是語氣更加強硬。根據中國軍事專家穆維農（James Mulvenon）的計算，在這篇簡短的文章中，「軍隊對黨絕對效忠」或類似的話，前後重複了十七次，前一年的建軍節社論只提到忠於黨六次。二〇〇五年的社論是一次誇張、高調的宣傳，全面標舉黨的意識形態：

> 我軍有黨的堅強領導，一切行動聽從黨的指揮，始終堅持以黨的旗幟為旗幟，以黨的方向為方向，以黨的意志為意志。我軍的歷史，就是堅持黨對軍隊絕對領導的歷史；我軍的勝利，就是在黨的絕對領導下取得的勝利；我軍的輝煌，就是在黨的絕對領導下鑄造的輝煌。黨對軍隊的絕對領導，是我軍生命之所繫，力量之所依，性質之核心，傳統之根本。[4]

正如中國領導人談論民主時，讀者需要一本列寧主義辭典才能加以破譯，這些來自軍方的評論也是一樣。根據西方模式，軍隊不涉政治，以民選政府的方向服從國家，不分顏色。在中國，單一政黨控制了軍隊，辯論的用語正好相反。中國體制內最嚴重的罪，不是把軍隊政治化，而是去政治化，建立屬於國家的軍隊，這相當於叛黨。

前景看好的中國軍官進入參謀學院，記取蘇聯共黨的教訓：蘇共因未能控制軍隊，從而讓國家無力招架西方的反動思想。解放軍南京政治學院教授顧智明寫道：「蘇東劇變後，帝國主義猶如一匹脫韁的野馬在全球原野上狂奔，發展中的社會主義中國在相當長時期內將處於弱勢地位，西方敵對勢力不惜重金，不擇手段，對我國進行『西化』、『分化』，鼓吹『軍隊非黨化』。」

二〇〇九年顧智明接受中國首屆一指的智庫社會科學院《中國社會科學院報》訪問，表示要「確保黨從思想上、政治上、組織上牢牢掌握軍隊」。為了清楚闡釋重點，訪談前頭是篇痛斥「自由、平等、人權是人類共同的普世價值」是「西方資產階級的幻想和霸權主義」的長文，這篇反西方的文章附上的插圖，是美國士兵在阿布格萊布（Abu Ghraib）監獄虐待伊拉克囚犯的恐怖照片。[5]

領導人在細心照顧解放軍的同時，也在官方媒體年復一年強調軍對黨絕對忠誠的原則，程度近乎歇斯底里。表面看來，很難理解這些行為，因為已有十餘年未見軍隊反叛或任何黨對解放軍的公開批判。但是，這其實表示江澤民和胡錦濤都無法討好軍隊，而軍隊正在脫離黨的控制。「解放軍對黨絕對效忠」的不斷重述，讓人想起閱讀毛澤東時代的報紙要反向思考。在毛澤東的時代，要看出問題有多嚴重的唯一可靠之途，就是看保證沒有問題的說詞有多堅定。從這個角度看，官方媒體的評論證實了黨從來沒有把軍隊的忠誠視為理所當然。一九八九年對天安門事件採取強硬手段及其所造成的後續影響，讓黨在這件事上不再消極以對。

八九民運的巨大規模，它擴散到全國各個城市的方式，它從學生、工人和知識份子得到的廣泛支持，以及黨高層為了處理民運而造成的分裂，上述這些至今都仍在黨內產生長遠而深刻的影響。**比較不為眾人所知的是，一些解放軍指揮官和士兵拒絕接受命令，以軍事力量把示威者趕出北京，在黨內心深處留下一道深刻的傷痕。**

第三十八軍軍長徐勤先中將在五月中旬接到第一次動員令，準備把他的部隊開進城，規畫路線和交會點，以及部隊若被打退後的重新聚集地。根據他在這段期間行為的諸多記敘，當北京軍區政委發出最後命令時，徐勤先卻拒絕接令。[6] 第三十八軍駐紮在毗鄰北京的河北省，在解放軍裡向來肩負先鋒的重擔。它是第一支參與韓戰的中國部隊、第一個機械化部隊、第一個有空軍聯隊的部隊，也是最早納入電子戰爭的部隊。黨也安排第三十八軍作為恢復首都秩序的先鋒部隊。

六月四日之前的幾個星期，徐勤先因腿傷住院。**觀看進行中的遊行示威，他發現自己越來越同情學生。徐勤先一開始時告訴上級，自己因傷無法領軍進城。當上級施壓，他索性拒絕接令說：「無論給我扣上什麼罪名，我絕對不會親自帶領軍隊。」於是，徐勤先被解除職務。**不過，他的幾位老同事不同意這種說法，他們說軍長是在把部隊帶進北京後才抗命。沒有爭議的是，徐勤先在六四之後受到軍法審判，因這段時期的行為被判五年監禁。

北京受困的心態，在鎮壓後持續了至少六個月。部隊駐紮在智庫、研究機構和大學外，因為這些機構有人參與民運。解放軍派員進入民間媒體，監督支持軍隊行動的宣傳工作。在自己的隊伍中，軍方還調查、整肅、清除、懲處不服從命令的指揮官和棄守的部隊。解放軍上上下下，在總部、作戰部隊、軍事研究機構、三軍官校和兵工廠，都設有政戰部門和黨組。**黨用來控制政府和企業的機制，也同樣出現在軍隊裡。六四之後，黨決定進一步滲透軍隊。**因此，裁減後的現代解放軍約有兩百三十萬名軍人，黨組卻高達九萬個，大約每二十五人就有一人為其成員。[7]

解放軍之所以派駐三個軍團在北京附近保護首都，並以同樣理由在各大城市部署大量作戰部隊，都有其用意。在中國最遙遠的前哨西藏，解放軍部隊連同準軍事部隊的人民武裝警察，奉命平息大規模抗議，直至二〇〇八年。在新疆，解放軍派出四個師進駐九〇年代發生種族暴力抗議活動的周遭地區。一九八九年後，為使解放軍無須直接鎮壓重大平民騷亂，當局重新裝備和培訓八十萬名人民武裝警察。由於決策者決定不讓解放軍參與國內的鎮壓任務，因此二〇〇九年七月新疆省府烏魯木齊，因種族暴力而發生的血腥鎮壓雖造成近兩百人死亡，主要由武警負責，人民解放軍只是象徵性地出現在烏魯木齊。但是說穿了，若真遇到危機，還是要靠解放軍出手。[8]

不斷發表親黨的言論，不僅顯示八九民運後揮之不去的疑心病，也代表改變現代中國社會及瓦解舊式政治控制的長期趨勢，對軍隊也造成類似的影響。現代解放軍比以往更為精簡、任務更加集中、設備越發精良、更加訓練有素。然而，現在要回答**「我們為何而戰？」**這個問題，卻不像僅僅購置新裝備來得那麼簡單。想要穿軍服的忠實幹部默默聽黨差遣，在市場經濟行不通。一如世界各地的現代化軍隊，解放軍必須和出手闊綽的私人企業競相爭取傑出青年入伍，這種競爭是蘇聯紅軍從未遇過的。**中國新一代的軍官不僅要接受技術、戰略和語言訓練，還得是黨的忠實信徒**。

除了陳舊的傳統意識形態，參謀學院試圖把黨認同的新民族主義思緒灌輸給軍隊。但在這點上，黨不啻作繭自縛，培養更多想替軍隊界定使命的政治辯論團體。中國龐大的國防預算，令新民族主義知識份子及一部分民粹份子感到興奮，七嘴八舌的他們看到一隻強大的軍隊，甚至認為可以開戰試試，不管解放軍是否已做好準備。隨著中國走出一世紀的屈辱，躍居強權，在這群人眼中，發動一場文明衝突，可以提升國家地位。以鼓動群眾知名的保守派王小東，引述達爾文社會生物學這個時髦的理論，要求重振中國的尚武精神。在他合著的二〇〇九年超民族主義暢銷書《中國不高興》中，他寫道：「一個物種，如果沒有外界環境對它的壓力，絕對會退化。這個道理可以對應到人類社會。」若問王小東「我們為何而戰」這個問題，他的答案不會是為了贏得不可避免的戰爭，而是為了戰爭本身及國家的純粹榮耀。[9]

軍隊現代化是黨最操心的改革。黨越是推動解放軍成為現代作戰部隊的改革，它所冒的風險就越大，因為解放軍會脫離黨的束縛，進而發展自主本能，不聽政治主人的話。據中國官員和學者指出，這種趨勢已難以扭轉。北京某知名國際關係教授說：「這支軍隊越來越專業，也越來越像是國家的軍隊，不再只是黨的軍隊。只是我們不能大聲把這一點說出來。」

在八九民運的暴力鎮壓中，解放軍最後終於表態願意在危險時刻履行保護黨的職責。但是，執行任務的軍隊是個笨重臃腫而低科技的部隊，支持它的軍備工業隱身在偏遠內陸，以防冷戰時期的轟炸，但落後的軍備工業已難以應付未來的挑戰。黨打造新解放軍以配合多項任務要求：對外，軍隊是國際政治的籌碼，是國家的後衛；對內，它是維持秩序的警力。軍隊若欲在未來保護黨的政權，它就得做更多的事，而不會僅限於掃射街上手無寸鐵的示威者。

從無所不包到現代化、專業化的解放軍

在五〇年代末，並沒有像標準石油（Standard Oil）或埃克森美孚石油這種大型能源公司，可以替中國尋找地下資源。相反地，毛澤東期待人稱獨臂將軍的余秋里及其上萬弟兄，能在東北找到噴油井。余秋里生於一九一四年，少年時加入共產黨青年團，於抗日戰爭和隨後的內戰時期，在解放軍裡一路攀升至政治委員。他在一九三六年長征時期的一次戰鬥中痛失左臂，成為他的英勇象徵。共黨上台後，余秋里先在中央軍部擔任不同的工作，一九五八年被任命為石油工業部長，讓他一展長才，成為中國最有名的紅色工業家。[10]

余秋里新工作只做了一年，就在大慶發現石油，這是東北一個夏季蚊子出沒、冬天氣溫低於零度以下的濕地。余秋里急需勞工，便把腦筋動到全國最大的雇主——軍隊——上頭。韓戰後，解放軍人數達到高峰，陸海空三軍總人數達五百五十萬。余秋里獲毛澤東首肯，三萬名退伍士兵投入大慶油田的工作，同時還有三千名退伍軍官被派至該區。軍隊自然成了余秋里這種急性工業家找人的地方。在五〇年代初期，解放軍因為帶頭發展新興的石油工業而獲得工業技術。第十九軍改編為中國人民解放軍石油工程第一師。軍事小組在大慶興建道路、管線、抽水站和各種基礎設施。

當多屬韓戰老兵的退伍士兵和軍官在一九六〇年三月起抵達這個石油城市，油田的開發就

被黨神化，高舉為「大慶石油會戰」。周恩來總理對大慶油田的市領導說話時，把大慶的書記當成親自上前線的大帥。周恩來告訴工作團隊：「一次鎖定一個陣線，集中所有部隊，打一場殲滅戰。」

人民解放軍成立以來，一直擔負純軍事以外的任務，一直有自己的事業，無論是賺錢或補充其微薄的正式預算。若非如此，則是軍隊復員，或以國家之名借兵給大慶這種工程使用。五〇年代裁軍數百萬，八〇年代中期再裁百萬，政府奉命盡力為他們安排工作，許多退伍士兵被送到偏遠地區開墾，這不僅可減少預算負擔，還可把技術人員派往遙遠的戰略地帶。在五〇年代初約有十七萬前解放軍士兵組成新疆生產建設兵團，現在成了一個龐大的商業帝國，擁有獨立的安全部隊。不僅如此，在同一時期八萬多名退伍士兵被送往當地商業局工作。鄧小平一九八一年第一次裁軍時，五萬七千名退伍男女被分配到司法部門工作，許多人成了法官，儘管他們多半沒進過法庭，遑論學過法律了。一九八二年，數以萬計的士兵被派往深圳新經濟區，替建設公司打工。[11]

八〇年代，因為鄧小平想把預算集中用於經濟發展，解放軍開始積極做生意賺錢。在八〇年代末的高峰期，解放軍的商業帝國有近兩萬家企業。[12]**除了從大慶油田獨立出來的石油服務業，軍隊更涉足各種行業，包括五星級酒店、製藥、輕工業、貿易、走私、武器出口。所獲利益本來是為了改善基層士兵的生活條件，但事實上，大部分錢都落到貪贓枉法的將軍和親屬及親信的口袋。**

軍隊甚至比黨更神祕，發展成「國中國」，它的特色不僅在於保護黨和國家的職責，也在於軍官團的地下商業利益。商業腐化了許多高級軍官並讓他們分心。對眾多企業收益的依賴，反過來扭曲了軍隊預算的管理。相對於經濟，軍隊一直是中國現代化的包袱，沒有能力應付文人領袖面對的戰略、經濟和社會的多元挑戰。九〇年代經濟開始起飛，黨宣布加快改組軍隊的時候到了，迫使解放軍迎頭趕上。

軍隊要克服的不僅是十年的財政疏漏。軍隊就像中國社會，必須擺脫黨的體制性涉入的毛澤東主義陰影，還得擺脫冷戰遺留的不合理龐大結構。鄧小平早期市場改革已帶來大好機會，甚至帶給一些人在毛澤東時代根本沒見過的財富。中國開始像個世界強權展示影響力，但軍隊若要配合這個使命，並成為真正的戰鬥部隊，那麼除了五〇與八〇年代的大裁軍，還必須再裁掉數十萬士兵，並關掉數千個事業。

石油最能代表中國戰略環境的轉型。大慶鑽探石油不到五年，其產量就使中國在能源上得以自給自足。余秋里上調政治局，也由此操控最早的石油黑幫，其成員均為經濟保守派，支持傳統的中央計畫經濟和重工業。**大慶傳奇只持續到一九九三年，此後中國成為石油淨輸入國**。之後中國對石油進口的依賴逐年成長，標示經濟的轉折，也重新界定國家的安全利益。石油開始耗盡這年，也是解放軍預算開始每年增加超過一〇%的開始，並一直延續至今。中國也是在該年採取新的軍事戰略，以本身的軍務革命，回應美國部隊從科威特趕走伊拉克所展示的高科技火力：過去所依賴的是能夠進行「人民戰爭」的大規模陸戰部隊，現在則被偏重科技、調動和軍種相互支援能力的較小軍隊、較少人力取代。雖然解放軍曾提供新能源工程大量人力，但它的象徵性新使命是打造中國在國境外的影響力，保障來自中東海運或鄰國油管的石油、天然氣和其他資源的供應。

軍隊和大石油公司間的關係在大慶後繼續合作無間。**由於伊拉克無法償還兩伊戰爭向中國購買軍火的欠款，於是在一九九六年以實物支付，讓出十二億美元的石油給中石油與軍火製造公司中國北方工業**。美國推翻海珊（Saddam Hussein）政權後，這項計畫延宕下來，直到二〇〇九年才開始。投資蘇丹油田也同步配上軍售，由中國軍火公司出售武器給喀土穆政權。不過，獨臂英雄開創新事業這類事蹟，大致上已成過去。九〇年代初以來，黨的文人領導層要求解放軍全面改革，使老式的中國軍隊成為明日黃花。

九〇年代初以來，黨刻意緩慢但堅定地把解放軍推回軍人本業。自一九九二年黨代表大會後，政治局便不再選出軍方代表加入領導核心中常委。十五年前文化大革命結束時，中國是靠軍隊穩住這段時期的局面，當時政治局一半以上成員是將領。現在，二十四位政治局委員中只有兩人穿軍服。一九九八年，江澤民明確勒令軍隊脫手大型企業；當時是他接班人的胡錦濤，負責監督這項指令的執行。

事實上，一些軍隊特權保護的人仍在法外運作，這在各主要城市司空見慣。穿著貴氣的貴婦開著掛上軍隊車牌的保時捷、ＢＭＷ和各種休旅車，是常見的街景。無論是毫無顧忌闖紅燈或非法停在夜總會和健身房外，掛上軍車牌照所受的法律約束遠小於一般老百姓。這種明目張膽的特權行徑，展現了解放軍過去全盛時期的腐敗和權力。據黨內努力為國家打造法制基礎的人士表示，軍隊的權力和職責已具體規定，就像其他官僚機構。胡錦濤的顧問表示：「他們曾經享有非常的特權，任何退伍官兵都能在政府找到工作；今非昔比，這些特權已被撤回，這是黨的一大成就。」

被迫退出正式的政商活動後，將領在二十一世紀只有一個任務，就是替黨建構世界級的陸海空三軍。軍隊重回軍營，換來的是比過去更加舒適和現代化的營區。士兵的薪酬已大幅增加。預算提高，軍事科學研究院資金充沛，以開發未來高科技戰爭所需的技術。但是，新的任務卻使另一種緊張關係逐漸升溫，一方是源於西方傳統、逐步形成的職業軍隊性格，一方則是黨控制其主要資產的最高使命，兩方彼此難容。如同二十一世紀中國的其他面向，軍隊在十分亮眼的外表下，還是受老套的政治監督方式主導，並受其拖累。

胡錦濤以中央軍事委員會主席坐鎮軍隊最高層，擔任三軍統帥。相關的制度設計仍未成定局，胡錦濤因為擔任總書記，自然成為三軍統帥，但他並沒有馬上就任。**江澤民辭去總書記近兩年後才交出軍隊領導權，激怒了政治和學術界。先例一開，許多人預計，胡錦濤二〇一二年底交出總書記工作後，也可能如法炮製。**

但是，當深入行伍探究政治監督的日常作業時，黨無處不在的控制網及九萬個黨組顯得落伍，這讓知情人士覺得不妥，也讓國外長期研究中共體制的人感到困惑。某位退役軍官告訴我：「害死軍隊的是政治制度。我們沒有士官制，而士官之類的人是真正在做軍方大部分工作的人。」這位軍官所稱的士官制就是西方軍隊的傳統，把實質職權交給軍士。西方部隊的指揮官有套井然有序的制度，可以聽取士官的報告，如中士、下士、准尉等，他們獲得授權，可即時做出決定。一位研究過解放軍的美國高級軍官說：「在我們的文化，授權其實會增強權威，顯示指揮官會聽取意見。但很難在一個不喜歡下放權力的文化裡推行士官制。在中國，凡事看重表面，若要主張權威，不只得實際擁有權威，還得看來擁有權威。」

由於政治壓倒一切，中國層級結構十分混亂。從一開始，解放軍就採雙重領導制。就像一個人有兩個頭，彼此監視對方。每個高級職位都補上兩個同級的人，一個是指揮官，另一個是政委，很不容易辨識他們的分工，像誰要聽誰的以及何時聽。某個外國軍官說：「他們無法瞭解我們的士官制，指揮官可以聽從屬下。我們也無法瞭解他們這套，有兩個官階相同的指揮官。」（目前，解放軍有士官隊，但這些士官沒有職權或類似西方部隊的團隊精神。）

政治委員制度源於蘇聯紅軍，但帶有強烈的帝制中國精神。皇帝會派欽差大臣到前線，檢查將軍的忠誠度。以類似的方式，黨以蘇聯式的委員從內部監視軍隊，監督解放軍組織部的人事任命，並剷除貪汙。而士官制體現的是高度信任，長官信任下屬自己決定的能力；政治委員模式就像中國社會，靠的不是信任。

現代解放軍中的政治軍官，集啦啦隊、教官和行政人員於一身。某外國軍官說：「他們說破嘴想說服人，他們不是拿本《毛語錄》四處走動的政治駭客，而是專業的行政人員。」外界多半不清楚政委的工作內容，不過，幾件已曝光的消息，顯現他們所引起的爭議明顯涉及個人和政治。

最近一次眾所周知的公開反抗政委事件發生於一九九四年，主角是北京某軍區一名心情不好的中尉。政委看了下屬的私人信件，發現中尉的妻子懷了第二胎，是個男嬰。政委通知中尉的故鄉當局，後者下令墮胎。這下激怒了中尉，開始在軍營濫殺，殺死政委和其他軍官。接著他前往北京市中心使館區，距天安門廣場只有兩公里。在自殺身亡前，他殺死了十七人。軍隊在八九民運後名聲受損，間接促成這次屠殺事件。根據一份報告，士兵之所以慢了一步追捕這位抓狂的同袍，是因為要在營區先脫掉制服換上便衣，新聞報導說，這是為了避免他們的軍服「擾亂民心」。[13]

官方文件不斷顯示，年輕軍官對強制的政治教育態度冷漠，同時不解政治教育和現代軍人職責有何關聯。軍事科學院軍官楊春長在二〇〇八年抱怨，晉升的軍官如何受「單純軍事觀點」影響，並且不再認為政治工作重要。「在一次徵求意見時，有（年輕）同志提出：『現在搞市場經濟，要發揮利益驅動作用，強調法規制度的作用，還（需要）在條例裡寫政治工作是『生命線』嗎？』」

楊春長反問年輕軍官：「這還有疑問嗎？」但他還是詢問了上級，結果高層的回答是政治工作的優越性是「幾十年歷史的科學結論」，不容改變：「一九五四年修訂政工條例時，呈送給毛主席審閱的修訂稿，曾有人刪掉『生命線』這句話，毛主席又重新保留、恢復，加以肯定下來。鄧小平、江澤民、胡錦濤等領導同志也都反覆強調過『生命線』問題啊！」[14]蘇聯首創的政治委員制度已被史達林廢除，因為史達林認為它已不再能鼓舞部隊。在中國，因為共產黨持續執政，它反而長存。

對於勇於嗆聲的新民族主義者，軍隊無疑要由黨直接控制。在回答我的問題時，《中國不高興》的另一位合著者宋曉軍說：「我從來沒有想過這個問題，它重要嗎？」我在二〇〇九年遇到宋曉軍，當時他正好結束《中國不高興》打書之旅。他和王小東及其他愛國主義煽動者被統稱為「新左」。宋曉軍原是海軍軍官，在八〇年代中期退伍前，曾在海軍潛艇學院講課。他現在是一本軍事雜誌的主編，報導最新的現代化武器，以迎合愛好者。

宋曉軍這群人認為，沒有必要去解釋共產黨為何有權領導軍隊或國家。事實很簡單，在革命後，軍隊扮演著關鍵的角色，就如他們一再重複的名言「歷史的決定」。他說：「如果你一定要談論這個話題，我們就要提到中國遭列強欺凌，共產黨組成軍隊出現。一九二七年（解放軍成立）到一九四九年（共產黨執政）是非常特別的時期。不像英國或其他地方，我們是社會最底層的窮人站起來，透過軍事手段，重振國家的驕傲和尊嚴。」

隨著時間的推移，解放軍已不再例行性地宣誓對黨的效忠，而是遵循所交代的任務發展為更專業的部隊，有著自己的特質和價值觀。即使年輕軍官嘴上還是掛著「對黨絕對效忠」，**但他們其實要比前輩更專注於發展個人的軍事技能。**台灣學者楊念祖經常訪問中國的軍事院校，他說：「你會聽到很多基層人員抱怨軍事領導人的素質。他們對正在迅速改變的世界非常關注，想融入全球體系。第二階的軍官更有全球觀。」

在過去，軍官階層由同一大院長大的軍人家庭占據，他們在爬升過程中互相拉拔。但對於當前的年輕軍官而言，要「紅」也要「專」：升級要憑技術和專業能力，生涯發展已高度專業化，教育規定也更加嚴格，必須修完特定的軍事院校。[15]毛澤東曾在一九六五年取消軍階，只保留「幹部」和「戰士」這兩級，但現在舊式官階制度又重新恢復。不過，現在的軍官嚴重欠缺實戰經驗。某軍校兼職講師說：「這是我一輩子見過最教育過頭的軍隊。」許多軍隊太子黨仍能晉升，但少有人能爬到最高位。家世不再保證升級，解放軍太子黨爭取高級職位的條件越來越差。中國學者薄智躍研究數十年來的軍事紀錄，他說：「大部分太子黨將軍並沒有晉升為主要軍事將領，頂多只能做到副首長。事實上，他們在軍隊和中央委員會中的發展都面臨一道無形的關卡，家庭背景對他們可能是個負數。」[16]

解放軍也悄悄設立制度，由指揮官對其部隊負責，即使在理論上他們和政委官階相同。中國軍事專家由驥說：「若欲有效指揮部隊，權力必須定於一，解放軍也無法自外於此鐵律。」他說，唯一能讓指揮官和政委和睦共事的，就是「把政治事務放在作戰指揮系統之下」。與解放軍打過交道的外國人也注意到政委逐步退讓。美國國家戰爭學院（National War College）的柯爾（Bud Cole）曾訪問中國海軍艦艇多次，他說：「我上過幾艘中國軍艦，艦長若不先諮詢政委是不會回答問題的；我也上過其他軍艦，艦長根本不把政委放在眼裡。」

中國政治權威沈大偉（David Shambaugh）表示，如果黨和解放軍的共生關係轉弱，可能會發展出「更加合作、專業、自主、負責的軍隊」。[17]黨還是緊握最後的控制權。不過，就像黨不管大型國企的細節，解放軍現在也有更大的自由可以管理日常工作。黨與解放軍的新關係，絕非黨把政治控制權拱手交給解放軍，反倒是充分顯示黨的迂迴前進。某外國軍官說：「黨所側重的仍是政治指導，而不是純軍事哲學。但黨務現在也隨著社會改變而調整。」

宣傳系統也一樣。二〇〇九年五月解放軍海軍建軍六十週年，中國廣邀世界各地的海軍軍官參觀青島港口外的新核潛艇艦隊。在該年十月，為慶祝中華人民共和國成立六十週年，張藝謀獲邀執導天安門廣場的閱兵儀式（一度桀驁不馴的張藝謀，在策畫二〇〇八年奧運會開幕式後，也加入了體制）。二〇〇九年稍早，解放軍海軍第一次遠征境外，因海盜猖獗到索馬利亞外海護航，這是另一個關鍵時刻，可以從中看出，二十年來軍費激增和中國日益擴大的國際經濟影響力息息相關。

中宣部設法不讓公開辯論出現太突出的軍方意見，減少傷害性的黨軍公開分裂的機會。清華大學的閻學通和軍方關係密切，他說：「軍隊不允許有立場。（黨）禁止他們表達看法。」反之，黨拿出一套自己的說詞，歌頌軍隊有最新的設備、無私的愛國精神和不斷擴大的全球角色。二〇〇九年為了電視播出而舉行的三項軍事活動——索馬利亞護航任務、海軍建軍週年紀念、天安門閱兵——都經過精心設計，對內要讓軍隊產生自傲和信心，強調現行黨領導軍隊這套制度的優越性；不過，到了海外，黨砸下大錢的宣傳卻很難打動人心，最好的證明就是它長期規畫的對台戰爭。

對解放軍而言，為對台戰爭做準備一直是向政府要錢最好的理由。對黨的高級領導人而言，

犯台也一直是表明忠黨愛國的簡單方法。就口號而言，「統一台灣」可謂解放軍的神聖使命，是個必須透過軍事手段達成的政治目標。台北的楊念祖說：「中共一直把台灣當成拼圖的最後一片，沒有辦法說服他們對台灣放手。」

多數對台灣命運的評論都集中於軍力的平衡，或者計算中國對台灣部署的導彈數量，或者追蹤美國對台軍售所引起的政治爭論。這些或許重要，但大部分論點不得要領。讓台灣勉強接受北京統治權的最大障礙，幾乎都無關軍隊戰力，或是血腥戰爭及伴隨而來的經濟災難，雖然兩者都是中國決策者考慮的重點。台灣問題的障礙顯然是政治性的，簡言之，就是中共本身。

「台灣是中國領土不可分割的一部分」

七〇年代初吳釗燮在台北某大學主修電腦，不斷受到壓力要他加入執政的國民黨，而入黨的好處眾多：他可以馬上拿到留學簽證；如果他入伍，很容易就可以升級；黨營事業的工作等著他開口。數年後他在台北就讀政治大學時告訴我：「每個人都想拉攏我，告訴我只要加入國民黨，日子就可以過得更好。」

在許多方面，國民黨就像他們在中國或所謂的「大陸」的死對頭共產黨的翻版。就像共產黨，國民黨在組織設計上也參照列寧主義。國民黨設有組工會，以分配國有部門的工作。國民黨在台灣主政時，直接擁有幾家最大的企業，而不是像共產黨在幕後控制。國民黨也直接控制軍隊。現在共產黨最諱莫如深的一段歷史怪案，就是國軍一九二四年成立時，最早的政委之一就是周恩來。周恩來後來在毛澤東時代長期擔任總理也飽受折磨，二〇年代和四〇年代國共合作時，周恩來曾短暫同時在國民黨內工作。

一九四九年國民黨逃離大陸在台灣成立政府，此後在台灣長大的一代，十分清楚中國的行事作風，因為他們身處的體制與中國十分相似。但中國對台灣的認識可能就沒那麼清楚。從九〇年代初期，台灣開始舉行公開選舉組成政府，這個程序讓國民黨失去又復得執政權，共產黨一直難以理解在對岸所形成和茁壯的華人民主觀念。

在這期間，中國領導人不斷發表演講，要求台灣必須接受中國的主權，斥責台灣的民主是一種墮落，並圍剿台灣派駐世界各地的外交代表。此外，北京定期威脅要對台灣發動戰爭，為了證明所言不假，曾一兩次發射飛彈到台灣北端和南端近海。一九九六年起的頭三次總統選舉，中國都事先警告台灣走向獨立的嚴重後果。儘管如此，在大陸的咆哮和恐嚇下，投票選出領導人已成為台灣人民生活的一環。

吳釗燮是生涯隨著選舉潮汐變動的許多人之一，一如世界各地民主國家的政客。七〇年代他拒絕加入國民黨，在美國獲得政治學博士學位後，他返台加入反對陣營並投入學術界。二〇〇四年民主進步黨黨主席陳水扁總統連任勝選，任命吳釗燮為陸委會主委，並在二〇〇七年派他為台灣駐美代表。吳釗燮任職台灣駐美代表的時間很短，工作也難以推展，他無法引起華府的注意，因為美國只關注強大中國的崛起，而且還討厭陳水扁。國民黨重新執政後，吳釗燮的職務由於是政治任命，立即丟官。我在二〇〇九年初見到吳釗燮，他回到位於台北近郊的政治大學，擠在小而零亂的辦公室。

國民黨二〇〇八年重新執政後有了新面貌，不同於一九四九年起統治台灣五十多年的舊國民黨。黨營事業基本上全部出售或交回政府管理。國民黨的組工會負責提名候選人，而不是安排人進政府部門。至於軍隊，國民黨也因解嚴而在九〇年代初開始逐漸失去控制權，曾為國民黨軍隊的國軍，現在完全屬於國家。吳釗燮說：「陳水扁明確下令要（國民黨）退出軍隊。許多軍官感到解脫，不須再報告兩個上級，過著雙重生活。」

總之，**國民黨已經放棄所有讓它看似共產黨的權力**。因此，**國民黨轉型對中國渴望改革的人是一大鼓舞，也是共產黨的尷尬之處，使人不斷比較對岸的民主與國內的威權統治**。北京大學法律教授賀衛方說：「**台灣是個活生生的例子，中華民族並不是注定生下來就隨時任人差遣。今天的台灣是大陸的明天。**」

共產黨認為，國民黨曾暫時失去政權這個事實，正好證明國民黨不行。作家宋曉軍認為，國民黨的問題出在幾十年前與共黨分裂，他說：「他們失敗，犯了兩個大錯。一次發生在一九二七年，當時他們選擇與軍閥和地主站在同一邊。第二次發生於一九四六年，他們和右翼勢力結盟，攻擊被共產黨解放的地區。」但對其他人而言，現代台灣讓論者得以持續比較兩岸不同的政治體制。

二〇〇七年，在中國聽話的立法機關人大會的北京年度會議上，說話直率的前外交部長和會議新聞發言人李肇星被問到對台政策。他回答：「一切聽祖國的，聽人民的。」

「要他們投票嗎？」有位女記者追問。

李肇星勉強擠出笑容說：「你這個（問題）有點懸，不會，不會！」[18]

在台灣，國民黨曾執政，也曾下台，現在又重新上台，但台灣自九〇年代初開始的歷次選舉和政黨輪替以來，卻有一點維持不變：民意調查中始終有一組問題，但答案都是約有七〇％至八〇％的受訪者支持維持台灣的政治現狀，儘管受訪者在回答時的表述方式可能有所不同。**即使是支持統一的人，只要中國還是在共產黨統治下，也不會想要統一。大多數台灣人希望維持現狀，除了名稱，台灣是個自治獨立的領土。**

從兩岸近幾年所發展出的密切經濟和民間關係來看，這樣的民調結果令人驚訝。八〇年代後期以來，數以百萬的台灣人到中國經商、探親或觀光。有段時期，光是在上海估計就有六十萬台灣人。數十家台灣高科技公司把整廠遷移到大陸以降低成本，使中國成為台灣最重要的經濟夥伴。但在同一時期，台灣人也近距離目睹中國驚人的發展，但只有少數人會想要統一。楊念祖說：「**一黨專政是個問題**，人們可以看出其中的差別。」

台灣熱鬧的選舉，最能表現它的政治文化與中國已有多大的差異。不過，即使是從微不足道的小事，也同樣能看出兩者的不同。在大學辦公室我和吳釗燮訪談結束後，他送我到樓下去見蔡瑋，另一位前政府顧問和學者，但他堅定支持國民黨陣營，在校園也有間辦公室。在台灣政治用語中，吳釗燮屬於「深綠」，即支持台獨的民進黨的顏色，蔡瑋則是「深藍」。儘管如此，吳釗燮欣然把我介紹給蔡瑋這位他的政治敵人。對住在沒有正式政治競爭的北京的人來說，兩人禮貌性的客套令人印象深刻，**在中國生活中看不到這種基本的民主素養**。

蔡瑋堅定支持統一。他積極參與兩岸交流，在接下來的幾個月內已計畫前往中國三次。之前接待他的人曾帶著他到中國各地參加研討會，如內蒙古、著名的佛教壁畫聖地敦煌，以及毛澤東和解放軍與國民黨內戰時的受困之地井岡山。在這幾次旅程中，蔡瑋與這些人交談數天，從各個可能的角度討論台灣問題。

蔡瑋說在我訪問他的前一週，他接到北京軍事情報單位的緊急電話，問到台灣總統馬英九在台北對一個智庫的演講，是否應視為是對胡錦濤最近一次對台講話的明確答覆？蔡瑋撥了電話給台灣的國家安全委員會和其他政府單位，然後回話給北京，告訴他們不用如此解讀。顯然北京信得過蔡瑋，台灣像他這樣積極支持統一的人不多，但是蔡瑋也有自己的底線。他說：「我支持統一，但我不會接受共產黨統治。我不喜歡。」

從十九世紀末起，台灣曾是日本的殖民地、中國的一省，一九四九年蔣介石的國民黨政府播遷於此後，則成了中國中央政府的敵對前哨。從共產黨的角度，台灣回歸將是中國從受列強侵略瓜分的恥辱中振興的最後榮耀。共產黨上台後，嚴格禁止與此官方定調說詞有出入的說法。隨著時間進展，中國也強迫世界上幾乎所有國家在與它建立雙邊關係時，必須接受同樣的架構：任何人受邀訪問中國，無論官職大小，都必須接受一個中國的政策，也就是承認北京對台灣的主權，否則立即被當成不受歡迎人物。外國政治領袖若不遵守一個中國政策，就要冒著斷交的風險，該國的公司也可能面臨商業報復。**中國死守「台灣是中國領土不可分割的一部分」這個基本規則，不容跨越**。

在國內，中國媒體必須按規定報導，避開語言的陷阱。二〇〇二年上海一家報紙報導，當地正在建造一個新的半導體工廠，並譽之為「中國最大的半導體工廠」。第二天早上便有人指出，這種說法犯了嚴重的錯誤：世界最大的半導體工廠在台灣——中國的一部分。編輯被迫做出舊式的自我批評，並暫時減薪彌補錯誤。

台灣的實情和北京灌輸給中國人民的圖像極為不同，和胡錦濤所說的「兩岸同胞本是一家人」差遠了，少有台灣人會覺得自己與一個共黨統治下的國家有著血濃於水的關係。李登輝是一九九六年成為台灣第一任民選總統的國民黨領導人，他推動擺脫大陸的政策，在北京被斥為中華民族的叛徒，一個「遺臭萬年的罪人」。事實上，李登輝集台灣許多歷史劇變於一身。他在日本殖民統治下長大，能說流利的日語，說國語反帶有濃厚的腔調。李登輝難以對祖國產生感情的理由很明顯，因為他一輩子沒去過中國。

九〇年代李登輝時期，台灣民主運動的蓬勃發展引發兩岸關係的危機，持續了十多年。這個時期也把江澤民變成鷹派並和軍中強硬派緊密結合。在中國，台灣問題向來都是政治實力的試金石，只要稍微示弱，便可能被政治對手利用。江澤民在一九九五年初發表《為促進祖國統一大業的完成而繼續奮鬥》時，他仍在試著鞏固自己對解放軍的影響力，結果卻完全沒有得到軍隊支持，沒有一個高級將領挺身表態。[19]不過，江澤民數月後就找到採取強勢作為的理由。

李登輝於一九九五年六月獲得簽證赴美，江澤民屈服於高級將領要求還以顏色的壓力，同意解放軍的建議，向台灣北部海面發射飛彈。接下來那年，在台灣第一次總統選舉前，江澤民批准另一次大型軍事演習，以表達北京的不滿，其中包括發射更多飛彈。江澤民再次難以控制軍隊的演習，主持演習的將領要求不受政治局監督。最後的屈辱是柯林頓總統派出航空母艦艦隊巡邏台灣附近海域，展示的軍力讓江澤民望塵莫及。

一九九五年和一九九六年的危機讓江澤民決定，再也不會被鷹派以統一的制高點抓住他的小辮子。中國領導人看到一九九一年美國第一次波斯灣戰爭展示的高科技火力，亂了陣腳。五年過去了，中國不斷擴張的貿易使得它比以往更加依賴美國，江澤民驚訝地發現，解放軍根本準備不足，無法發動攻台的軍事行動。江澤民在台灣問題上的強硬立場，讓解放軍更有條件爭取預算。台北的楊念祖說：「軍方本身認為，他們還沒準備好。他們說，不要做任何逼我們今天採取行動的事，只要給我們更多資源就行了。」

從一九九七年起，在第二個任期內，江澤民為拉攏體制裡的強硬派，他提高台灣問題的利害，並提出敏感的統一時間表，儘管充分自知統一不會在他任期內發生。江澤民還說，甚至台灣拒絕進行統一的對話，中國也會採取行動不准台灣不談。雖然軍方的聲音難在公開辯論聽到，但這段時期的許多記敘顯示江澤民是受了解放軍的鼓動。一九九九年，在北戴河會議裡，據外交官出身的學者謝淑麗（Susan Shirk）所說，「將領激動表示，台灣攸關國家的榮譽」，中國必須採取行動表明決心。[20]

胡錦濤在二〇〇二年成為總書記，承接了持續發展的經濟，以及牢牢控制政府和軍隊的共產黨。不過，在台灣問題上，江澤民交給他繼任者的是一個貨真價實的定時炸彈。中國訂製了數十艘新潛艇，建造本國的海軍驅逐艦，部署可以從潛艇發射的反艦飛彈，並在距台灣幾百公里的沿海部署數以千計的飛彈，全為了要奪回台灣。**胡錦濤得自己想辦法繞過內部危機重重的政治地雷，找到擱置台灣問題的方法，並重新以經濟為首要目標，同時不疏遠解放軍。**

胡錦濤在二〇〇四年的回應是個政治高招。胡錦濤向溫順的立法機關全國人民代表大會提交反分裂法草案，並在年度會議通過。乍看之下，就像多位論者注意到的，為什麼中國需要一個反分裂法以授權對台灣獨立動武，理由並不明確，因為法律也從來沒有阻止過北京掃除如新疆和西藏等地的獨立主張。該法即刻引發台灣的憤怒及歐美的嚴厲撻伐，但法案的通過讓胡錦濤取得主導權。不久後，中國首次邀請台灣國民黨來訪，恢復黨對黨的對話，後來更成為定期舉行的論壇。

透過對內說話強硬並無視於國外的批評，**胡錦濤成功地把議題從強硬派手中奪回，並照他的設想為台灣問題設立框架**。在過程中，他不再提起江澤民的時間表。反之，**胡錦濤有意與對中國友好的台灣政治人物會談，並減少讓台灣選民不高興的好戰言論**。台北淡江大學戰略研究中心的黃介正說：「胡錦濤不想談論統一的時間表，因為這反而對他不利。胡錦濤的地位穩固，是因為推動經濟成長。台灣問題不是那麼迫切。」

二〇〇八年國民黨的馬英九當選總統，結束陳水扁和主張台獨的民進黨八年的執政，這讓中國很興奮。蔡瑋說：「選後某大陸官員說：『在這件事上，我們花了和國民黨一樣的力氣！』」對方倒是沒提到，共產黨是真的花錢，還是只投入政治資本。兩岸關係回暖，回到十五年前的水準。雙邊政治訪問成為定期活動，談判多年毫無結果的直航也同時獲得批准。

蔡瑋認為，**北京之所以更加瞭解台灣，是因為對台灣政治有了更成熟的體認**，其他人也與他有一樣的看法。他說：「他們已經習慣了民主，並開始瞭解我們內部政治如何運作。如果台灣穩定、民主，不會帶給中國麻煩。」這是台灣民主的成功，也是極大的諷刺。**為了討好台灣的選民，共產黨不但被迫調整對台灣民主的態度，北京的政策也被台灣定期的選舉套牢**。

中國官方媒體自然慶賀兩岸關係回暖，沒有說出背後的代價。為了回報台灣不正式宣布獨立，胡錦濤只好把統一時間表推到不確定的未來。體制內的強硬派若真能看清這筆交易，也只能痛苦地面對現實。

「爭取島內廣大民心的支持」

在多年預測並具體要求中國對台開戰後，閻學通二〇〇八年中在高唱民族主義的《環球時報》網站發表一篇不尋常的聲明。[21]他說，這是道歉，因為他從二〇〇〇年起就一直堅持對台戰爭不可避免的錯誤預測。但是，現在修改為和平的預測讓這位名教授很不開心，台灣問題無法解決讓他心情絕望。他後來告訴我：「不再有統一，不再有一個中國原則，不再努力拿回台灣。」

即使是在會自動對台灣採取強硬民族主義立場的政治和媒體環境裡，也很少人敢像閻學通一樣公開發表如此強悍的言論。二〇〇四年他說：「從我個人看來，這場軍事衝突發生得越早，它將越可能是一個可控的、局部的和有限的（戰爭）。」在多次接受採訪及發表在報社的多篇文章中，閻學通對發動對台戰爭的態度，很像小布希早期對伊拉克武裝份子的嘲弄：「放馬過來！」

二〇〇〇年支持台獨的陳水扁當選台灣總統，閻學通認為，北京在阻止台灣永遠與中國分裂上，是一場和時間賽跑的競賽。他不僅駁斥戰爭會損害中國經濟的論調，還說，無關乎經濟問題，因為涉及國家尊嚴。後來，他又在文章中寫道：「國強可使全民受益而國富不能。國富並不意味民就富。……倘若政府或少數富人支配了絕大部分的全國財富，還可能是國富民窮。國強卻可使全民都獲得安全與尊嚴。」

閻學通認為，逃避戰爭的損害比打一仗更大。看看蘇聯失去波羅的海三小國後發生了什麼事：整個國家解體。他在二〇〇五年的部落格文章上寫道：「自蘇聯解體後，俄羅斯人均壽命下降了五歲，嬰兒死亡率上升，非正常死亡率上升，總人口在一九九二至二〇〇一年間減少了五百萬。國家解體使俄羅斯付出的生命代價，相當於一場大規模的全面戰爭。」這位中國著名的國際關係專家聲稱，反正中國可能遭受的傷亡也不會是個大問題，畢竟中國每年因工業事故大約丟了十萬條性命。

閻學通的鷹派言論讓他在台灣名聲不佳，也使他常被外國媒體引述，只要他願意接受電話採訪。但是，當胡錦濤二〇〇五年左右展開兩岸緩和政策，閻學通的坦率造成尷尬和不和諧。宣傳部下令停掉他的一個報紙專欄，減少他上媒體的機會。儘管閻學通的外交主張相當粗魯，但他觸及一個非常敏感的問題，那就是軟弱的中國無法站起來面對西方，保護自己的主權。

一如閻學通，二〇〇九年的暢銷書《中國不高興》，怒斥黨的當權派持續以軟弱和膚淺的方式回應帝國主義列強對中國的威脅，這些威脅至今仍在。宋曉軍說：「他們往往沒完沒了地嘲笑傳統中國在軍事方面的懦弱無能，但是，你只要一說『尚武精神』、『加強國防建設』，他們就會立即跳出來破口大罵你是『法西斯』。」中國外交官經常無奈地自嘲說，他們常在郵件中收到鈣片，寄者是憤怒的公民，他們希望他們的代表在和外國人打交道時能挺直腰骨。就像許多國家的外交官，北京的外交部在和外國人打交道時經常被罵癱軟。但是，對於把統治正當性建立在解放孱弱的中國免於外國宰割的共產黨而言，被說成軟弱則更加危險。

閻學通和宋曉軍都譴責黨和政府的軟弱外交政策，把它說成是一種國家痼疾。他們的不同在於對人民最後可能回應的評估。宋曉軍真的相信，《中國不高興》正在社會形成一波新的強硬愛國主義。閻學通則是蔑視黨，對人民不抱希望。

二〇〇九年中當我再次訪問閻學通，他還在為錯誤預測戰爭而道歉，但不是為了這些預測所根據的論證而道歉。他說，他的大錯是錯判中國人民。他原以為，人民會為了統一台灣的希望落空挺身而出。但事實證明，人們不關心。他說：「**中國人不那麼夠民族主義，他們很看重**

錢。主旋律是拜金。只要台灣局勢有利於賺錢，我們不在乎（台灣）是否獨立。」

同理，**他認為都市的中產階級和清華大學的學生對政治和民主的興趣是零，因為替這些理想奮鬥，只會打亂他們越來越舒適的生活。**在八九民運二十週年當天，也就是我與閻學通見面前幾天，二十年前參與抗議的教職員正在討論他們當大學生時和現在的大學生有什麼不同。**今天的學生沒有興趣知道一九八九年發生了什麼事，更不想從事類似的抗議。**閻學通說：「如果明天中國政府說，我們恨美國人，凡是破壞美國大使館和麥當勞的人不會有事，學生將蜂擁而至投擲石塊。但是，如果中央政府說，誰膽敢扔麥當勞石頭就要受罰，就沒有人會去做。社會若完全被拜金主義吞沒，將有大量的社會犯罪，但不會有政治暴力。人們可能殺人和搶銀行，或做很多違法的事，他們可能冒著生命危險去偷錢，但不會參加政治示威。」

閻學通沒有提到，學生早就接到警告，如果他們參加反黨的政治活動，就會妨礙未來發展。但他說的要比這宏觀多了，是關於整個社會的價值觀。他說：「政府不關心你如何致富，無論是賣淫、販毒、走私、貪汙、賄賂，甚至是把國土賣給他人。這就是為什麼在台灣和主權問題上，政府得到人民的支持。政府告訴你，我們不（與日本）堅持中國在東海的主權，因為那有利經濟發展。（在南中國海的領土爭端上）我們不抗議菲律賓，因為這有利於經濟發展。我們容許台灣有主權，為了我們自己的經濟發展。」

「黨領導人明白，他們沒有一個可以用來治理國家的強勢意識形態。對他們來說，就是沒有核心的社會價值。此時，政府和人民唯一共享的主流意識形態就是拜金主義。」對閻學通而言，財富不能自動轉化為力量。他說：「我們的軍事預算已經是俄國人的一．六倍，但我們不能建立同樣的軍隊。我們的教育經費遠多於印度，但我們沒有一個人拿到諾貝爾獎，他們已經有十個。我們比日本有更多有錢人，有更多一流的公司，但我們無法打造世界一流的產品。我們比世界任何國家有更多外匯儲備，但我們不能建立一個甚至像香港的金融中心。」類似的例子還有很多。

在台灣，前國防部副部長林中斌對同一個問題給了我不同的見解。林中斌十分欽佩胡錦濤處理台灣議題的方式，從強硬派手中取回主控權。林中斌說，兩岸關係開始改善之前幾年，他從大陸的親戚那裡得到一條消息，即**政治局已決定讓台灣成為「無害的國際問題」**，而目前發生的一切就是如此。**以道地的中國方式來說，胡錦濤的對台新政策已簡化為「爭取島內廣大民心的支持」**一句話。林中斌在大陸地位夠高的連絡人告訴他，胡錦濤承諾對台政策將會改變，如今已全部兌現。

林中斌說，台灣議題之所以可以擱置，是因為胡錦濤明白它不會威脅國家的穩定，也不影響黨對軍隊的權力與控制。林中斌說：「胡錦濤知道主要敵人不在外國，而是內部的貪官汙吏。」

注釋

1 Robert Lawrence Kuhn, *The Man Who Changed China*, Crown Publishers, 2004, p. 193.

2 Alice Miller, 'With Hu in Charge, Jiang's at Ease,' *China Leadership Monitor*, No. 13, Hoover Institution, Stanford University, Winter 2005.

3 《求是》，二〇〇九年四月一日。

4 引自James Mulvenon, 'They Protest too Much (or too Little), Methinks: Soldier Protests, Party Control of the Military, and the "National Army" Debate', *China Leadership Monitor*, No. 15, Hoover Instiution, Stanford University, Summer 2005。

5 *CASS Review*, 24 February 2009.

6 www.chinainperspective.org/ArtShow.aspx?AID=1503; David Shambaugh, *Modernizing China's Military: Progress, Problems, and Prospects*, Berkeley: University of California Press, 2003.

7 九萬的數字引自You Ji的文章，收於*Civil-Military Relations in Today's China: Swimming in a New Sea*, edited by David Finkelstein and Kristin Gunness, M. E. Sharpe, 2006。

8 詳見M. Taylor Fravel, 'China's Search for Military Power', *Washington Quarterly*, Summer 2008。

9 關於王小東觀點的最新闡述，可參考宋曉軍、王小東、黃紀蘇、宋強、劉仰，《中國不高興》，江蘇人民出版社，二〇〇九。

10 有關余秋里官場生涯詳情，可參考《余秋里回憶錄》，解放軍出版社，一九九六。

11 其他來源，見http://vip.book.sina.com.cn/book/chapter_68782_45640.html。

12 數字引自James Mulvenon, *Soldiers of Fortune*, East Gate Books, 2001。

13 除了關於此事件的公開報導外，也可參考http://www.coobay.com/bbs/disp?id=8784587847846001、http://www.eai.nus.edu.sg/BB278.pdf、http://tt.mop.com/backyard/read_182426.html。

14 http://www.chinamil.com.cn/site1/xwpdxw/2008-10/19/content_1514486.htm.

15 請見Alice Miller的文章，收於*Civil-Military Relations in Today's China: Swimming in a New Sea*, edited by David Finkelstein and Kristin Gunness, M. E. Sharpe, 2006。

16 引自Bo Zhiyue, 'Do Family Connections Matter in the PLA in China?', East Asian Institute Background Brief No. 278, 29 March 2006。

17 Shambaugh, *Modernizing China's Military*.

18 這段對話引自《中國數字時代》，二〇〇七年三月二十七日。

19 Robert Kuhn, *The Man Who Changed China*, p. 260.

20 Susan Shirk, *China: The Fragile Superpower*, Oxford University Press, 2007, p. 196。該書對這段時期有精彩的記敘。

21 以下多數的引述來自二〇〇九年五月我對閻學通的個人訪問。其他有關他對台灣問題的看法以及他的道歉，可參考：http://www.chinaelections.org/NewsInfo.asp?NewsID=129345、http://news.xinhuanet.com/globe/2004-07/15/content_1603151.htm、http://opinion.huanqiu.com/roll/2009-04/433045.html、http://humanities.cn/modules/article/view.article.php?c10/286、http://blog.voc.com.cn/blog.php?do=showone&uid=416&type=blog&itemid=49003。

| 第五章 |

上海幫

黨與貪腐

我們……從城市的一個角落被政府趕到另一個角落。除此外，我們還要忍受非法的監控、搜家、遣送、刑拘、勞教、判刑、關精神病院、電話監聽、騷擾等各種形式的打擊報復。

——鄭恩寵，上海律師

如果我沒有弄錯的話，我國私營企業創造了國民總產值的四〇％多，我們上海的國營企業創造了上海總產值接近八〇％，如果要談誰最堅持社會主義的問題，難道不是上海最堅持社會主義嗎？

——陳良宇，上海市委書記

小蝦米對抗大鯨魚

二〇〇二年夏天，一小群當地居民有氣無力地穿過舊上海弄堂來到地區法院前，專挑街道蔭涼的一旁走，躲避炎熱。這是第一場抗議，看來有些散漫無章，領頭者是四十一歲的餐館老闆徐海明，他身材瘦長、態度溫文儒雅，就像這場抗議一樣低調。

徐海明在上海市中心靜安區的生意反映出同樣的調調：三層樓的茶館兼餐廳，裝潢是藏族風格，帶有反文化的嬉皮風，這種風格是當時都會青年的流行時尚。突然變得富有的他們，開始覺得中國較為富裕的城市可以有一種從容過活的方式，而不是一定得爭個你死我活。徐海明兩年前在靠近南京路的舊租界區買了個邊間，南京路是上海市中心主要購物街，蜿蜒穿過舊法租界直抵黃浦江。他付了五萬美元，並把畢生積蓄用來重新裝潢。

徐海明從沒想過要利用茶館表達政治觀點。牆上既沒掛西藏精神領袖達賴喇嘛的照片，也沒有其他可能挑釁當局的東西。問題出在徐海明開店時機不對，而不在他的藏學研究。正當生意稍有起色時，徐海明收到區政府通知，勒令他搬出。靜安區的官員把房子賣給一名建商，換取一部分預定要蓋的建案。官員為了推動建案並拿到好處，所以就趕走了徐海明。他說：「他們問都沒問過我，就說要拆房子。」

九〇年代和二十一世紀初，上海數十個夾雜於租界地洋樓的社區被剷為平地，有數萬人生活其中。在城內留下的多處廢墟，活像盟軍轟炸後的柏林。接著就是瘋狂的重建，成為有史以來最大一次建築榮景。光是二〇〇〇年至二〇〇五年間，就開發了兩千萬平方公尺的城市土地，相當於三分之一的曼哈頓。數以百計的新摩天大樓和公寓大廈在短短幾年內聳立，除此之外，還有十年前便已展開的大規模建設計畫。在上海主要都會區的對岸，也就是曾經是個小村莊的浦東，已打造出一個完整的金融區。

大家各憑本事賺大錢。像徐海明這種市民，在房市大好、有錢可賺之際，有勇氣擋在推土機前，所冒的風險絕不僅止於他們的生計。在上海，他們發現自己要對抗的是靠出售土地獲利的市府，以及靠這些開發案發大財的開發商和個別官員。**對抗地產商，等於畫把紙刀對付大權在握的市委書記陳良宇及他底下一整票腐敗官員。**

鄭恩寵是上海一名律師，他因為持續接受居民的控訴委託而多次被捕，在二〇〇七年黨代表大會前，他寫了封公開信給胡錦濤，譴責上海最高領導人，而所言並未誇大其事。鄭恩寵說：「我們……從城市的一個角落被政府趕到另一個角落。除此外，我們還要忍受非法的監控、搜家、遣送、刑拘、勞教、判刑、關精神病院、電話監聽、騷擾等各種形式的打擊報復。」他指的是居民被迫離開市中心的家和小區，然後被隨便分配一小間遠在郊區的新房子。

街頭遊行後，徐海明出庭，旁聽席擠滿了支持者，他在三名法官前拿出一疊房產證說：「政府任何強迫我們遷出的決定都屬非法，因為我們國家的法律保護我們的所有權。我們敢來法庭，是因為我們仍然相信法官的品德完整和法律制度的健全。」實情是，徐海明知道他不可能在法界找到人相挺。控制法院、任命法官並付法官薪水的，就是徐海明所對抗的市委和區政府。話說得冠冕堂皇是為了討好聽眾，是迫使市府和狼狽為奸的地產商給他一個較公平的、交易的公關用語。從一開始，他之所以要在法院和媒體挑釁，就是為了引起體制內唯一能扳倒陳良宇和上海幫的機構注意，也就是黨的反貪腐機構，亦即位於北京的中央紀律檢查委員會。

光是紀委展開調查的可能性，就足以讓任何黨官不寒而慄，雖然方式和許多人設想的不同。在接受刑事偵查時，中國的高階黨員很像美軍成員。執法機構或其他外界機構不能就他們的刑事罪行加以逮捕，他們必須先接受黨的調查。**中央紀委是黨內的反貪機構**，只要認為有立案調查的必要，便有權調查和扣押官員。某官員在解釋這套制度的邏輯時說：「國有國法，家有家規，在黨內你必須遵循黨規，這是最重要的。」

「黨規」很簡單。想偵查任何官員，紀委必須先得到比政府機構高一級的黨單位同意。換言之，層級越高的官員，紀委越難獲准調查他們。中國成串的貪腐官員，加上司法單位的無情懲處，有時給人黨打擊貪汙無畏不偏的印象。但紀委絕非有「鐵面無私」之稱的奈斯（Eliot Ness，譯注：美國以打擊私酒聞名的特派員），而是只能在限定的範圍內進行調查。審批過程偏袒最高領導人免於任何深入的調查，意味紀委無處不受制於政治和政治鬥爭。

上海門檻設得尤其高。它不僅是中國的商業首都，在黨內，上海屬於省級地位，也享有同級特權。陳良宇是上海市委書記，曾為政治局一員。調查陳良宇與其親信的唯一方法，就是到北京找高於上海第一把手的人，爭取胡錦濤本人與九位中常委全部同意。但中常委裡有幾人是上海幫大老。徐海明運氣好，他在上海發起「還我公道」的運動時，上海在北京的政治行情沒落。但還是需要幾年時間才能公開醜聞，才能看清背後的政治交易。

只貪汙一百萬美元，該算是清官

負責奧運施工工程的前北京副市長劉志華，二〇〇八年九月以收賄約一百萬美元被定罪，網民在網上貼文嘲諷他拿太少了。某部落格上寫道：「這不是筆大錢！他應該算是清官了。沒有必要審判，放了他吧！」[1]

中國領導人警告大難臨頭，貪腐造成的威脅可能終結黨的執政，這在過去二十年已成為高層政治演說的例行公事。胡錦濤二〇〇六年對中紀委的講話，直接指責黨官的濫權，引發日益惡化的社會衝突和公開抗議。他說：「埋藏在社會的不定時炸彈危機，隨時會爆炸，而引發連環性的爆炸，會導致全局混亂和管治癱瘓。」儘管聽起來很慎重其事，但胡錦濤對貪腐的警告，和他的前任江澤民針對同一主題所做的悲觀聲明沒什麼兩樣。每次有新的醜聞曝光，官方媒體都大肆抨擊並表示震驚，接著是高級領導人傷感的發言，表明黨要對貪腐進行生死存亡的鬥爭。每個人都發誓要更加努力，但實際上一切照舊，因為反貪腐體制沒變，那就是實際上等於任由高官自我監督。只有一件事，久了會有驚人的改變，那就是賄賂的規模，現在賄款動輒高達數百萬美元，即使是層級相對較低的官員亦然。

在惡名昭彰的廈門案中，一名狡猾的文盲商人，幾乎賄賂了整個市政府和軍方，未繳關稅，從這個沿海城市的港口走私了逾六十億美元價值的貨物。九〇年代後期事件爆發後，廈門案震驚了中央政府和一般百姓。但更司空見慣的是全國各地都發生高級官員貪瀆的案件，包括貧困落後地區，官方媒體頻頻報導貪腐事件，到最後變成見怪不怪。

二〇〇九年在本章撰寫的幾個月中，遙遠西部的新疆烏魯木齊鐵路局主任被控挪用三百六十萬美元；上海一個掌管物業的中層官員收取一百萬美元賄賂的判決確定，被迫放棄自己價值近六百萬美元的房地產；四川靠近成都一個小鄉，黨委書記和當地房地產公司的老闆，因為收受兩百五十萬美元賄賂而被處死；廣東一個最窮的市，當地公安局長被發現家裡藏了四百四十萬美元的現金；西部的重慶某開發區的領導因為私吞三千兩百一十萬美元公款，並在涉及三十名其他官員的案件中收賄一百四十萬美元而被判刑；東北工業區的長春，某區公安局長的辦公室被發現一百九十萬美元的現金；蘇州分管建設的副市長，因收受約一千兩百萬美元賄款而被判刑，這是記錄在案最大的單一一筆賄賂。[2]有這麼大筆錢等著送，難怪主持十億美元建設預算的北京副市長，會被譏笑說他太小兒科了。

在這個每年製造許多新百萬富翁的國家，利用官職賺錢的誘惑難以抵擋。數千年來，中國官僚體系的官員向來享有在政府機構工作的地位、權力和威嚴。但是特權和權力渴望並非爭取政府職位的唯一驅動力。很多人想擔任公職，正因為可以藉此賺錢。王明高是中國社科院規畫的《中國懲治和預防腐敗重大問題研究》課題組組長，研究題名本身不經意透露政府部門不夠乾淨，他說：「現在做官根本就只為了發財。」如果官位沒什麼油水，買賣官職的黑市生意就不會大好，因為公職就不再具有金錢價值。

目前的正式工資水準是另一個貪瀆誘因。[3]黨政高層薪酬福利雖未公開，但薪水這麼低，以致部長在公開場合抱怨連連。二〇〇七年陳至立還是內閣成員時，某大學教授向她抱怨說，自己年收入低於一萬三千美元，陳至立便問參加同一論壇的科技部長年薪多少，當時的科技部長徐冠華說，他的月薪大約只有一千三百五十美元。陳至立補充說，她自己的薪水大概是每月一千四百五十美元。即使有額外補貼，如住房、汽車和終身退休金福利，高級官員的正式薪水還是少得可憐，因此難免會中飽一些非法收入。某位兼具政商身分的人後來因貪汙而入獄，他說：「官員過著三種生活，一是公共生活，二是私人生活，三是他們的祕密生活。」

一篇尖刻但廣為流傳的網文，張貼於二〇〇九年七月的匿名部落格，把隱藏惡行的貪官叫做「**新興黑領階層**」：「他們開名牌汽車，出入高檔酒樓、高級夜總會，乘坐頭等艙或軟臥，住星級賓館，擁有黃金位置的幾處豪宅，購買全套紅木家具，在位置最好、景觀最佳、裝修最豪華、品質最安全的辦公大樓上班……他們打高爾夫球，公派出國，享受奢華生活。他們就是新興黑領階層。他們的衣服是黑色的，汽車是黑色的，工作是隱蔽的……他們的一切是隱蔽的，就像站在黑夜裡的黑衣人。」

貪腐盛行於政府高度介入且行政裁量權頗大的領域：海關、稅務、土地買賣、基礎設施開發、採購和其他受政府監管的部門。二〇〇八年最熱門的政府職務，不是在北京的外交部和財政部這種菁英職位。收到最多申請函的十大政府機構，有八個是省級稅務局，全都位於沿海繁榮地帶，以廣東為首，其餘兩個是上海和深圳的海關。最乏人問津的十個部門全是省統計局。[4]

位於北京城西，作風低調但辦公環境現代化的中央紀委總部，其全職人員約為八百名。就像組織部和宣傳部，反腐工作也是地方分權，各級政府及每個政府機構都設有分支單位。每個省、市、縣政府及轄下的官方組織，都設有反貪汙委員會或派有代表，監視黨員行為。在大型國有企業內，紀委也派駐代表。從表面上看，紀委的調查人員及其代表遍及全國各地，似乎滴水不漏。但事實上，該機構打擊貪腐的能力式微。

中紀委目前的形式始於七〇年代末，其組織結構已跟不上時代，因為它的設計前提是官員和市民只在一個崗位工作，工人、貨物和資本都不流通，「貪腐只限於個別一些人或少數人的勾當」。據熟悉中紀委運作方式的學者薩皮奧（Flora Sapio）說，紀委的工作人員通常是「共產黨通才」，教育水準低，法律培訓和調查技巧不佳或甚至完全欠缺。[5] 現代中國的貪腐及其所涉及的驚人財富、繁複的事業單位、阻人於外的政府帝國、大規模的既得利益和全球影響力，完全超越傳統紀委能力所及。

介紹中紀委工作人員的文宣，不經意地凸顯反腐幹員不敵根深柢固的貪汙的事實。二〇〇五年中國媒體播放浙江省反腐官員李有星的專訪，他抱怨八年沒有放假。在富裕的台州市裡，他仍住在破舊的木屋，裡頭有張補過的沙發、老舊的冰箱和壞了的電視機。他的妻子夜間醒來，害怕有人要殺他們而尖叫。李有星繼續奮戰，他說：「作為黨的幹部，在自己的願望和組織需要不一致時，應該無條件地堅決服從組織的需要。」又說：「怕死就不（該）當紀委書記，怕丟烏紗帽就不（該）幹這一行。」[6]

為了提高紀委的勝算，黨允許紀委來硬的，對獲准調查的對象可以放手處理。紀委最可怕的武器就是拘留權。紀委傳喚人時不考慮法律細節。根據「雙規」的程序，黨要求嫌疑人在規定時間到規定地點就案件所涉及的問題做出說明，但實際上的作法卻等同於紀委綁架官員並拘押他們進行審訊，直至決定是否要正式起訴為止。被調查的官員沒有權利打電話給家人或聘請律師，可以未經審判拘留長達六個月，其間法律不得干涉。

但在另一方面倒是很替嫌犯設想：什麼地點都可以留人，辦公室、宿舍、醫院都行，只有一個限制，就是必須是平房，或在大廈一樓，避免再三發生因企圖逃亡而喪命的事件。九〇年代後期，幾位接受審訊的高級官員，從扣留他們的高樓囚禁處跳下自殺。薩皮奧指出，紀委官員甚至「跟著當事人進廁所、剝奪他們的睡眠、晝夜不停盤問、有技巧地無情拷問，接著再曉以溫情」——為逼問恐怖份子，小布希政府引起高度政治爭議的一切無情手段，在中國，共產黨為了取得嫌犯合作早視其為合法。若紀委認為官員在調查時主動配合，通常是因為他們供出不利於他人的證據，那麼他們會獲准返回原崗位工作，但這種情形並不多見。而且，幾乎沒有人在被雙規一段時間後事業還能有所發展。這是一種瀕臨死亡的經驗，之後必然在受押者的身心留下疤痕。矛盾的是，這也是被懷疑的官員挽回顏面的最後機會。

不用顧及法官和陪審團，紀委做出的裁決，透過不尋常的機制加以公告，就是宣布嫌犯被開除黨籍。只有這時，案件才正式提交給檢察官。因嚴重貪腐遭到開除黨籍處分，等於是在法庭被判有罪，即使審判本身及正式的判決和量刑，可能是幾個月或更長時間以後的事了。一旦官員移送司法，他們的命運已經決定。北京律師錢列陽是政府指派給被控貪汙的官員的辯護律師，他說：「在被雙規時，涉嫌人還可以努力爭取個人自由或接受降級處分結案。」他承認，案子一旦進入法庭審理，唯一要爭的就是刑期的長度，而不是有罪或無罪。他說：「當他們被移送司法後，就失去所有希望，這意味政治生涯的終結。一般來說，我接受個案時，都是在他們精神狀態最差的時候。」

「老百姓的眼睛雪亮，許多案件靠老百姓舉報」

黨或至少黨某些可以控制反貪組織的部門，善加利用紀委的黑暗權力所形成的恐懼感。紀委以「沙子」稱其眼線，將他們摻進鎖定的目標或懷疑的機關。上海某報主編涉入土地醜聞時透露，有人告訴他，他的下屬之一替紀委工作，但他不知道是誰。他說：「有可能是清潔工，也有可能是副主編。」

按照定義，紀委暗中工作，大多數的舉報隨著中國的八卦和閒話文化以匿名信和申訴的形式送到辦公室。此外，在海外的中資機構遭到起訴時，或是其他調查案中發現的事證，也會導致貪腐的曝光。但最有利於紀委揭露貪腐的，並不是公開調查。王明高估計約六〇%至七〇%

的調查是因有人舉報。《人民日報》報導，在一些省分，這個數字甚至高達九〇％。王明高說：「老百姓的眼睛雪亮，許多案件靠老百姓舉報。」

很多告密者當然偽稱自己是「老百姓」，其實他們往往是敵營的打手，存心破壞個人和政治對手。在高層政治鬥爭，如上海案中，匿名黑函必然洩漏給香港的中文報紙、外國媒體，或最近幾年的境外中文網站，希望這些資料可以出口轉內銷，吹回中國官場。匿名信是唯一安全的方式，無論是一介平民或小官員，都可以舉報上級的貪腐行徑而不被騷擾或甚至自己遭到逮捕。

以犯罪小說的形式來揭露貪腐，是另一種攻擊對手的伎倆。這類小說之所以在中國盛行，靠的是大眾對墮落的幹部及其貪婪的家人和情婦的不滿。但是這些小說也有巧妙推倒某人的作用，揭露真實的貪腐事跡，情節與真實事件雷同。最著名的影射小說是一九九五年的《天怒》，該書詳載當時的北京市長陳希同遭到免職的經過，有著官方媒體報導絕對看不到的聳人聽聞細節。書中，北京市委書記的兒子瘋狂侵吞政府資金購買豪宅，並數次在五星級酒店的愛巢錄下和父親玩３Ｐ的過程。對政敵陳希同發動調查的江澤民，在官方認為書中披露過多醜態而查禁前，還曾大加讚賞該書。

官員正因害怕可能被匿名舉報，所以大費周章，隱瞞任何可能使人懷疑有潛在不法的行徑。中國建設銀行是中國三大放款銀行之一，二〇〇二年美國一家金融公司邀請當時的行長兼董事長張恩照到加州著名的圓石灘（Pebble Beach）球場打小白球。他要求主方替他買球桿。中國就像其他亞洲地區，打高爾夫球成了相當受歡迎的商業聯誼運動，但官方不支持，因為它使用政府認為應用於農業的稀有土地和水資源，甚至以高爾夫球對整體民族的傷害，稱其為「綠色鴉片」。身為高級官員，張恩照私下對主方說，他不希望在北京自己背著球桿上飛機，引起「不必要的注意」。他要求對方在球場把球桿交給他。[7]

張恩照這套把戲，最後對他沒任何好處。二〇〇五年三月他被紀委拘留，在一件美國訴訟案中，他被指控收受賄款約一百萬美元，送錢的就是請他去圓石灘的公司。三月中旬某上班日的傍晚，張恩照在北京家中突然接到紀委一通電話，要他在家等候。然後，張恩照打了通電話給同事，請同事代為出席兩天後已承諾要去的演講活動。據銀行高級行員引述他的話說：「我去不成了。」然後就掛了電話。約晚上八點來了輛車，把張恩照從家裡帶到紀委總部接受盤問。從此他未再在公開場合露面。約十八個月後，他終於以賄賂罪上法庭受審，判處十五年監禁。

中國建設銀行已預定數月後在境外發行股票，負責該項業務的某顧問說，聽到張恩照遭到的指控，「溫家寶火冒三丈」。領導層震怒，因為醜聞可能讓多年的金融體系改革化為烏有。但等溫家寶冷靜下來後，他可能也想到，能逮到張恩照，算是領導層運氣好。即使逮到人，張恩照此案，仍凸顯了反貪腐體制另一大敗筆，也就是高級官員主要靠自我監督和調查的事實。

一如所有大型國有機構，中國建設銀行監事中有一位高階主管是紀委駐銀行的代表。這位高階主管執行黨幹部該做的政治任務，在銀行內傳達黨最新的反貪汙規定，他還負責處理行內關於貪腐的投訴，所有貪汙指控都先送進他的辦公室。在張恩照案中，不難發現這套體制先天性的弱點：銀行內的紀委代表，要對階級更高的銀行黨組書記張恩照負責。換句話說，代表除了注意公司，理論上也要監督他的老闆張恩照，而當初任用他的也是張恩照。張恩照只是運氣差，海外投訴直接送達紀委北京總部。如果是在銀行內指控，而不是在美國，等於是要張恩照批准調查自己，這顯然不是他會做的事。

黨經常煩惱要如何制訂一個有效的制度以監督「第一把手」，如中國建設銀行的張恩照和上海的陳良宇。北京中央黨校學者牛余慶表示，黨組織的領導人，不論在省市政府或國有企業，似乎很少要為錯誤行為負起責任。他說：「有人凌駕於制度之上，或游離於制度之外。」部會與企業內的紀委代表，很少把轄區內發現的貪腐案件向更高層級報告，因為他們怕若未得到高層支持就會被當成內奸。另一位黨校學者李永忠說：「他們要麼不敢（舉報貪腐案），要麼就是不願意。」[8]針對這個弱點，李永忠提出改進建議，讓紀委另外成立一個獨立機構。建議當然不被接受，因為黨不會允許任何機構獨立行事。其他建議因為同一理由也不被接納。牛余慶說：「幾十個文件管不住一張嘴，十幾個部門管不了一頭豬。」[9]

像牛余慶和李永忠等中國學者，寫了許多尖銳的批評報告，批判反貪汙體制的架構是如何不夠獨立和有效。但他們在黨校的職位，使他們不能做出明顯的結論，那就是只要任由黨和個人自我監督，制度性的貪腐就會繼續滋長。一名台灣學者說出了大陸學者的主張背後的邏輯：「如果黨聽從兩人的建議，成立獨立的反貪腐機構，不啻接受孟德斯鳩（Montesquieu）提出的

『三權分立』，而中共長期以來就斥之為資產階級的腐朽觀念。」

規定紀委必須得到上級機構的政治許可才能進行調查的最大受益者，就是國家最高領導層。若不發生政爭，紀委無從得到許可去調查政治局九位中常委之任何一人，除非他們自首。前高級領導人的兒子告訴我：「他們有點像是凌駕法律之上。」同樣地，他們的資歷也能保護直系血親，並嚴禁公開討論高層領導人和家人的私人和商業活動。

台灣珠寶商二〇〇七年在北京鑽石展遇到**溫家寶的妻子張培莉**，引爆了一場風波，由此更可看清與領導人家屬有關的禁忌。張培莉長期擔任中國珠寶協會副主席，據說她對在中國做鑽石交易的公司享有保留利益。張培莉讚美台商的展場，讓這位珠寶商受寵若驚，並以仰慕的口氣和台灣一家有線電視台大談夫人身上幾件昂貴首飾，他估計約值三十萬美元。這位才剛開始在中國做生意的天真商人，很快就意識到，在他說的話被港台媒體大肆報導後，他已一腳跌進中國最嚴密的禁區。幾天內，台灣珠寶商在港台買下中文媒體的整版廣告，向張蓓莉道歉並指責媒體扭曲事實。[10]

溫家寶的妻子引人注目，因為她參與奢華的鑽石生意，與她丈夫精心維持的廉潔謙遜的總理形象背道而馳。若他們身處的是一個開放的政治文化，他的地位和她從嚴格管制的行業致富之間的明顯利益衝突，當然會成為公眾討論的焦點。但在宣傳部密切注意下，張蓓莉的商業活動消失在黑洞中。溫家寶本人很謹慎，從不帶她在公開場合出現，媒體也不准報導她的商業活動。香港政論雜誌《開放》主編金鐘說：「這與中國政府提倡的開放氣氛和形象矛盾。西方國家習於看到政治人物帶著配偶出現公共場合。就算江澤民的愛人老了，他仍然到處帶著她，朱鎔基、李鵬和現在的胡錦濤都如此。為什麼溫家寶不呢？有什麼理由不讓他的妻子露面？中國沒有人敢觸及這點。」

禁談張蓓莉，同樣也不能談**胡錦濤的兒子胡海峰**曾經主持的公司被控行賄的事。這對胡錦濤尤其尷尬，因為在此之前，他還被人誇獎能管好家人，不像江澤民。二〇〇九年七月事情在非洲南部納米比亞曝光後，中國網路警察視封鎖胡海峰案的消息為第一優先。當局大展審查長才，封鎖網站有關此事的報導。因此，儘管《紐約時報》和《金融時報》（*Financial Times*）網站在中國並未遭禁，但胡海峰案件的消息則被擋掉。同樣地，需要訂閱和輸入密碼的Factiva新聞服務公司雖能在中國境內正常運行，但只要用戶試圖叫出納米比亞案的報導，就會中斷連線。

如果他們夠謹慎，不在境內濫用權力和財富，或是像張蓓莉和胡海峰，不讓媒體報導他們的商業活動，那麼，幾乎**沒有人碰得了高層領導人及其家人**。王明高說：「如果皇帝不希望調查人員追查腐敗案件，那就到此為止。如果他們調查到皇帝的親屬，將觸及皇帝的核心利益。基本上，他們是試著以個人權力對抗一整個階級的人。」唯一能打破這個平衡的，只有高層政爭。

九〇年代中期，江澤民以貪腐指控扳倒北京市長陳希同，象徵他在首都行情上升，握有真正的權力。最初他只是個軟弱的領導者，受制於任命他的元老，接著他逐步有技巧地建立自己的權力基礎，在中央政府高層培養聽命於他的上海人。「上海幫」稱雄北京長達十年，他們為家鄉爭取各種特權，卻激起其他地方的不滿。到二〇〇二年和二〇〇三年時，上海幫的權力觸頂並開始沒落，讓這個城市和它的領導人落入空前脆弱的情勢。

上海：從「帝國主義的妓女」到「社會主義的櫥窗」

上海在租界時代被稱為東方之珠，是個貿易重鎮，政府和幫派的分際不清。一九四九年毛澤東的草鞋部隊開進這個城市，他們冷眼看著這個放縱的貿易中心，把上海定調成「帝國主義的妓女」，共產黨人對此城施以各種懲罰，關閉私有企業，趕走或拘禁商人、流氓和外國人。到了六〇年代中期，歷史翻盤。曾是黑道天堂的上海，已成為黨極端激進份子的據點。這兩個矛盾的政治暗流對上海撒下的咒語，直到一九八九年才破解。現在讓外國人和外地遊客眼睛一亮的上海能再度翻身，很諷刺地全拜那年對北京和其他城市的軍事鎮壓。[11]

一九六六年，毛澤東和第三任妻子江青利用一小撮上海激進份子發動文化大革命，聲討黨裡反毛的政敵。江青和三個上海來的密友後來被稱為「四人幫」，他們發動激進的經濟和藝術革命。毛澤東死後，他們試圖把權力擴及整個中央政府。一九七六年十月，即使四人幫倒台並在北京遭到拘捕，上海市黨部還試圖繼續對抗，動員當地民兵團體，發動武裝起義對抗北京新領導班底。直到北京準備軍事攻擊，早已厭倦極左領導人的上海市民走上街頭，支持新的中央政府，上海黨領導層才退讓。

黨最新的懲罰，就是把上海改造為國有工業的堡壘，並強迫它把生產獲利全部上繳北京中央政府，不得將錢留在上海進行再投資，就像五〇年代一樣。一九八三年，上海上繳中央政府的稅收，比北京三十三年來投資上海的總數還多。上海在北京壓制下停滯了四十多年，直到九〇年代初政治再次介入，但這次對它有利。[12]

鄧小平為了尋找振興經濟的方法，並抵擋左翼在八九民運後對他的抨擊，一九九二年他南巡並重返政治舞台後，把上海變成他的王牌。鄧小平自責在七〇年代後期未將上海列入首批獲准發展市場經濟的地區；中國南部和其他地方率先推行鄧小平的改革開放政策十多年後，上海的束縛終於鬆綁。

九〇年代初上海領導人接手的，是個空有偉大商業歷史、卻無實際商貿的城市。他們夙夜匪懈，重新來過。從一九九二年到二〇〇二年，在受到壓抑幾十年的需求刺激下，上海生機昂然。成長的具體成果是城內閃閃發光的摩天大樓、宏偉的公共建築、快捷的高架橋和熙攘的都會活力，在在宣揚著上海和中國驚人的復興。有個形象最能顯示上海的轉變，就是浦東金融區壯觀且神似曼哈頓的天際線，這裡幾年前還是個散亂的農村。

川流不息的外國遊客為浦東的景觀著迷，這時他們通常正在對岸「外灘」某租界時期建築改造的高檔餐館陽台上喝酒。這種給人上海回到商業全盛時期的印象絕非真實。**不像在中國南部和長江三角洲地區，鄧小平的改革開放政策培育出勇於冒險的民營經濟，上海的目標是成為社會主義的櫥窗。欣賞摩天大樓的遊客，很少意識到它們大多是市營企業蓋的。上海絕非許多遊客**

所想的是個自由市場，而是黨理想的化身，類似吃了類固醇的新加坡，兼顧商業繁榮和國家控制。

二十一世紀初擔任上海市長的徐匡迪，是這座城市政治正確的典範。當他在辦公室接見訪客團時，他會去拉每個人的手，在握手之際同時把訪客領到等候的座位，然後招呼下一位客人。市長行程很趕，但和許多人以為的方式不同。徐匡迪是市府中心態最開放的人，他並不擔心本地企業家太少。短期內，他還當它是優點。二〇〇一年，他以權貴才會展露的不自覺說教口吻告訴我：「我覺得家長的引導很重要，尤其在青春期。政府當然不能失去對國營事業的控制；我們不要俄羅斯的震盪治療。看看日本，當它經濟好時，政府扮演強勢角色。台灣和南韓也是如此。後來，當它們採取自由市場原則，便不再那麼有效。」徐匡迪預見上海私營企業到二〇一〇年的經濟產出占比，會從一九九二年時極小的一%成長到二〇%。

當對手指責上海搞資本主義過頭時，陳良宇曾以類似的論調捍衛對上海的攻擊。根據垮台後內參的「陳良宇同志言論選編」，他說：「如果我沒有弄錯的話，我國私營企業創造了國民總產值的四〇%多，我們上海的國營企業創造了上海總產值接近八〇%，如果要談誰最堅持社會主義的問題，難道不是上海最堅持社會主義嗎？……上海建設了我國社會主義市場經濟的榜樣，是我國社會主義經濟發展的方向，上海沒有搞資本主義，這頂帽子戴在上海頭上不適用，這頂帽子戴在我頭上戴不上。」[13]

證據顯示，改革開放十五年裡，上海按照計畫發展強勢的國營企業政策。麻省理工學院經濟學家黃亞生有項了不起的研究發現，在排除中國另外兩個地區後，從二〇〇四年的城市規模和住戶數來看，上海的私營企業數目為全國最少。只有北京和西藏分別因為主要重心是政府和軍隊，私營企業比例才低於上海。結果，上海賺到的錢大部分進了政府口袋，用來支付基礎設施及市府看中的商業項目，當然，也可能因賄賂而中飽私囊。黃亞生說：「上海富裕，但上海人不富。」[14]

九〇年代末之後，上海多了另一個有利的條件：江澤民及其盟友在政治局形成最龐大、強勢、團結的派系「上海幫」，在北京有著強大的政治影響力。上海的治理哲學也對全國造成影響：強調國家永久富強的重要性，以制衡私營企業的快速增加。身為國家權力的堡壘，加上在首都的政治勢力，使上海成為測試私有房產、資本市場、國有企業和社會安全等的重要改革平台。

「上海幫」在北京的影響力，反而矛盾地強化這座沿海城市的政治限制。中央政府不希望其他地方從上海報紙看出首都發生什麼事的端倪。相較於有多個彼此競爭的政府機構和政治議題的北京，上海只有一個獨享大權並時時介入的市政府，以及口徑一致、控制嚴格的宣傳部。八九民運後，上海就成了大贏家，並且頻頻表態，衷心記取天安門廣場的教訓，成為北京設想的模範生。

上海一直謹慎地替自己買些政治保險。許多省市規定，禁止官員在自己家鄉擔任高級職位，以防止地方勢力抬頭，築起壕溝，壯大到可以不理會北京。上海刻意無視於此一趨勢，把市裡最好的工作留給本地忠誠幹部。造成的效果就像坐在深色玻璃車窗的汽車裡穿過城市，可以慢慢、安靜、暗中蒐集情報。上海可以往外看並調查城外的政情發展，但其他省市則無法深入上海觀察。

上海人愛搞小圈圈，最愛說方言，崇洋媚外，看不起自己的同胞。從他們的角度來看，他們的智慧和卓越的商業頭腦，讓他們本就該享有大權與高人一等，上海重新站起只是恢復了他們原有的地位而已。在此期間，上海快步領先其他地區。[15]上海和內陸貧困地區如貴州的人均國內生產毛額的差異，在一九九〇年到二〇〇〇年幾乎拉大了一倍。但是，當上海慶祝得來不易的成功之際，其他地區則大表不滿，認為這純粹是政治特權的結果。「讓我們上海的同志先上車！」這個以目前在中國排隊等上車的人為題的諷刺笑話，道出了他們不滿的情緒。這種反感意味著只要北京變天，上海就會突然變得格外脆弱。胡錦濤修理上海的好處很多，可以強化他的領導，也可以有力地表明他反貪腐和管理經濟的決心不假。由於上海傲慢出了名，打壓上海可以讓其他地區拍案叫好。

胡錦濤與江澤民的角力

一九八九年五月，坦克開進北京幾個星期之前，江澤民被任命為總書記，他還得偷偷進京接旨。慌亂的江澤民在機場由一輛國民車福斯桑塔納（VW Santana）接走，不是高級領導人專用的紅旗轎車。有人要他改穿工人衣服乘車進城晉見鄧小平，以免街頭亂竄的憤怒示威者看到他。[16]

相形之下，江澤民在二〇〇二年的黨代表大會把權力移交給胡錦濤，是黨史上的一件大事；約在同一時間，徐海明在上海收到他的第一個搬遷通知。之所以是大事，不僅因為胡錦濤取代江澤民成為總書記，還因為江澤民同意安靜下台。**胡錦濤取代江澤民不只是一九四九年中國革命後第一次權力和平轉移，也是所有共產主義大國的頭一遭**。另外，**從江澤民過渡到胡錦濤，是根據黨內逐漸演變出的一套規則，訂出最高領導人和部長的退休年齡，並建立總書記和總理擔任兩個五年任期的非正式新限制**。

對一個過去權力交接每每出現問題的極權政黨，能順利從江澤民移交給胡錦濤有其重要性。蘇聯每次權力交接，從列寧到戈巴契夫，都是先有最高領導人死於任內或遭到整肅。在中國，毛澤東提名的接班人，就是可憐的華國鋒，被鄧小平趕下台。鄧小平拒絕擔任總書記，但仍在幕後掌握最高權力，後來又親手除掉他的兩個門生胡耀邦和趙紫陽，後者一九八九年後遭到軟禁至死。江澤民被鄧小平和黨內大老祕密從上海看中，取代趙紫陽。[17]上海黨報前主編周瑞金說：「**胡錦濤的接班，終於讓中國政府走出帝制時代，並確保不會再是一人獨大。沒有人再神化領導人。**」

江澤民下台但並未完全放手，他繼續擔任中央軍事委員會主席二十個月，許多官員斥責他戀棧權位，虛榮又自縱。九名中常委中仍有他的人馬，例如黃菊，他八〇年代和江澤民在上海共事，之後幾年跟著水漲船高晉升北京。江澤民聲名最差的親信賈慶林也受到重用。但是，上海幫在中常委裡的勢力已是強弩之末，二〇〇二年的大會，是上海幫在政治上走下坡的開始。

升任總書記前，胡錦濤十年寒窗，謹言慎行，行事低調，避免和對手公開唱反調。黨最高領導人決心避免再發生一九八九年幾乎讓他們倒台的公開分裂，迫使領導層團結共事。新的集體領導班底亦然，與其讓胡錦濤成為可以隨心所欲主導決策和支配人事的領導人，不如讓他成為同階級（譯注：都是中常委）但排名第一的人。但不管他們多麼配合，江、胡兩人和兩個勢力間的較勁依然存在。江澤民主政時，上海並不歡迎胡錦濤，也不覺得需要他。從二〇〇〇年至二〇〇四年七月間，胡錦濤沒有去過上海，這就好比競選美國總統的候選人從不去紐約。他長期不去上海自有他的政治計算。胡錦濤要確定，當他最後踏進上海時，一定是依他的條件安排，要以總書記之尊。

早在二〇〇一年，上海房地產市場和地方官員公然獲取暴利的報導，透過匿名信、申訴及香港中文媒體和英文外國媒體的報導傳到北京。胡錦濤必須爭取江澤民的支持，但他的陣營當然看得出上海醜聞所提供的機會。曾經入獄的一位前官員告訴我：「腐敗調查一向是可用的工具，是權力鬥爭的主要成分。」胡錦濤陣營的人密切注意上海的醜態如何走漏出城。他們逐步蒐集證據，以剪斷上海的翅膀。之後的三年，二〇〇二年十月被任命為上海新市委書記的陳良宇，其所為讓他個人陷入絕境。不知保持低調，陳良宇正好給北京各種藉口修理他。

陳良宇十七歲加入人民解放軍，退役分派到上海機具工廠前，受過建築師的學院訓練。父親是芝加哥教育出身的有錢工程師，陳良宇到一九八〇年才入黨；在這之前，就中國人來說，他的出身不好，換句話說，因為父親受過美國教育，使他無法從政。文革中，陳良宇享有特權的父親被挑出來批鬥，他則被批鬥成美國特務，還被趕出靠近南京路的大宅院。一九四九年後，在紅衛兵肆虐之際，陳良宇父親的家還有冰箱之類的奢侈品，並有印度門房看管，宛如租界時期。

陳良宇獲准入黨後，自信又自大的個性使他在黨內急速竄升。到八〇年代中期，他主持離退休幹部局，給了他討好黨內大老的機會，他們的提攜格外寶貴。之後，他擔任上海黃浦區區長，任內最主要的成就是壯觀的路燈，每到夜晚，沿著外灘一排租界式建築閃閃發亮，至今還讓遊客驚艷。在江澤民支持下，陳良宇晉升進入市黨委會，接著升任黨委書記。徐匡迪市長是個潛在的對手，但在二〇〇一年的競爭中遭到淘汰，派到北京冷衙門，沒有任何解釋。

徐匡迪也是較晚入黨，因為他厭惡狂熱的思想；另一方面，他始終沒有得到上海幫核心圈的充分信任。徐匡迪開明而有彈性，是上海最佳發言人，經常上電台接聽民眾叩應並回答問題，努力推銷上海的開發計畫。相形之下，陳良宇言語粗魯，絕不是上海的親善大使。一個朋友說：「陳良宇的父親很有素養，他的兒子不應該如此粗鄙，但體制就是會把你變成這種人。」陳良宇和手下一幫人治理上海的方式，是徐匡迪市長辦不到的，因為後者和黨關係不夠。上海某官員說：「一切以他為中心，某種程度上，在上海，他比江澤民和黃菊更有權勢。」

陳良宇身邊全是黃浦區忠誠的舊屬，這個「黃浦幫」經歷了和他們的霸子陳良宇一樣的轉變。陳良宇的政治祕書秦裕曾是一所市立大學溫和而嚴謹的學者，數年後遭到拘留，這顯示陳良宇最後垮台的時候近了。秦裕的朋友說，在辦公室裡，他變得和過去完全不同，自傲自慢，疏遠舊同事。在下屬的八卦中，流傳一則秦裕和前師長吃晚飯時發生的事：秦裕大聲講手機，無視於共餐的人，在講究敬老尊賢的社會，這是一種難堪的失禮行為。

如果沒有發生兩件事，這一切都不算什麼，這兩件事的發生時間隔著幾年，並且交互影響。這兩件事的主角一個是陳良宇，另一個是上海，他們全都上了癮，不惜任何代價推動大工程和加速經濟成長，無論收到北京什麼經濟政策，勒令他們減緩花大錢的工程。但在不甩北京前，房地產大亨周正毅引發的民怨，已把市府拖下水。

上海過去十年大好的房地產市場，造就出幾個像周正毅這種新億萬富翁。周正毅的錯，不在於他是個企圖心旺盛的有錢房地產開發商，這種人多得是。周正毅之所以垮台，是因為他變得貪婪輕率。就像中國其他蒙羞的官員和商界人士，周正毅犯了讓體制難堪的致命錯誤，體制當然要摧毀他。雖然，過程中周正毅變得越來越危險，成了政治目標。當對周正毅的投訴開始流進北京後，首都裡想修理上海幫的人豎著耳朵細聽。從餐廳老闆變成抗議者的徐海明說：「沒有周正毅，我們的際遇可能就糟透了。」

轉機：周正毅案

周正毅是窮工人的兒子，一九九五年開始迅速爬到上流社會，利用生意好的麵攤賺到的錢，買了幾家國營事業的股票，是這些公司上市前轉讓給員工的。周正毅下一回的風險投資依舊時機精確，他把獲利投入上海的土地，當時私人房地產市場正要起飛。這位商人在上海和香港張揚擺闊，在香港買了輛賓利（Bentley）轎車，結交女星，日後娶她為妻，並收購幾家上市公司。他辦公桌上裝了一台倫敦金屬交易所（London Metals Exchange）的電腦，玩他酷愛的期貨交易。在上海執業的會計師胡潤（Rupert Hoogerwerf）於彙編中國富豪榜時結識周正毅，他說：「他是個充滿自信、交易高明的年輕人，腦子清楚記得自己的所有帳目。」不像其他許多企業家，周正毅樂於登上胡潤的富豪榜。在最高峰時，他排名第十一。

被捕前幾個星期，周正毅與其他幾位上海新興企業家，和當時的英國大使韓魁發爵士（Sir Christopher Hum）共進晚餐。周正毅風趣大談自己是暴發戶，他向賜宴主人抱怨，中國企業家比經驗較豐的西方企業家更難提升生活格調。他說，當他剛有錢時，不知「水準和品質」為何物，所以拿黃金裝飾浴室。在知道這麼做品味很差後，他說，家裡任何東西非名牌不買。周正毅當時有個兒子在英國就讀寄宿學校。被問及是哪所學校，他一時答不出來，馬上拿起手機打電話給香港的妻子，她也不知道。然後他打給英國的兒子，總算告訴他校名是米爾菲爾德

（Millfield），是英國一所最難進去的學校。同桌的人問為什麼選擇這所學校，他回答：「因為它最貴。」[18]

周正毅做起生意來就不那麼風趣可愛了。在對中國知名銀行家王雪冰的貪汙調查中，他勉強躲過一次。對王雪冰的調查，扯出中國銀行上海分行幾次借給周正毅的可疑貸款。周正毅安全逃過這次調查，但在最大手筆的一次商業出擊時，他卻傲慢過頭。他取得上海市中心一塊叫做「東八塊」的土地開發權。上海北京西路上有一長排石庫門房子，是一種風行於租界時期的矮樓房。這種房子以十九世紀晚期歐洲的成排連棟房屋為藍本，入口砌上石頭工藝，充滿優雅風味，但七十年後不再優雅如昔。石庫房，就像上海其他許多東西，在共產黨統治下沒人理睬。本來只造給一家人住的房子，可能住了三、四戶人家，他們在文化大革命混亂中強行搬了進來。

周正毅打敗當地最有經驗和最資本化的開發商，包括香港的世界首富之一李嘉誠，取得在上海市中心黃金地段清除舊區重建的權利。周正毅在二〇〇二年與靜安區政府交涉，直接取得土地，他付出很少的錢，換來租用該地七十年的合約，但必須補償和集體安置原有住戶，要分給他們同區新開發案的房子，從而保住歷史悠久的社群。沒多久，住在東八塊的幾千戶人家便知道周正毅無意遵守他談判時的承諾，沒有好好照顧約兩千一百六十家的第一批拆遷戶，周正毅把他們送到上海郊外的公寓，給的賠償也微不足道。

當憤怒的居民開始組織後，上海出生的沈婷在香港家中接到一通電話。[19]沈婷的祖母在三〇年代拿了三塊金條買了該區一棟房子，沈婷在那裡長大，她母親還住在這棟房裡，但即將被驅逐。與丈夫和兩個孩子住在香港的沈婷，決定回上海替母親爭取更好的條件。她向當地房屋局請願，並試圖採取法律程序，但都沒有成功。她開頭找的二十家律師事務所都打她回票。有位律師告訴她：「沒有律師敢打這場拆遷與安置的官司。」另位律師說：「如果我承接，就會丟掉工作。」最後，二〇〇三年四月她母親被強行驅逐一天後，她去敲鄭恩寵的門。

鄭恩寵和周正毅剛好是兩種完全不同的人。他看起來就像個住在郊區、生活簡樸的律師，總是穿著同樣灰暗的衣服，提著同樣破舊的公事包，每天忙著見客。但如果他是個灰色人物，那就是象徵決心和韌性的鐵灰色，以這種態度承接居民的委託案。鄭恩寵答應沈婷接下代表三百名居民的委託案，包括她母親在內，對區政府提出集體訴訟。他還給從餐廳老闆變身抗議份子的徐海明出主意。市府官員隨即試圖嚇走他。鄭恩寵提出集體訴訟後不久，市府查他的稅，但什麼也查不到。他們對他的律師事務所施壓，以「未與合夥人商量便承接拆遷安置案」為由迫使他辭職。接著，當局故意拖延他到新公司執業的證照。鄭恩寵說，掌管律師登記的地方黨組織領導告訴他，上海九〇%的區長抱怨他，還說只要他不接受居民的委託案，就可以領回證照。即使這樣，他仍繼續擔任居民的法律顧問，並替他們草擬文件。他知道替東八塊居民服務是自找麻煩。他告訴沈婷：「這個案子會帶給我大麻煩，妳一定要救我，周正毅可能是上海的賴昌星。」（賴昌星是六十億美元的廈門案走私集團的幕後首腦，後逃亡加拿大。）

上海多起土地糾紛案的消息開始走漏到城外，就像噁心的物質從緊關的門下流出。當區政府官員個人從開發案拿到好處的證據擺在眼前時，不習慣被人嚴查的他們回應笨拙。當我問靜安區委書記孫錦江上海土地醜聞的核心問題，關於他無視於政府規定，以低價買進開發徐海明那片地上建案的股份，他並不認為持股不當。他回答說：「政府鼓勵發展私有經濟。」對官員來說，物產交易太有賺頭了。靜安區政府負責審批房地產開發案的單位，能以低價買到區內開發案的股份；而同一政府的另一個單位住房保障和房屋管理局則收錢驅逐居民，並以遠遠低於市價的方式安排補償。

上海把自己推銷成和紐約與倫敦同樣偉大的世界大都會，對自我形象高度敏感，並使盡全力阻止房產醜聞流傳出去。市府在大型車站派駐便衣警察，留意上訪者離開上海到北京去投訴。一名上海的新華社記者，一直發給北京有關房地產醜聞的報導，因為國家通訊社的工作也包含提供黨內參消息。他被上海宣傳局叫去，要他別再發內參消息。香港記者一向樂於報導大陸的醜聞，尤其是上海的醜聞，因為上海是香港的商業對手；當他們到上海採訪時，會接到電話威脅和近身跟蹤。駐上海的外國記者若報導這些糾紛，也會被加強監聽，與外國記者接洽的人也奉命向國安機構報告對話內容。在報導靜安醜聞後，靜安區自己成立的便衣治安警察便開始定期來看我，問我還要寫些什麼報導。

態度強硬的上海當局全力防止土地醜聞外流，但為時已晚，保不住上海華麗的門面。二〇〇三年五月下旬，北京中央紀委的調查人員來到上海，在馬勒別墅成立臨時辦公室。他們的到來，以及他們展開行動的地點，無異給上海市委和上海紀委一計精心策畫的悶棍。馬勒別墅以仙境般的城塔聞名，靈感得自三〇年代原挪威業主女兒的夢境，多年來一直是共青團在上海的總部，而共青團正是胡錦濤的權力基礎。中紀委調查人員抵達上海短短幾天內，便拘留了周正毅。調查傳達出的訊息無疑具有政治意味。十多年來，北京首次把上海當成重大貪腐案件的焦點，表示它有能力介入閉關自守多年的城市。但如果北京紀委進入上海是要喚醒這個城市，那麼陳良宇顯然渾然不覺，照睡不誤。

出手：陳良宇案

一開始，上海迅速展開防禦。當時仍保留軍頭地位的江澤民，以殘餘的影響力發出一系列有關周正毅案的內部指示，要把案子退回給上海處理。江澤民在宣傳部的親信也展開工作。數萬本長篇報導本案的《財經》商業雜誌，從全國各地報攤撤架。這是這份刊物首次整本遭禁。幾星期後，上海當局採取進一步報復行動，以洩露國家機密為由，逮捕社運律師鄭恩寵，發出這種指控不啻表明，上海當局要拿批評者開刀殺雞儆猴，判他三年徒刑。當時，北京退出周正毅案，留給上海處理。這麼做，可以讓兩個敵對政治陣營各退一步，避免最高領導層瀕臨分裂的傷害。但是，陳良宇後續的行為，很快就讓北京釘牢上海。

陳良宇的第一個錯誤是蔑視北京，輕罪處罰周正毅，完全不處理房地產醜聞。周正毅的三年徒刑只服了兩年，並很快重回房地產業，在中央商務區的昂貴高樓運籌帷幄。後來，事實顯示，周正毅向獄吏行賄。他不但不用做強制性的監獄勞役，還隨時可以會見訪客，在監獄官的冷氣辦公室打電話、看電視。如果陳良宇沒有為了經濟和北京新闢戰場，輕判周正毅並讓他在監獄享受特權都是小事，不會被拿出來炒作。

只要陳良宇及其前任市長還坐得穩，沒有一項開發案會太大或太貴，讓上海解決不了。上海急欲重返國際焦點，不停推出大建案。十億美元的一級方程式賽場幾年就蓋好，讓跑遍全球的賽車迷為之傻眼。前一級方程式冠軍史徒華（Jackie Stewart）說：「沒有一個民主國家有能力這麼做。」[20]一個投資三億美元的網球中心，為了主辦大師杯網球賽（Tennis Masters Cup）而蓋，同樣引來驚嘆讚美。全球第一個商業接駁旅客的磁浮列車軌道，比球場多花了數千萬美元，長不過三十三公里，只為了載送往返機場與商業區的旅客。上海市中心一座租界時期風格的歌劇院，簡直就是不惜成本將它從地基拉起，並移動約七十公尺，以免擋到附近新建的地鐵而被拆除。上海也和迪士尼洽談，要把主題公園帶到上海，並和巴黎洽建上海版的龐畢度中心（Centre Georges Pompidou）。

在附近的大海，遠離淤泥堆積的長江口，上海著手建造世界最大的港口，以填海造地方式連接附近島嶼，再以長達三十二．五公里的跨海大橋連接到上海。無視於上海南方一百公里的寧波，該地是個得天獨厚的天然深水港，只要花一小部分錢就可以使用。上海會投資數十億美元建造自己的設備。

沒有人會責備上海旺盛的企圖心、充沛的精力和高效的執行力。這些工程的任何一項，到了世界各大都市，都可能無法負荷所需的龐大資源，或被沒完沒了的規畫爭執延誤。上海在短短幾年內做好其中多數工程，在一級方程式賽場、網球中心、磁浮列車、港口的第一期工程之外，還有其他基礎設施工程，如新的地鐵路線和橋梁，以及一般建設的激增。相形之下，上海的政治手腕就差遠了，一點也不靈巧。

轉折點是二〇〇四年五月，周正毅被捕後一年，北京宣布急迫的全國性信貸緊縮。中央政府最看重的經濟指標之一，也就是投資率遠遠超出標準，同年比的月增率高達五〇％，一個前所未聞的數字。中央政府快速做出反應，銀行奉令限制放款，地方政府任何大型工程要先送北京審批。從九〇年代初，上海多年來一直自訂目標，也就是它的成長要比全國平均水準多兩個百分點，對一個經濟快速發展、相對較富有的城市，這絕非易事。政策宣布後不久，陳良宇明確表示，不打算放慢城市建設步調，不管北京怎麼說。許多市領導可能也有同樣的抗拒念頭，但只有陳良宇敢大聲說出。

據參加會議的官員說，當溫家寶總理向政治局簡報信貸緊縮時，陳良宇當面頂撞。陳良宇抱怨，政策將損害上海和其他快速成長的沿海城市，如果溫家寶的政策造成公司破產和失業隊伍加長，那麼之後的任何不穩定，總理就要承擔政治責任。多虧胡錦濤打斷，並重申黨中央的重點，才結束了爭論。不過，陳良宇不知天高地厚的行為，改變了情勢。陳良宇公開槓上溫家寶，使經濟政策的不同見解，變成最高層級危險的政治爭端。

直到此時，陳良宇仍有上海幫教父江澤民利用他對軍方的控制提供政治保護。到了當年九月，江澤民交出最後的職務，回上海退休，住在舊法租界死胡同裡一棟隱蔽的大房子裡，地點敏感到上海地圖竟不加標示。胡錦濤現在身兼中國三個最高職位，共產黨總書記、國家主席、中央軍委主席，這對陳良宇相當不利。要除去陳良宇，胡錦濤現在只需要九位中常委的共識，當然也需要江澤民本人的非正式同意，以及貪腐的確鑿證據。

想幫北京修理上海的人一呼百諾。即使周正毅被捕後，受害屋主仍持續進行抗議上海黨委和市府的活動。包括沈婷在內的請願團體，二〇〇三年和二〇〇四年定期在上海主要火車站避開警衛張貼大字報，並到首都直接投訴，浩浩蕩蕩帶隊到不同政府部門尋求申訴機會。首先，他們去國家信訪局，然後到黨中央的政法委員會，再到國務院法制辦公室。他們被上海安全人員包圍攔下，其中一次市府高級官員柴俊勇對他們說：「你們想為難上海市政府，傷害黃菊和陳良宇。現在你們都達到目的了。」據沈婷表示，柴俊勇說：「黨中央現在知道了，你們別再鬧了。只要我們再翻身，就會解決你們的問題。」

請願者沒理柴俊勇，繼續前行，到公安部與建設部，以及其他他們認為可以引起注意的地方。徐海明大約在這個時候來到北京，在天安門廣場進行小型的個人抗議，高舉要求上海政府「停止侵占我們的私有財產」的旗幟，但抗議草草結束，如同在此廣場的多數抗議活動，因為天安門廣場是中國部署警力最密集的地方。徐海明說：「我們持續了約一分鐘。」在這段時期，北京有很長一段時間，充斥上海便衣警察。每位請願人和每場抗議最後都被驅散，但示威者的行動造成的影響比他們所瞭解的更大：每個事件都讓上海難堪，但讓上海在北京的敵人暗爽。

眾所周知，美國水門案記者伍華德（Bob Woodward）和伯恩斯坦（Carl Bernstein）在調查時得到的提示是「順著錢走」。但中國較熟悉的偵查貪腐原則則是「順著家人走」，這也是調查員一開始在陳良宇案所根據的原則。這些年來，沈婷和請願者諸多對陳良宇圖利家人的指控已被證明屬實。市營企業設置多個幽靈酬薪職位給陳良宇妻兒，以交換比較優惠的合約條件。他的父親和弟弟在買賣高價房地產時有人暗中相助，其中包括周正毅。他的內弟因為負責一級方程式賽場而自肥。

追蹤陳良宇倒台最可靠的方法，就是在此期間觀察他身邊的忠臣逐一倒下。這足以成為紀委操作方式的個案研究。二〇〇五年和二〇〇六年，陳良宇上海市府的親密戰友一個接一個被帶走並依據雙規拘留訊問。後來官方媒體嘲諷說，那些所謂陳良宇的好友，紛紛交出調查人員尋找的所有資料。[21]除了被控圖利家人，陳良宇還被控主導調用上海兩億七千萬美元的社保基金，成立一家公司並交由至今其名尚未對外公布的當地商人主持。二〇〇六年八月該商人倒台，顯示重大醜聞即將揭發。該月稍晚，陳良宇的機要祕書秦裕遭到拘留，從那一刻起，黨委書記本人倒台已指日可待。

不久，孤立陳良宇的高層政治交易，開始以中國特有的方式浮出檯面。二〇〇六年八月，為慶祝前總書記八十大壽，中央宣布《江澤民文選》的發行。胡錦濤親自出面讚揚說：「《江澤民文選》的出版和發行，是黨和國家政治生活中的一件大事。」全國的基層黨組發起讀書會學習江澤民的理論，官方媒體搖旗吶喊追捧了一個星期。公開宣布江澤民出書，在中國等於昭告天下，胡錦濤和江澤民已就上海案達成協議。有了江澤民加持，中央政治局常委會正式批准對陳良宇進行反腐敗調查。協議中還有個附加條件，就是不可碰江澤民，也不可碰他的家人，儘管長期以來一直有傳聞說他們藉著商業交易圖利。

中國俗諺說，「牆倒眾人推」。一旦陳良宇遭到羈押，蒙羞的黨委書記各種戀史充斥官方媒體。網上揭露數個前情婦，她們極力否認與陳良宇有一腿。在譴責倒台的官員時，宣傳部在公開他們不檢的行為上總是不落人後。就這樣，貪腐被當成個人的道德墮落，而不是體制使然。

八個月後故事落幕，二〇〇八年三月長春開庭審判陳良宇。長春是日本控制下的偽滿州國前首都，審判地的選擇也有政治意涵，因為它離上海最遠。當局知道，上海法官的職務是陳良宇給的，是他的支持者，不相信他們對於此案會聽從北京的指示審判。在被判十八年牢獄時，被告席上的陳良宇只簡短說了一句：「我辜負了黨，辜負了上海人民，也對不起我的家人。」陳良宇的表情和神色，看起來就和所有被雙規長時間拘留後出來接受正式審判的高級官員一樣。拘留中不能染髮，陳良宇之前一頭烏黑的頭髮變成灰色。

陳良宇被關在北京郊區的秦城監獄，自一九四九年執政後，黨就在這裡關押重要的政治犯。一如其他犯人，陳良宇被單獨監禁，一天只允許放風一小時。監獄派了一小組警衛專門看守他，透過窗戶，可以監看他的牢房和廁所。但相較於其他監獄，秦城監獄算是比較舒適的。

根據一份中國週刊，陳良宇要求自掏腰包購買堅果和紅酒補充監獄膳食被拒。但他的官方每日津貼，僅食品每天就有三十美元，遠遠高於一般工人的工資。[22] 秦城警衛歷來對囚犯恭敬，因為他們從痛苦的經驗學到，倒台的官員一旦被放出，有可能重獲權力。

上海許多官員仍對淪為攻擊箭靶無法釋懷。社保基金所有被轉出的錢都已歸還。他們還補充說，貪腐在上海不比其他地方嚴重。上海別無選擇，只能吞下苦口良藥。一場影片展為市政府的公開懺悔畫上句點，被捕的官員在鏡頭前哭著自白罪行。隨後案子餘波盪漾，影響多個層面。新的黨委書記最終出線，不是來自上海幫。北京空降一位上海紀委書記，和上海過去沒有任何瓜葛。周正毅再次被捕重回監獄，這次被重判十六年。鄭恩寵獲釋出獄不久，就再次被心懷報復的市府當局拘留。

請鄭恩寵當法律顧問的抗爭者徐海明，他的故事則有個快樂結局。他得到比之前好得多的賠償，而投資該地開發案的區政府官員則受到懲罰，被勒令拋售股權。徐海明說：「我們得到房產約四分之一的價值，但高於我們當時購入的價錢。靜安區官員則被勒令以買價出售他們的股份。其中一名官員告訴我，他們一直期待九倍的獲利回報。」

甚至沈婷的抗爭活動也有了些成果，她母親分到一棟更大的新房，比她被趕出東八塊時原先分到的還大。但沈婷本人仍義憤填膺，氣到最後出書寫出她力戰上海當局的經過。二〇〇七年十一月，書在香港出版前，她說接到自稱姓王的上海男性官員一通電話。

根據沈婷，他們的交談大致如下：

該官員表示：「如果你敢出版這本書，我們將讓你看到我們的真面目。你將永遠無法再拿到返鄉證（香港居民一般有權回中國）。」

她回答說：「胡錦濤說，國家應該要有法治，所以我不怕你！」

官員答：「好吧，那麼，你可以去找胡錦濤拿許可證。共產黨只有一個。它不像超市店面，任由你去這家或到那家。」

神祕來電所言不假。沈婷的書出版後，就再也未獲准回中國。王姓官員尖銳地回答**「共產黨只有一個」**還真說對了。**和在中國其他地方一樣，當上海反貪腐鬥爭的規模最後升高到不利於黨自身及它所壟斷的權力時，調查就會戛然而止**。黨會追殺貪官，但也會保護他們，而這一切都有很好的政治理由。黨不能容忍外界調查黨員惡行，因為那麼做等於是割讓黨所壟斷的權力。一如官員私下坦承，獨立的反貪腐鬥爭，追查的線索若超出黨的控制，足以整垮整個體制。

老虎作報告，狐狸拍手笑，蒼蠅嗡嗡叫，耗子嚇得滿街跑

在影射陳希同案的小說中，作者引用一句俗話描述，多數貪腐調查經歷過的幾個儀式性階段。開始時義正詞嚴並且來勢洶洶，最後總是虎頭蛇尾。[23]小說寫道：「反腐敗是老虎作報告，狐狸拍手笑，蒼蠅嗡嗡叫，耗子嚇得滿街跑。」

在《天怒》後面的章節裡，有位北京市的貪腐官員道出不讓反貪腐鬥爭失控的更全面性、

更基於政治現實的理由——失控會威脅黨緊抓的權力。他說：「反腐敗，現在是雷聲大雨點也大。但沒有下不完的雨，過了這陣風就是雷聲大雨點小，再颳一陣子連雷聲也聽不到。反腐敗不可能進行到底，因為所謂的腐敗，不是一個人兩個人的問題。」

在提到幾個著名貪腐個案後，官員繼續說：

> 現在是改革開放的時代，讓我們下台是絕對不可能的。還有一點，體制也決定不可能長期大張旗鼓搞反腐敗。這個政府靠誰來支撐，還不是廣大幹部，不讓他們得點實惠，誰還出來賣命？他們從體制中撈到好處，才會死心塌地地來維護體制的存在。可以說，腐敗使我們的政權更加穩定。
>
> 我們的公務員能和香港的公務員比嗎？能和台灣的比嗎？能和發達國家比嗎？人家公務員薪金高出我們幾十倍甚至上百倍！還有，長期搞反腐敗，必然揭露出許多黨內陰暗面，揭露多了會導致群眾喪失對我們黨的信任，這個歷史責任誰負得了？

上海案是中華人民共和國史上最大規模的貪腐調查。到了二〇〇八年四月，約有三十個官員和商人坐牢。案子要辦到多大、查得多嚴，與政治利害有直接關係。上海官員當然說得沒錯，上海並不比其他地方更加腐敗，然而，在政治上，他們的行為所產生的影響遠遠超出上海。

上述《天怒》裡的官員的論證是站得住腳的，即黨不會設立一個不受政治考量拘束的獨立反貪腐組織。例如，若調查江澤民的家人，會導致什麼後果？獨立調查賈慶林在福建幹了什麼事，及溫家寶妻子的業務往來，到最後會揭露什麼？黨回答不了這些問題。一旦實情開始曝光，沒有人敢說最後會導致什麼結果。

同樣的理由也決定了黨處理過去十年中最大醜聞的方式，就是二〇〇八年奧運會前發生的三鹿案。三鹿案沒有像上海案一樣涉及高層貪腐，但市營的乳業公司企圖掩蓋數以萬計嬰兒中毒的事實，卻和上海有不謀而合之處。兩種情況都是地方官員可以動用超乎尋常且毫無節制的權力，只有黨中央能夠加以拔除，但為時已晚。**黨與政府體制的權力下放，是帶動中國經濟奇蹟的源頭之一；但當它失控時，後果足以致命。**

注釋

1 這些意見是網路上對此事的回文，但後來被刪除，http://news.sina.com.cn/c/l/2008-10-15/021816453877.shtml。

2 本案貪官拿到的好處，是在利用公共資產替建案出問題的建商擔保獲得貸款後，以低於市價買進九棟房子，並接受現金賄賂。他的親屬也分到工作，並且侵吞公款幫助建商償還貸款。在法庭上，這名被告的官員說，不瞭解他的行為違反了任何法律，因為許多官員都這麼做。參考《財經》二〇〇八年十一月十一日網路版。

3 《南方都市報》，二〇〇七年三月九日。

4 排名來自中國最多人使用的入口網站新浪網，排名標準為搜尋特定工作訊息的人數。

5 Flora Sapio, *Shuanggui and Extra-Legal Detention in China*, China Information, 2008 對雙規有深入敘述。

6 http://news.sina.com.cn/c/2005-01-26/20404956537s.shtml.

7 張恩照收受高爾夫球桿的事情，載於美國佛州奧蘭多地方法院二〇〇六年三月六日的Grace & Digital Information Technology v. Fidelity National Financial一案。

8 《學習時報》，二〇〇九年三月十六日。

9 以上引自Szu-chien Hsu, *Reforming the Party and the State under Hu Jintao*, Institute of Political Science, Academica Sinica, Taipei, Taiwan。

10 http://jpos.blog.sohu.com/69302472.html; *South China Morning Post*, 29 November 2004.

11 引自潘翎，她寫了數本生動描述上海的書。

12 數字引自Bruce Jacobs and Lijian Hong, 'Shanghai and the Lower Yangzi Valley,' in *China Deconstructs: Politics, Trade and Regionalism*, edited by David Goodman and Gerald Segal, Routledge, 1997, pp. 163-93。

13 見「陳良宇同志言論選編」（來源：新華社內參部），《中國數字時代》二〇〇六年十月三十一日貼文。英文由Jonathan Ansfield翻譯。

14 數據引自與黃亞生的對話以及其著作*Capitalism with Chinese Characteristics; Entrepreneurship and the State*, Cambridge University Press, 2008初稿。

15 Cheng Li, 'The Shanghai Gang: Force for Stability or Cause for Conflict?', *China Leadership Monitor*, No. 2, Hoover Institution, Stanford University, Spring 2002.

16 Robert Cawrence Kuhn, *The Man Who Changed China*, Crown Publishers, 2004, p. 164.

17 Alice Miller, 'With Hu in Charge, Jiang's at Ease,' *China Leadership Monitor*, No. 13, Hoover Institution, Stanford University, Winter 2005.

18 轉述自數名晚宴出席者。

19 除了採訪沈婷，我也引用她的書《誰引爆周正毅案》，香港：開放出版社，二〇〇七。

20 史徒華引言來自*Dow Jones Newswires*, 15 November 2004。

21 *China Business Focus*, May 2008.

22 詳情引自*Phoenix Weekly*, 15 June 2009。

23 原書英文翻譯取自美國駐北京大使館網站，但二〇〇九年中我再上網已看不到。

| 第六章 |

天高皇帝遠

黨與地方

中南海制訂的東西有時都出不了中南海。

……下邊根本就不聽嘛。

——張保慶，教育部副部長

因為眾所周知的原因，這樣的事我們是無法在那時調查的，因為要一片和諧麼。作為一個新聞編輯，我萬分心焦，我已經意識到這是一個巨大的公共衛事災難，但我卻無法派記者去採訪。

——傅劍鋒，《南方周末》

奧運的序幕、三鹿案的序幕

距北京奧運會開幕只剩一個星期，幾乎就是最後一刻了，中國最大配方奶粉供應商的高階主管被叫來緊急開會。[1]會議室的氣氛旋即轉趨嚴峻，甚至恐慌。

在這之前幾年，中國高層領導人精心規畫奧運會的籌備工作，把開幕時間定在一個吉祥時刻：二〇〇八年八月八日晚上八時。北京早已為這場體育盛事排除一切障礙。開幕前，幾家大型鋼鐵廠被遷出城，並下令道路減少一百萬輛汽車以減少汙染。在海外，政府充分發揮外交攻勢，暫時讓中國人權紀錄的批評者閉嘴。最後，在神經緊繃的賽事前幾天，高層親自介入，換掉原定在開幕式上唱國歌的年輕女孩，改為他們認為更合適的人選。沒有東西可以阻礙體現中國重登世界大國行列的一刻。

八月一日晚，在河北省省會石家莊占地廣闊的三鹿乳業公司總部，奧運會的事讓高階主管苦惱萬分。三鹿一直熱心贊助賽前的慶祝活動。前一天，被黨中央封為「聖火」的北京奧運火炬經過石家莊這一站，出面持聖火者是公司幾位重要成員。現在，三鹿高階主管面臨危機，它可能會把民族自豪的偉大時刻變成讓人民恐慌、讓黨顏面盡失的局面。經過幾個月化解消費者對奶粉的投訴，高階主管剛剛收到不可辯駁的證據，公司最暢銷的配方奶粉摻進大量的工業化學品。營養完全來自三鹿奶粉的數十萬嬰兒等於是慢性中毒。

主持會議的是三鹿董事長田文華，她把一家小城市的乳製品公司變成全國著名的品牌。田文華讓與會的十幾位高階主管激辯數小時，直到第二天日出前，她終於決定要採取哪些行動。她指示要掩蓋真相，而不是向客戶坦白供認汙染。會議決定悄然從倉庫撤回三鹿產品，並逐步以安全的新配方換掉受汙染的奶粉，但不回收已經賣出的配方奶粉，讓它們留在家中用光為止。

田文華原是獸醫，看上去像個學校老師，也有高階婦女幹部的簡樸風格。她在凌晨四點結束會議，並下令刪除詳細的會議紀錄以免外洩。這將是她經營公司二十年來最後幾次的決策之一，她告訴同事：「這是為了控制情勢。」從事後的發展看來，她大錯特錯。

幾週後，當奶粉汙染事件於九月中旬披露，同時生病和垂死嬰兒的事件傳開時，北京黨中央和全國性媒體群情激憤。掩蓋造成可怕的後果。當問題暴發時，奧運早已結束，官方也宣告這是一場成功的盛事，但已有二十九萬名嬰兒發病。許多嬰兒的腎臟受到永久性傷害，六個嬰兒死亡，而因為一胎化政策，他們絕大多數都是家裡的獨生子。

許多公共部門涉及三鹿醜聞。政府各個機構和監管單位的角色、低效的司法體系、鬆懈的食品安全標準、公司法所規定的企業高階主管的責任、牟取暴利的商人，都在醜聞爆發後成為指責的對象。不久，田文華和公司其他高階主管被免職，然後正式被捕和起訴。負責添加化學物的數十位中層主管被拘留，幾人後來被處死。當局的處置確實明快，眾人也的確義憤填膺，但只要瞭解地方政治的人就知道，這股如雷的怒火，同樣帶有瀰漫整個中國公共生活的那種不真實的性質。爭辯的焦點只針對政治運作的前台，也就是人民從媒體得知並在日常生活與之互動的監管單位和法律制度。很少人敢拉開帷幕一窺後台，檢驗在漫長而充滿轉折的演變過程中，黨不透明的權力及扭曲的結構如何促成醜聞的發生。

外表看來，中國權力的源頭在北京，從黨中央向外流出，滋養省市鄉鎮聽話的共產黨幹部，而基層官員本身也巧妙地加強這種印象。無論離北京多遠，受過死記硬背教育的地方領導人，都能對外國訪客一字不差地背出黨中央的最新規定。江澤民主政時，受訪官員無不主動而語氣慎重地把話題帶到當時領導人的標誌性理論「三個代表」。同樣地，胡錦濤當家時，他們無不在討論過程中以膜拜口氣提到胡錦濤政府的中心思想「科學發展」與「和諧社會」觀。無孔不入的宣傳體制，意味著沒有任何官員可以說，他們沒收到新推出的政策的備忘錄。多數人夠聰明，知道要認真學習。

當政策體現的是黨的核心政治利益時，以上的權力描述還算真實。地方官員碰到敏感的西藏和新疆主權問題時，審慎地和北京保持同調；最高領導層的政治指令，如鎮壓非法的宗教活動法輪功，他們也會全力執行。極少有官員會質疑體制的基本結構和一黨統治的必要性。然而，若論及的是攸關地方財政利益的經濟政策，情況就大為不同。不再是首都源源流出的一條河，經濟政策的傳達更像一排水閘，視各個地方的需求，挑選政策執行。某中國學者如此描述這個過程：地方官員先假裝聽從黨中央，接著才讓政策流到下級政府。

地方的抗命，讓北京十分頭痛。二〇〇五年，當時的教育部副部長張保慶抱怨，北京明令幫助貧困學生取得貸款，許多省分卻當耳邊風。他說：「中南海（中央領導人辦公區，緊鄰紫禁城）制訂的東西有時都出不了中南海。……下邊根本就不聽嘛。」[2] 張保慶這番話隻字未提北京苦惱的根源出在黨自己。地方官員在當地擁有幾近獨裁的權力，依仗的就是一個根本性的矛盾：強大全能的黨，造成軟弱的政府與不健全的制度。少了民主政府和開放媒體的制衡機制，使黨的命令基本上和中國法律沒什麼兩樣。

俗話說：「天高皇帝遠。」這句話常被用來描述地方官員離北京越遠，就變得越獨立。事實上，就算地方黨部轄區就在首都附近，仍有可能不讓中央政府知道內情。所以黨機構既自立又不透明，他們有權保密，不只是防民眾，也互相防備。發生三鹿案的石家莊距首都不過兩個小時車程，地方官員為了保護市裡最有價值的公司，一直把北京蒙在鼓裡。但他們也受黨中央約制，確保奧運成功是各地幹部的政治任務。地方的經濟保護主義與全國性的政治運動，本就互相衝突，兩者混合自然產生毒素。

但是，在細談三鹿事件前，不妨先搞清楚，地方政府不聽話，如何成為共產中國最大的優勢之一。在談中國崛起時，人們常把中央領導說成善的力量，身後拖著頑固、腐敗、落後的地方。沒錯，如果可以不被盯上，許多地方領導人的確會不聽北京指示。許多時候，他們這樣做可能是對的，因為像中國這麼大的國家，黨中央無法因地制宜，制訂適用各地情況的良策。黨地方分權的結構，使得地方的權力既是活力也能抗命。

如同獨立公司的各個地方政府

到東北丹東的遊客，最先看到的鮮明對比就是中國繁華的城市和幾百公尺外鴨綠江彼岸毫無生氣的北韓。丹東的餐館和卡拉ＯＫ吧高朋滿座，街道車流擁擠、生意興旺。中國這岸的高層公寓，十年前還只是幾排寒酸的平房。相較之下，對岸還留在摩登社會之前的景象：冒出縷縷煙霧的高聳磚瓦煙囪斜影下，幾隻乾癟水牛犁田，營養不良、一身髒兮兮的農民和衣衫襤褸的小孩子在後面趕牛。

中國許多城市專門生產單一產品，如襪子、襯衫、長褲和皮革，並以地利之便向全球銷售。在石家莊，三鹿公司及乳業是市府的金雞母。丹東離中國心臟地帶珠江和長江三角洲甚遠，當地企業家把丹東變成出口最多馬桶坐墊的地方，當地幾家最大的公司把所有的貨直接賣給沃爾瑪。當地人也眼尖地在漫遊街頭的西方人身上發現商機。當同事和我在河岸附近閒逛，拉客的導遊走近問：「想去朝鮮嗎？」不到一個小時，就有艘船載著我們，順著江水遠離市中心，飛快越過江面進入世界上最封閉、最難接近的國家控制的陸地。

我在二〇〇六年十月採訪丹東快速而混亂的發展，城市的轉型讓人驚奇，但當地政商領袖對我的讚美的反應卻讓我大為訝異。距我前次到丹東這八年來，這座城市已經脫胎換骨，成為熱鬧擁擠的商業中心，但當地人覺得不值一提，還對著稱讚他們快速發展的訪客嘆氣說：「我們發展不夠快。」後來我查了查丹東的成長數字。丹東當年的經濟成長超過一六%。當地人不開心，因為附近的營口港成長速度更快，超過一八%。丹東根本不管全國的經濟成長步伐，只羨慕鄰市並以其為準要求自己。

談中國崛起時，往往會說它的競爭對象是世界第一大國如美、歐、日，或低成本製造中心的東南亞和印度。確實沒錯，中國具有明顯的競爭優勢，如充沛的勞力使成本相對便宜，而且企圖心旺盛，還有過剩的資本與壓低的價格。中國還採納亞洲其他地區經濟成功的許多因素。就像日本，曾低估日圓多年以助長出口。中國也借用台灣經濟特區和工業園區的概念，先試點再推行全國。

然而，走遍中國的人可以明顯看出，另有因素帶動經濟，就是地方之間的彼此競爭，類似達爾文演化論談到的物競天擇、優勝劣敗。就像構成「中國公司」的群魚，每個省、市、縣和鄉村，搶食有助於達到目的的經濟優勢。在香港教學多年並給大陸建言的芝加哥學派經濟學家張五常，花了很長的時間瞭解中國驚人的經濟成長是如何辦到的。二〇〇八年，他曾在北京一次閉門經濟改革討論會說過：「中國人必須對付貪腐、不及格的司法系統、言論和信仰自由管制、既非公營也非私營的教育和健保、外匯管制、不一致的政策及一年數萬次的騷動。」但經濟仍連續三十年成長近一〇%。

中國是怎麼辦到的？張五常在走遍工業心臟地帶珠江和長江三角洲後才明白，關鍵就在地方之間為了商業利益展開割喉戰。地方書記擁有近乎獨裁的權力，在他的地盤跟他過不去就是自討苦吃。他可以把上訪百姓和挑戰他的社運人士關起來，並利用人事權阻止政敵在當地政府擴張勢力。[3]但當涉及經濟時，這個權力也讓地方書記成為世上任何商業重鎮可怕的競爭對手，尤其是鄰近國家。以下是張五常的話：

你想要一張營業執照？地方將指派某人替你跑腿。想擁有一張建築許可？他們會給你一張，還保證拿不到就退錢。不滿意流過場區的骯髒小溪？他們可能會替你造個小湖。他們會幫你找到建築師和建商，到了生產階段，還以合理的薪資替你找工人。他們以低廉的電費、公園和娛樂、便捷的運輸、供水無誤、過去的光榮歷史，甚至女孩多漂亮等等吸引你投資，絕不誇張！

張五常關於漂亮女孩的笑話，是指二〇〇五年安徽某縣舉辦縣花選美，並由她們帶隊到全國各地招商。這種噱頭飽受批評，但當地書記說：「美是一種資產，有什麼不能用的？」據張五常說，這個人口三十萬的地方，常雇用多達五百人專門招商引資。

為了地方公共建設，中國在本世紀出現越來越多的暴力抗爭，領導層對此十分關注。[4]但是，地方政府也批准遊行示威，以爭取投資。二〇〇九年湖南兩個鄰近城市發起運動，要求滬昆高鐵經過當地。婁底市新化縣政府發動「護路運動」，附近的邵陽官員則鼓動成千上萬居民走上街頭。最後，兩地均有滬昆高鐵經過。定案後，政府將核可的抗議遊行照片從網站拿下，確定示威現象不會蔓延。

地方政府在推動當地經濟成長的關鍵角色，意味著每個地方就如獨立的公司。各地促進投資，強迫銀行提供融資，往往還持有事業股份。換句話說，它們的運作就像企業般。同時，地方黨部在其轄區所擁有的壓倒性權力，等於是讓各個行政區域成為獨立的轄區，各自可直接控制當地的法院和商業法規。根據這種方式，每個轄區是家公司，每家公司是個轄區，都想拚個你死我活。

北京夠靈活，知道利用地方活力測試新點子，然後把成功的實驗納入國家政策。八〇年代初的市場經濟允許經濟特區如深圳實行自由投資政策，其他地區則仍緊守中央計畫。衛生、養老金和土地改革政策，近年來都在地方測試其承受力後才擴及全國。

一九七八年至一九九三年是共黨統治權力下放的黃金時期，也是私營企業成長和創造財富的頂點。國內生產毛額在這十五年間成長了二八〇%；一九八〇年到一九八五年，絕對貧困減少了五〇%，實值所得成長迅速。中國數位頂尖經濟學家在一份報告中表示：「如果把中國每個省分當成單一經濟體，這個時期全球成長最快的三十個經濟體中，有二十個是中國的省分。」隨著中央政府對於無法控制省分的定期恐慌再度發作，這段黃金時期也宣告結束。幾位經濟學家說，政策循環的模式很固定：「一放就亂，一亂就收，一收就死，一死就放。」[5] 九〇年代初期起這個政策循環的轉捩點，在於北京震驚其分到的國家稅收遽減，只約占總稅收的二〇%，約為十五年前的一半。該年中央推出新稅制，以確保有更大比例的收入上繳北京。

由地方促進的傲人成長率的缺點，是這種以投資帶動的經濟成長模式太浪費，這個現象已引起全球關注。印度經濟成長率為七％至八％間，其投資約占國內生產毛額的四分之一。相形之下，中國地方政府花錢草率，凡事要和鄰近城市一較高下；而中國把近半國內生產毛額用於投資，不過就是為了超過龐大的印度幾個百分點。只要中國繼續投資大於消費，剩餘的產量就只能到海外尋找新的出口市場。這種類似於造成美國房地產泡沫破滅的經濟失衡，只會持續下去，而不是消失。

如果要評斷胡錦濤和溫家寶重新平衡中國經濟成長模式的能力，他們的第一個五年任期可以說是慘敗，原因大同小異。兩人剛就任時，曾試圖提出自己的政策。放棄前朝政府不惜代價追求經濟成長的計畫，他們提出更親民溫和的發展處方，打造更講求環保、更加公平、更加和平、較少依賴大煙囪重工業和廉價出口的中國。他們唱的高調有一部分是為了政治推銷。中國政客與世界各地的政客一樣，都想和前朝政府做的不一樣。但是，當二〇〇七年胡錦濤和溫家寶大步走上人民大會堂主席台，展開第二個任期時，在之前他們主政下的五年裡，中國經濟擴張破了紀錄。能源密集的鋼鐵業、水泥業和鋁業不但沒有放緩，有些還成長了三倍，貿易盈餘則增加了八倍。騷亂和抗議多到破了紀錄，根據有限的官方數字，這是共產黨統治下的中國最貧富不均的時期。

胡錦濤和溫家寶發現激進的中央徵稅制，非但未能強化北京對各省的指令，還自相矛盾地鼓勵首都以外的地區進行更多不受約束的經濟活動。為了完成各項工程，地方必須籌款，但已無權直接徵稅支付，尤其無權過問教育和健保，只好更進一步插手商業。根據評論員梁京的話，新稅制「把好女孩變成妓女」。為了彌補預算缺口，地方政府「欺負農民、剝削工人、破壞環境，而中央政府視而不見，只關心國內生產總值和稅收，不管過程發生了什麼事」。[6] 一些地方政府為了增加收入推出的地方稅，要錢之凶狠令人髮指。二〇〇九年五月，湖北省公安縣下令公務員抽菸，一年集體至少要抽兩萬三千包香菸，名義上是為了保護「稅收和消費者權利」。該計畫認為，官員抽越多菸，地方就能收到更多稅。該政策因引起輿論撻伐而取消。

多數地方政府轉而透過房地產賺錢，常以出售價格高漲的土地彌補預算不足。專門追蹤農民冤情的學者于建嶸說：「稅改就是指地方政府沒有其他收入來源，因此它們全盯上了土地。」于建嶸說，他的調查發現，河北省政府高達三〇%的財政預算靠賣地，而土地是有限的資源。在整個中國，約有六〇%的抗議是因為人民憤恨地方政府出售土地。

在這種背景下，難怪領導層平衡經濟的政策效果有限。「超級油輪調頭」這個比喻，常被用來形容胡錦濤和溫家寶所面臨的挑戰，他們要花時間才能完成這麼艱鉅的任務。事實上，中國經濟不像一艘超級油輪，反倒更像是任性的小商船組成的船隊，全都開足馬力往前衝，不管整體船隊要付出什麼代價。如果中國繼續投資大於消費，國內經濟終將因重量失衡而搖搖晃晃，更不用說對世界其他地區的影響。就地方政府而言，它們已無地可售。中國領導人無須西方經濟學家或世界銀行告訴他們，目前的經濟模式已經風華盡褪，不管未來幾年還能從這套體制擠出多少成長。決策者深知中國的經濟問題。體制的盲點主要當然是政治性的。

到目前為止，中央政府可以同時維持地方活力與控制過度投資和貪腐的最佳辦法也是政治性的。北京開始挑選小縣的黨委書記到首都中央黨校受訓，而不是到當地小型的學校上課。為了讓他們更瞭解黨中央的優先政策，由政治局委員和部長直接向三千多名縣委書記講課，若他們未來想升職，就得修這些課程。北京曾經不把這些小黨官看在眼裡，嘲笑他們是「芝麻小官」，因為由他們主政的地方，在中央看來實在微不足道。受這些黨官直接控制的人民，以「父母官」尊稱他們，因為老百姓知道，他們能做出要命的決策，不管中央說什麼。北京現在已經開始更加關注他們。

北京精明地利用現代工具管住芝麻小官，放手讓記者和部落格揭露地方濫權，當然，這種方式絕對不能用於北京高級領導人身上。二〇〇九年，一批地方官員因所謂的「人肉搜索」而下台。網上貼出一名負責南京房地產的地方官的照片，他嘴上叼著二十二美元一包的南京九五至尊香菸，載著瑞士江詩丹頓（Vacheron Constantin）錶，市價約一萬五千美元。這位官員辯稱那是隻仿冒品，但他依然遭到解職並接受刑事調查。在深圳，一個喝醉的海事局黨組書記遭到解職，因為網上登出他辱罵他想在洗手間猥褻的小女孩的父親的畫面，他在影片中叫囂：「我（在黨裡）級別和你們市長一樣高。我掐了小孩的脖子又怎麼樣，你們這些人算個屁呀！」在雲南農村，數位獄官被開除，原因是網民諷刺他們對一名囚犯死因的解釋實在太過可笑。這些獄官說，死者是因為和其他囚犯玩捉迷藏導致頭部受傷而死亡，但最後不得不承認他是被毆打致死。

透過轄區內受其控制的宣傳部，地方黨部可以保守它們的祕密；這些祕密如果只是單純的經濟政策抗命，其實無傷大雅。無視於中央政府在工業政策上的嚴格規定，多建幾座鋼鐵廠或是河流汙染超標，無論情況多糟，不會使全國癱瘓。但像三鹿事件這種例子，市府替最賺錢的產業掩蓋問題的本能，因黨中央的政治考量而更加強化，後果就會不堪設想。**幕後操控三鹿案件每次重要決定的，是黨多數時候看不見的干預之手，而這隻手有著各種偽裝，出現在各式場合，甚至出自黨本身裡頭互相傾軋的不同層級。**在嬰兒中毒事件曝光後的一片沸沸揚揚裡，黨確保了黨機構在醜聞中所扮演的關鍵、甚至邪惡的角色完全不會成為討論的議題。

用高科技、高標準、高質量、高營養的三鹿奶粉為中國的未來加油！

即使是以中國爆炸性的成長標準來看，中國乳品業過去十年的擴張還是十分驚人。政府認為飲食增加乳製品有益健康，因而大力推動，於是這類產品的消費從二〇〇一年起每五年成長一倍，營收則成長更快。最大的公司**蒙牛獲得高盛和摩根史坦利投資，並由麥肯錫公司策畫在香港掛牌上市**。該公司一九九九年的營收為五百九十萬美元，到了二〇〇七年，中國工業之冠已落在內蒙古這家過去曾是小型私人公司的頭上，銷售額為三十一億美元，如中央電視台形容該公司負責人所說一般：「**他是一頭『牛』，卻跑出了火箭的速度！**」

三鹿是另一家快速成長的公司。一九八七年，新董事長田文華到任，在她領導下，三鹿集團率先把牛奶生產外包，其他同業後來急於模仿。三鹿把乳牛借給農民，農民則透過龐大的收集站和中間商，供應牛奶給公司抵債。三鹿收些管理費作為回報。沒有透過生產牛奶，三鹿從一個地方小乳品公司轉型為牛奶市場的巨人。

連續十五年，三鹿是中國配方奶粉的暢銷品牌，躍身石家莊最大的納稅戶，成了該市寶貴的資產，否則石家莊在吸引產業和投資上，難與一級都市抗衡。依中國企業的說法，三鹿是個集體事業，亦即由主管和工人擁有股份的企業，通常受當地黨和政府的政治監督。二〇〇五年，競爭對手逼近，田文華和世界排名第一的乳製品出口國紐西蘭的恆天然（Fonterra）結盟，後者提供最先進的技術，鞏固三鹿的龍頭地位。

田文華不但勤勉，也有著難能可貴的清白紀錄，商業上的成功更使她晉身黨內菁英團隊。早在一九八三年，中華全國婦女聯合會已頒給田文華「三八紅旗手」的稱號。數十個其他官方獎勵的稱號，表明黨如何看重她在商業上的成功：她獲頒河北省的「全國有突出貢獻的兒童工作者」和「全國勞動模範」，二〇〇五年她成為「中國乳品產業最受尊敬的企業家」。田文華還是政協委員（政協由黨控制，每年在北京與人大會同時舉行）。

她名片上印的兩個頭銜，明顯反映她的忠誠矛盾。田文華是三鹿董事長，也是公司黨組書記，後者雖是第二個職位，但地位更高，有套不同於企業高階主管的規範。作為董事長，她向三鹿董事會報告；作為黨組書記，她向所謂的「上級」報告，即黨裡比她高一級的資深領導。

田文華在乳品業的經驗，加上三鹿新股東恆天然的專長，理當讓這家合資企業能胸有成竹地應付當時席捲中國產業的食品醜聞。同行出狀況的預警，三鹿當然早有所悉。**二〇〇四年初，在安徽貧困的中部，十三名嬰兒因假奶粉致死。受害者被稱為「大頭娃娃」，因為他們的頭腫體瘦。**事件不斷發生。過了不久，**放了十七年的米被當成新米在商店出售。上海最大乳品公司被發現重新加工過期牛奶。二〇〇七年，美國的貓狗吃了中國生產的寵物食品後開始生病和死亡。來自中國的牙膏含有防凍化學劑，害死了巴拿馬數十人。**

發生這些國際事件後，外國對中國的批評紛至沓來，迫使政府找出口徑一致的應對之策。一些高級官員的直覺是反擊，在黨內提出充滿反帝國主義的民族主義論調。質量監督檢驗檢疫總局局長李長江說：「有些外國媒體，特別是美國的媒體，大肆報導所謂的中國產品不安全。」李長江抨擊外國人「顛倒黑白」，但他的咆哮背後是黨中央對食品安全的焦慮。二〇〇七年末，政府採取果決的行動，藉以對外宣示中國有能力解決問題：食品藥品監督管理局長鄭筱萸，在被裁定收受申請藥品上市的製藥公司的賄賂後被處決。儘管這項宣示因為罕見地涉及部會首長的處決而備受矚目，但它馬上就銷聲匿跡，因為黨當時的要務是不要讓奧運會在開始前有任何的負面新聞。

不只一位評論員把迅速工業化的中國，類比成一度淪為撒旦工廠的英格蘭，以及辛克萊（Upton Sinclair）一九〇六年揭露芝加哥屠宰業恐怖真相的小說《叢林》（*The Jungle*）。中國食品醜聞與當年快速工業化的西方國家遭遇的問題有著陰森的相似之處。中國就像一個世紀左右前的歐美，政府監管部門跟不上經濟飛速成長帶來的財富、汙染和腐敗，以及接踵而至的社會轉型。但是，中國與西方最大的區別，是黨及它約束媒體的方式。

美國的扒糞記者因為揭露強盜大亨（譯注：指卡內基〔Andrew Carnegie〕、洛克斐勒〔John D. Rockefeller〕、福特〔Henry Ford〕那一代的創業家）的惡行而成名。中國日益商業化的媒體記者也培育出類似的本能，但他們設法根據線索追蹤事件時，遭遇幾乎不可逾越的障礙，那就是宣傳部。這個強勢的黨機構，從來就與傑佛遜（Thomas Jefferson）希望人民消息靈通的理想背道而馳。**根據宣傳部的創始精神，媒體為黨存在，其次才是人民**。在奧運會那年中國受到前所未有的國際關注之際，宣傳部不只擔心揭弊可能造成騷動並破壞當地經濟，更憂慮失控的媒體可能會造成更大的殺傷力，讓黨和民族尷尬。

宣傳部早在二〇〇七年末，便開始奧運會前的準備，緊縮已有的報導限制。巧的有點邪門，對三鹿配方奶粉的第一個投訴被送到石家莊公司總部時，新限制恰好生效。在接下來的八個月，公司客服電話不斷接到投訴，家長表示孩子的尿液開始變紅，一些嬰兒甚至因為腎臟惡化無法排尿。

禍端是化學化合物三聚氰胺，用途是製造塑料和膠水，由於含氮量高也用來製造肥料。中國乳品市場新崛起的中間商，向個別農戶收集牛奶，然後再整批送到像三鹿這種公司，他們替三聚氰胺取了個更噁心的名字，稱之為「蛋白精」。之前中國寵物食品製造商摻用三聚氰胺，提高小麥麵筋蛋白含量，導致許多美國飼主的貓狗死亡。**牛奶供應商受到市場削減成本的壓力，同時為了達到「大頭娃娃」醜聞後新實施的營養標準，另尋其他拉高利潤的方式，在二〇〇**

七年底開始使用同樣的伎倆。田文華當年率先推出的外包制度早被同業抄襲，現在反倒成為這個產業的難題。三鹿等乳製品企業，已讓不肖的中間商負責產品的品管，只關心價格。

這段時期的商業表現及黨組運作，三鹿似乎都頗有斬獲。[7] 二〇〇七年末，中央電視台在《每週質量報告》節目中盛讚三鹿的奶粉。直到二〇〇八年，媒體還陸續出現讚美該公司的報導，但越來越多嬰兒生病。許多報導其實都是付錢的廣告，由三鹿內部公關代表撰稿，但以記者之名寫成一般報導。甚至直到八月六日，三鹿集團某公關人員還以記者之名，在《人民日報》和中國最受歡迎的新聞入口網站新浪網發表文章說，三鹿被譽為在過去三十年「改變中國」的品牌之一。**從三鹿集團的公關工作，可以看出財大氣粗的公司與黨控制的媒體之間的密切聯繫，讓它占盡優勢。在連續三年通過國家食品藥品監督管理局的檢驗後，三鹿奶粉在二〇〇八年甚至沒有受政府檢測有無受到汙染**。

然而在後台，沒人看得到的地方，健康產品和快樂嬰兒的圖像開始破功。三鹿集團內部的警訊持續響了數月。二〇〇七年末第一宗嬰兒患病的投訴沒人理會，但案件續增。到了二月，浙江一位父親在網上張貼女兒無法排尿的細節，但在三鹿提供免費奶粉後撤回文章。七月，湖南一家地方電視台試著跨出奧運會前新聞報導的限制，在嬰兒腎結石突增的新聞中帶到三鹿的畫面，但過音時未提三鹿之名。同月在南部的廣東省，著名的調查週報《南方週末》的主編，發現二十名嬰兒因食用三鹿配方奶粉住院。宣傳部透過各地分支機構，在奧運前審查各種負面新聞，擋掉了這則報導。主編傅劍鋒事後以充滿內疚的口氣在部落格上寫到：「因為眾所周知的原因，這樣的事我們是無法在那時調查的，因為要一片和諧麼。作為一個新聞編輯，我萬分心焦，我已經意識到這是一個巨大的公共衛事災難，但我卻無法派記者去採訪。」[8]

到七月底，三鹿集團把自己的測試交由省級政府化驗所驗證。八月一日送回的化驗結果令人震驚，送出的十六個批次，十五個帶有可能致毒的三聚氰胺含量。田文華的考驗不只是企業責任和公眾健康的兩難，更要緊的是，身為資深黨員，她的問題已是嚴重的政治問題。來自黨的各項指示彼此矛盾，讓她左右為難。田文華必須遵守法律，不得生產和銷售危險產品，但身兼公司黨組書記，她也有沉重的政治責任。北京指示的最重要短期政治任務，是確保奧運會圓滿成功。奧運會開始前，宣傳部再度下達緊縮報導限制的指示，石家莊與三鹿公司不可能不知道。[9]八月初發出的二十一點文件中的第八點明確指示：禁談所有食品安全問題。奧運會開始前一星期，公開召回三鹿配方奶粉，同時承認它導致嬰兒中毒，無異會在國內外引起群情嘩然，既破壞三鹿的商譽，也破壞高階主管和市府官員在黨的前途。

八月二日，田文華開完三鹿閉門高層緊急會議數小時後，公司在上午以電話連線匆匆召開董事會。唯一一個能在接到臨時通知後與會的恆天然董事是梅傑（Bob Major），他告訴同事，董事會在經過數小時的辯論後同意他的要求，全面召回乳製品。數小時後，他在上海的家接到電話通知，石家莊當局否決了董事會的決定。恆天然的會議備忘錄，詳述它對董事會決定全面回收的理解。但三鹿的備忘錄則主張會議的結論是有限度的回收。雙方均拒絕在另一方的董事會備忘錄簽字。

不用問就知道誰的觀點會占上風。三鹿在董事會議前的深夜祕密會議所做的決定，有石家莊市府撐腰。在理論上，董事會是公司唯一合法的決策機構，但它顯然被跳過，其商議也變得無關緊要。誠如《法制日報》事後評論：「正是在這次（八月）的（深夜）會議中（高階主管）錯估形勢，並做出一系列錯誤的決定，讓三鹿掉入萬劫不復的深淵。」

負責石家莊產品安全的副市長只顧奧運會，以赤裸裸的政治干預，替三鹿訂出掩蓋真相的策略：「專門強調注意保密，防止出現消費者上訪的情況，同時要盡力避免『媒體炒作』」；最後，如果一切失敗，就像中國俗語所說的，「**拿錢堵嘴**」。[10]三鹿立即去找該市的宣傳部，寫信請它「協調」媒體。信中說：「這是為了避免挑起問題並對社會造成負面影響。」然後，三鹿替自己在網路上加保，加強先前就與搜索引擎百度達成的「保護協議」。**百度相當於中國的Google，它很早就替中國政府進行網路搜尋的過濾，以阻擋批評共產黨的言論。這套服務也可以賣給商業客戶，三鹿的價碼是三億人民幣，限制或過濾三鹿產品與生病嬰兒和三聚氰胺有關的搜尋。（百度後來否認出售這項協議。）**[11]

奧運賽程進入第四天，真相已掩蓋超過一星期，三鹿公關部門還在散播正面消息。在全國食品業的網站，三鹿貼上新聞稿，表示公司將派發免費奶粉給奧運開幕當天出生的嬰兒。文章說：「三鹿奶粉為奧運寶寶加油，用高科技、高標準、高質量、高營養的三鹿奶粉為中國的未來加油！」直到九月九日，恆天然在掙扎數週後，紐西蘭政府指示駐北京大使通知中國政府毒奶粉事件，整件事才驚動黨中央。三鹿即刻召回所有產品，輿論大譁。

幾天後新華社宣布，田文華遭到解職。至於誰做此決定，新華社直言不諱，大標題說，她下台是河北省黨委的「一個組織問題」。像是附註，新華社在這則五百字的新聞稿最後指出，「按照規定和程序」，田文華也失去公司董事的席位。[12] 董事會對她的解職根本沒有發言權。公司高階主管說，在黨組棄守田文華並宣布她去職後，董事會匆忙在深夜召開電話連線會議，為此決定背書。恆天然某高階主管後來評論：「他們總是在做決策，但隨後問自己：『要怎樣使它合法？』」

在唯恐真相揭穿的這一個月裡，三鹿董事會已被石家莊黨委會取代。而在全面爆發的政治危機中，先前主導本案的中央和省級黨機構，再次愉快地當起旁觀者。

三鹿案的尾聲

在三鹿配方奶粉病童家長聚會的房間裡，最先引起我注意的是掛在牆上的一些圖畫。從遠處，看起來就像典型的兒童畫，簡單、帶著開心笑臉的骨狀人形，旁邊還畫上陽光和鮮花。我認為畫得很好。或許是出自恢復健康病童的傑作，就像一種正面療法。近看則完全不是我所想。一張圖上是兩女手牽手，童稚的筆跡寫著「我愛媽咪」，另一張有兩名男子的圖則是「同性戀是好樣的」。

從這個北京西城二星級酒店房間就可以看出，家長和律師控告三鹿和政府的勝算有多少。

中國各個城鎮的政府建築都蓋得富麗堂皇且位處黃金地段，這是誇張的國家權力象徵，氣派的門廳和豪華的會議室，都是為了讓來客望而生畏。想對抗政府的人，擁有的資源當然遜色多了，像是律師李方平。那天為了要和怒氣衝天的家長會面，李方平借用這個位於破舊酒店十三樓的同性戀青少年據點一晚。李方平的積極，就像聚於此地的同性戀者，使他成為中國社會的邊緣人。

醜聞公開後，**李方平發出電子郵件和簡訊，徵求義工律師，要在每個有受害者的省，打場集體訴訟。反應空前熱烈**。幾天內，在全國三十一個省市和行政區中，有二十二個省市和行政區的律師願意提供服務，共一百二十四名。他說：「我認為會有越來越多的律師想服務社會。但是，這是一個全國性的危機。」最後這點，黨看法相同。三鹿本該是李方平接過最大宗的案子。但是，從紐西蘭政府遲遲才告知北京這個問題起，三鹿便成為最高領導人關注的事。像李方平這樣的律師，在這種情況下只能靠邊站。

醜聞公開後，中宣部馬上改變策略。北京的中宣部並未直接參與扣發毒奶粉消息的黑箱作業，雖然它對奧運期間的報導限制，給了石家莊足夠的理由封殺新聞。現在紙已包不住火，既然奧運會已經結束，中宣部現在的任務是控管新聞和引導輿論，以達到兩個目的：首先要不讓憤怒的父母失控，以免釀成更大的政治問題，同時也要確定醜聞不會玷汙高層領導的形象。

要處理法律後續問題，得拉進另一個幕後控制的黨組織，即政治局下的中央政法委員會，與中宣部合力出擊。**當李方平想為委託人打場集體訴訟時，他感受到政法委的威力。第一通來自**

中華全國律師協會的電話，要他放棄。有人傳話給他：「要對黨和政府有信心！」不久，他受邀參加一場會議，收到另一個指示：「別接手這些案件，勿試圖代表來自各省的委託人！」然後北京的司法局也找他：「如果你接了這些案子，必須立即報告！」

律師協會、司法局及任何司法機構，最終都受制於政法委。透過合法機構都必須設立的黨組，政法委得以在後台、在公眾視野後進行控制。例如律師協會的黨組書記，是北京司法局的一名政府官員，而市司法局隸屬於司法部，司法部又必須向政法委報告。李方平說：「政法委就是網中心的蜘蛛，連接警察、檢察官辦公室、法院和法官。」

李方平言語溫和，是名基督徒，腕套上「為中國禱告」幾個字表明了他的信仰。每次有人要他放棄案子，他都反駁回去。他說：「他們不高興我張羅這些私人案件。他們一點都不喜歡個人介入。」李方平和政法委沒有直接接觸。這種黨機構比較喜歡遙控，像是透過政府機關或國家控制的專業協會。李方平說，當地一名記者告訴他，政法委下令管好律師。在許多方面來講，記者與李方平的這種對話，只可能發生在中國。記者掌握了一個重要且具新聞價值的消息，就是黨操縱司法制度。不過，記者雖然可以私下告訴李方平，但黨的宣傳機構的確有辦法讓新聞不會見報。李方平說，全國各地表示願意接案的律師紛紛打退堂鼓。有些人屈服於威脅，因為執照可能被吊銷，但多數人是因為各地法院拒絕審理。

政法委就像宣傳部，要處理好微妙的政治流程。它要確定正義公開得到伸張，但又不能讓司法程序隨意進展而袖手不管。政法委首先讓田文華和其他被告的審判一次結案。三法官組成的合議庭於十二月三十一日上午八點三十分開庭，在接下來的十四個小時，他們都沒有起身，直到當晚十點十分，這樣的工作量，讓頑強的血汗工廠工人都自嘆不如。一個月後，田文華與二十多位被控不同罪名的被告，都在同一天內判刑。

為減少受害者家屬抗議的可能，不但加快審判，也重判刑責。三名賣「蛋白精」的商販判處死刑，其中一人死緩。田文華被判無期徒刑。石家莊市長以及直屬他的數位高級官員被解職。石家莊黨委書記這位市裡最有權勢的人，最後也被免職。該年稍早曾痛斥外國對中國產品安全的批評的李長江，被迫辭去質量監督檢驗檢疫總局局長一職，完全不留情面。數萬戶家庭按照政府訂出的時間表獲得賠償。為了安撫民怨沸騰，石家莊最高人民法院同意聽取五個家庭的訴訟，讓本案得以了結。

三鹿案判決後不久，美國喬治亞州一名商人被捕，因為銷售明知受汙染的花生產品，造成近六百人生病，八人死亡與之有關。中國官方媒體受外國媒體大幅報導三鹿醜聞的刺激，興災樂禍地報導喬治亞州的情況。新華社的標題說得很詳盡：「明知產品可能受沙門氏菌病毒汙染，繼續出售產品，負責機構發現情況，但未進行調查。」

新華社在道德上將兩件事等量齊觀、帶著怒氣報導的語氣背後，其實錯過三鹿案帶給中國的機會。促成掩藏真相的人性因素，像貪婪和自私，加上不顧後果，不論事件發生在何處，都顯而易見。機構會犯錯，並因腐敗之目的而受操弄，世界各地皆然。但三鹿案所顯示的，不僅僅是尋常人不惜一切挽救自己事業和生意的弱點；**從頭到尾，醜聞在在提醒世人，共產黨暗中**

行使權力，害了人民也害了自己。

黨何時隱身、何時亮相？

在國家陷入危機的時刻，黨可以選擇炫耀其領導有方及調動資源的能力，規模之大世上其他國家很少能與之相提並論。例如，二〇〇八年五月四川發生七．九級強震，造成近九萬人死亡，數百萬人無家可歸，黨的回應快如旋風。地震發生幾小時內，溫家寶總理已搭機奔向災區。成千上萬官員、士兵和普通公民立即展開救援工作。《人民日報》說：「在這樣嚴重的自然災害面前，黨和政府……是社會主義國家強大的社會動員能力……什麼樣的困難都嚇不倒我們，什麼樣的難關都能過去。」

當局初始的救援工作後由社區接手並進行得更加積極。有錢的企業家、新成立的非政府組織、私營公司，甚至個別人民，前所未見地、自動自發地大批趕赴震災現場，進行獨立的救援工作，人數之多，當局不敢強迫他們離開。

幾星期後，中央組織部召開一次不尋常的記者會，列舉救援期間黨的成就，以昭告世人。黨自視是馬克思主義傳統下的人民先鋒，顯然對它的救援工作墊底感到不快。中組部副部長歐陽淞，在記者會上列出黨對救援工作的貢獻，就像在讀生產統計月報：五百個團以上的黨委、近一萬個基層黨組織、一千個臨時黨組織和四萬多名共產黨員，全都「臨危臨難不後退」。

這是組織部七十年來第四次舉行記者會，的確是件怪事。如果歐陽淞聽起來像個在選後吹噓盡了多少力氣拉人投票的派系政客，正是因為他的作法給人這種印象。這次地震很矛盾地成了領導層的一場政治勝利，因為它團結全國的情感，完成了一個目標。但黨的自尊仍讓它要在紀錄上載明黨員對地震災胞的積極救助。

在中國，成功的榮耀都歸一人，此一準則常使報導令人無法相信。[13]據一則官方媒體二〇〇七年發自河南省礦災現場的消息，某礦工剛從黑暗中被救出時說的第一句話是：「我感謝黨中央！我感謝國務院！我感謝河南省政府！我感謝全國人民！」除了**這位獲救礦工不提家人或親人，這句感謝語值得注意之處是它正確呈現執政級別，黨在首位，隨後依次是中央政府、省領導，最後是人民**。組織部吹噓抗震救災，或是比較小的礦災搶救，的確少見，但這些例外反倒證明了黨行事的通則：一般情況下，黨的機構不喜歡受到注意，就像它們在三鹿案中所為，力圖不讓人看到它們暗中使力。

在三鹿案，黨多個地方和中央組織，往往不一致，但有時也互相呼應，以便隨時隨地鎮壓醜聞。黨機關審查消息，取代公司管理層，擱置董事會，最後開除並逮捕高階主管。當受害人動員起來採取法律行動，黨機構會恐嚇律師，操縱法院和買通當事人，最後才讓少數幾宗案件繼續進行。最後，黨在結案時嚴懲肇事者。

無論做什麼或以什麼方式去做，黨的行動只接受內部審查，絕不受一般公開審查。三鹿案裡，田文華身兼黨組書記的事實僅一筆帶過，更不用說是共產黨的角色了。這種堅守沉默的立場，在二十一世紀的中國戲碼不變。管好幹部、企業、媒體和司法等工作，都是黨每日例行工作，黨自認它對中國乃屬「歷史的定論」。

三鹿危機讓人看出這套神祕制度最糟糕的一面。不過，當談到在過去三十年來跟著國家枝繁葉茂的私營企業時，黨自認居功厥偉當仁不讓。不僅如此，黨還拋開長期以來只在後台操作的習慣，確保眾人得知它介入私營企業。這麼做一點都不矛盾，因為黨希望人們覺得私營企業和共黨官員為了互利合作無間。

注釋

1 本章中有關三鹿案的依據來自採訪公司的高階主管與顧問。本章初提到田文華召開的會議，請參閱：

http://finance.sina.com.cn/g/20090107/06535725594.shtml、http://finance.sina.com.cn/leadership/crz/20090105/09445714928.shtml、http://finance.sina.com.cn/leadership/crz/20090119/10565776623.shtml、http://finance.huanqiu.com/roll/2009-01/336337.html。

如需詳細瞭解醜聞如何曝光，請參閱：

http://magazine.caijing.com.cn/templates/inc/content.jsp?infoid=77702&type=1&ptime=20080928、http://

magazine.caijing.com.cn/templates/inc/content.jsp?infoid=77701&type=1&ptime=20080928、http://www.sourcewatch.org/index.php?title=Fonterra_and_the_Chinese_contaminated_milk_scandal。

2 http://finance.people.com.cn/GB/1045/3866408.html.

3 Steven NS Cheung, 'The Economic System of China'，於二〇〇八年八月三十日至三十一日北京市場化三十年論壇提出。感謝John Fitzgerald，多虧他想出「每個轄區是家公司，每家公司是個轄區」這個用語。

4 參考以下網站的各種公告：http://bbs.dahe.cn。

5 Justin Yifu Lin, Ran Tao and Mingxing Liu, 'Decentralization and Local Governance in China's Economic Transition,' paper prepared for 'The Rise of Local Governments in Developing Countries' conference, London School of Economics, May 2003.

6 《新世紀》，二〇〇九年六月十日。

7 關於三鹿的公關，可參考David Bandurski精采的China Media Project：http://cmp.hku.hk/2008/09/28/1259/；亦可參考http://www.ftchinese.com/story.php?storyid=001022070&page=1。

8 傅劍鋒部落格九月十四日貼文，它的譯文也貼在「東南西北」網站（www.zonaeuropa.com）。

9 *Sydney Morning Herald*, 14 August 2008.

10 http://finance.sina.com.cn/g/20090107/06535725595.shtml.

11 百度的角色請參閱：http://tech.163.com/08/0915/12/4LSNPQ1N000915BF.html、http://news.ccw.

com.cn/internet/htm2008/20080913_501732.shtml、http://news.southcn.com/community/bestlist04/content/2008-09/13/content_4597956.htm、http://zhaomu.blog.sohu.com/99995350.html。

12 新華網二〇〇八年九月十六日報導田文華被免職的消息。

13 China Media Project, 8 October 2007.

| 第七章 |

鄧小平完善了社會主義

黨與企業家

鄧小平是明智的。他完善了社會主義。
鄧小平之前的社會主義有許多不完善之處。
——年廣久，企業家

我自任為海爾的黨組書記。
那麼，我要怎麼自相矛盾呢？是吧？
——張瑞敏，中國最大家電製造商海爾執行長

（政府）對民企沒有對國企那麼支持。
……我們……把它視同為大自然的規律。
——劉永行，東方希望集團

共產黨和資本主義企業的邪門結盟

這名在中國有「傻子瓜子先生」之稱的男子，從一棟普通的兩層樓店面與貯藏室，指著窗外高聳的辦公大樓說：「並不是只有我一個人關在牢裡。你四周所看到的一切都屬於和我關在一起的那個人的。」

他本名叫年廣久，過去多年來有很長時間都在牢裡，從而結識了許多人。一九六三年，他在安徽省中部蕪湖老家開了一家私營的水果攤，被判從事非法投機活動，這是他首次入獄。幾年後，文革期間，他的資本家舊帽子就足以讓他再次身陷囹圄，這次罪名是與「牛鬼蛇神」同夥。八九民運後，黨內強硬派把生意人和示威學生打成威脅國家的反動份子，年廣久第三次坐牢。在牢裡他和一個不斷開設新公司的老兄關在一起，此君出獄後在隔壁蓋了棟大樓。

七〇年代末，在獲釋那幾年，年廣久開了一家店，賣些價格實惠的葵瓜子和南瓜子，嗑這種零食可謂中國人的日常習慣。他向農民批貨，再廉售給各地消費者。年輕時讓他被當局盯上的愛出頭個性，現在反倒讓他的生意成長快速，不久就超過小小路邊攤的規模。年廣久文盲的父親在當地有「傻子」之稱，他本人也是文盲，大家叫他「小傻子」或「年輕傻子」。為了讓瓜子好叫易賣，他乾脆以自己的綽號為名。包裝上，在他笑容滿面的照片旁，畫龍點睛地加了句俏皮話，以凸顯產品的名稱——「傻子瓜子：聰明人的選擇」。他很快闖出名堂，幾年內，他的生意興隆，雇了上百名員工，發了一筆財。

掌管中國最窮、人口最多的安徽省黨官並未替年廣久的成功感到高興，他們一開始先是嚇了一大跳。他們擔心的不是該地的經濟困境，而是自己可能犯了政治錯誤，准許像傻子瓜子這種私人公司從事商業活動。安徽發出數份關於傻子瓜子的報告給北京，詢問是否該扣上資本主義的帽子，勒令它歇業。最後，年廣久的案子在一九八四年送到鄧小平桌上。鄧小平很快巧妙地給了答覆，替他推動的大膽經濟實驗背書。他告訴領導小組的大老，關掉這家公司會讓人以為改革開放政策變了，最好等兩年再看看。鄧小平說：「**難道我們真的擔心傻子瓜子會傷害社會主義？**」

二〇〇八年底我見到年廣久時，他早已從反動的資本家變成國家重視的商業明星。當地宣傳部官員在年廣久店門口迎接我，就證明他頗有地位。中國官員經常騷擾外國記者，不讓他們採訪市民談過去的不公不義，並趕他們出城。蕪湖官方反而設宴款待我，帶我逛城，凡事給我方便。再過數月，便要紀念鄧小平改革開放政策三十週年，蕪湖已敲定年廣久作為該市創業型經濟的代表。

如今年廣久已經七十多歲了，像老了的偶像劇明星，皮膚黝黑如農夫、神態自在、一頭長髮，身穿尼赫魯夾克，夾克內襯是帶有東方圖案的絲綢。他的成功並沒有讓他甩掉小鎮的習慣。幾乎每隔一段時間，他會用力清清喉嚨，大聲吐痰到辦公室地板上，就像抓抓鼻子一樣自在。他刺耳的聲音和乾笑，是抽菸多年的結果，加上濃厚的本地口音，很難聽懂他到底在說什麼。當他開始談及他的生平，我不確定是否聽錯了。他剛剛真的說毛澤東犯下「滔天大罪」而且「殺人如麻」嗎？宣傳部官員在一旁緊張陪笑說：「別太當他一回事。」

話匣子打開後，年廣久說話越來越不像是個敢闖蕩江湖的商人，反倒更像是個黨幹部。一句口號接著另一句口號，中間停頓良久，聲音宏亮。每說完一個段落，音調高亢刺耳，好像在句子最後有人捅了一下他的屁股。凡在人民大會堂聽過高層領導人發言的人，都會認出這種模式：提高聲調，暗示觀眾該鼓掌了。年廣久讚揚一九七八年的十一屆三中全會，因為這次會議「搞活了中國的命運」（鼓掌）。他說，中國經濟情勢「良好，並且有序地發展」（鼓掌）。他宣稱，司法制度已經現代化，擺脫了政府的干預（鼓掌）。當他繼續說下去時，他老人家最讓人意外的並不是偶爾罵罵老毛的制度，而是開始歌頌黨，他大力讚揚的英雄當然是鄧小平。他說：「鄧小平是明智的，他完善了社會主義。鄧小平之前的社會主義有許多不完善之處。」

年廣久說「鄧小平完善了社會主義」這番話，一語道破黨和私營企業在中國面對的是個扭曲混亂的環境。擁護社會主義的黨，投下許多心力搞市場經濟。像年廣久這類創業家，明明嚮往市場，卻小心擁護黨。在這種環境下，難怪公共和私營部門難以切割。一九四九年上台後，黨關掉民營企業並沒收資產。後來黨視私人商業活動為犯罪，雖然政策的執行在不同地區，有忽鬆忽緊不同的政治週期。就算鄧小平在七〇年代末推行市場改革，黨對創業家仍心存疑慮。甚至直到二〇〇一年七月，江澤民決定允許企業家正式入黨，還是引發中共領導層的分裂，並引起保守派基層黨員的各種揣測。鄧小平和接班的江澤民，瞭解到一件保守派對手從沒想通的事：黨與私人企業家有很多共同點，兩者都不喜歡民主政治和獨立工會。**一黨專政不但可以規範工人，還可以提供決策者揮灑的空間，彈性之大，民主國家政客只能做夢想想。即使是從資本主義經濟的標準來看，黨都過於倒向商業，當然，前提是國家一路上都能分一杯羹。**

黨不信任私營企業，從來就不是因為錢，也不是因為個人財富明顯牴觸官方的馬克思主義與毛派意識形態。黨與企業三十年來關係時好時壞，但雙方都同意必須轉虧為盈。黨真正在意的是，外國和本地私營企業有可能成為政治對手。黨的本意是豢養私營企業，但往往被新企業家階級驚人的財富扳倒。因此，**黨的因應方式如下：振興私人公司，藉以提高就業率，但當企業膨脹過大時，便嚴格管束；拉攏企業家入黨，同時恐嚇和監禁違逆黨意的商界領袖；支持不會造成問題的財產權，但刻意模糊有關公司、資產及土地所有權的規定。**

然而，共產黨和資本主義企業這種史無前例的結合，在更大的意義上還是維持得下去。這種結盟雖然讓人不安、基礎不穩、有點邪門，但好歹總是個結盟，而且在短期內已改寫一個多世紀的傳統見解。**在費時數十年後，黨高層目前終於有了更宏觀的共識，也就是企業家只要加以妥善管理並由國家控制，不但無傷社會主義，還是救黨的關鍵。**中國運氣好，鄧小平早就學到教訓，唯有興旺的私營經濟才可以拯救共黨統治，而這是幾乎所有其他失敗的社會主義國家都未能瞭解的。

公有與私營的刻意混淆

第一次見到中國最大白色家電製造商、同時也是最知名品牌海爾的執行長張瑞敏，我問他一個自認很顯而易見的問題。既然他是海爾執行長，也是黨組書記，那麼，他要如何平衡黨和公司利益間可能的衝突？張瑞敏不假思索便駁回我的問題。他回答說：「我自任為海爾的黨組書記。那麼，我要怎麼自相矛盾呢？是吧？」

大約在同一時間，他接受官方通訊社新華社訪問，時值黨一九二一年創立八十週年前夕，張瑞敏的口氣顯得恭敬多了。新華社指出，一些報導認為他「能力超強」，只以十七年的時間，就把瀕臨破產的空殼海爾，變成全球性企業。張瑞敏回答：「我哪來這種超強能力呢？我只是個普通黨員。」報導接著說，在張瑞敏指導下，海爾中高階主管主動學習正統的共產主義教條，以拓展他們在白色家電領域的業務。二〇〇二年，張瑞敏成為第一位獲准進入中央委員會的商界領袖。

張瑞敏被中國媒體捧為中國最有名的企業家。記者常比喻他是「中國的威爾許」（Jack Welch，譯注：美國奇異公司前董事長，以重新打造奇異聞名），這個稱號後來也出現在許多國內外報導他的故事的標題上。海爾無疑是個成功的故事，張瑞敏當然居功厥偉。一九八四年接下執行長重擔時，他拿錘子打碎這家瀕臨破產公司生產的冰箱，藉以對員工強調品質的重要，此舉不但成為傳奇，還成為所有商學院教科書的內容，用以闡釋他的企業家精神。現在海爾旗下的產品，全世界都買得到。不過，拿他和奇異公司及「中子彈傑克」（Neutron Jack，譯注：威爾許的外號）相提並論，犯了根本性的錯誤，理由很簡單：**海爾並非私人企業。高階主管一旦想行使股東權力使海爾成為私人公司，當地政府便發布強制令阻止**。

海爾的處境是中國商業核心問題的寫照。七〇年代末，私營企業只占中國經濟一小部分，小到官方統計數字沒有登錄，但在三十年後，私營企業就算不是經濟產出的主力，也是創造就業機會的主力。對於上述這點，沒人會提出異議，但沒有人知道，或者至少有個共識，私營企業規模有多大，因為從一開始要界定誰擁有什麼就很難。

二〇〇五年九月，總部設在香港的新興市場經紀公司里昂證券（CLSA），提出厚厚一疊報告，說明企業家如何成為帶動中國經濟成長的引擎。報告說：「現在，私營企業占了七〇％以上的國內生產毛額，並雇用了七五％的勞動力，是創造活力充沛的中產階級的來源，因此世界上最大的共產黨不會選擇放棄市場改革。今天最重要的經濟問題不是『政府將如何應對經濟衰退？』，而是『中國企業家要如何回應？』。」

一星期後，里昂證券的對手瑞銀（UBS）同樣受到重視的研究報告反駁說，私營企業「無論使用什麼指標，只占不到三〇％」。報告說：「在中國，以下大企業若不是百分之百、就是大部分由國家控制：石油、石化、採礦、銀行、保險、電信、鋼鐵、鋁業、電力、航空、機場、鐵路、港口、公路、汽車、醫療保健、教育和文官服務。」[1]

麻省理工學院的黃亞生，多年研讀有關這個問題的官方資料和文件，在被問到他對私營企業規模的估計時，答道：「老實說，我不知道，而且我相信很多人不知道。之所以缺少這方面的資料，意義其實很明顯，就是事實上，私營企業多少還是被認為是非法的。」雖然黃亞生沒有得出確切的數字，但的確做出結論：在二十世紀末的中國，沒有政府關係或參與的純私營企業只是「一碟小菜」，約占工業產值的二〇％。[2]

公有與私營混淆是體制蓄意所致，因為擔心釐清所有權可能導致的後果。不管是哪位企業家，只要你問到他們的公司是否為「私營」時，你會驚訝他們有多少人**不願使用私營這個詞，而偏好使用政治正確的「民營」**，即「人民經營」。在一個以取消私人財富的承諾作為建國基礎的國度裡，「人民經營」的企業，即使是個人持有，要比看起來像是純粹私營的公司受歡迎多了。多數經濟學家現在避開這個問題，僅以國有和非國有把公司分類，不再追問其他。

黨最早放行市場經濟時，最先熱情擁抱商業的是農村。根據鄧小平的新規定，農民可以到市場出售超過國家要求配額以外的產品，這造成革命性的影響。改革五年後，幾乎每家農戶都棄置過去的人民公社制度，轉型做小生意。八〇年代初，農村是人們主要的生活和工作地點，而農村革命的關鍵是領導高層的支持。胡耀邦和趙紫陽帶領下的領導層，有著深厚的農村經驗，也明顯傾向開放政策。農村財政充裕，財產權大幅增加，以「鄉鎮企業」為名的私人企業蓬勃發展。麻省理工學院的黃亞生說，在此期間資本主義在中國充滿活力，良性發展，並提供數以百萬人「脫貧」之路。然而，**八〇年代的模式持續時間不超過十年。在這個時期，政治和經**

濟自由主義強而有力地結合，直到一九八九年六月在北京以流血衝突結束。

六四事件後不久，再度抬頭的保守派便把矛頭對準私營企業。曾經主持經濟計畫的陳元之父陳雲宣稱，偏離計畫經濟模式，對體制造成「致命傷」。江澤民接任總書記僅僅幾個月，大位還沒坐穩，便貶抑企業家為「欺騙、貪汙、賄賂和逃稅的自雇商人和小商販」。寒風很快吹到遙遠的安徽。一九八九年九月，「傻子瓜子先生」年廣久也遭到逮捕。

年廣久向來喜好炫耀財富，他替自己蓋了棟大房，在當地廣交女友。八〇年代初，他在家藏了賺到的一百萬人民幣，當時這是筆巨款，夏季的濕熱使得這些錢發霉，他便把錢攤在工廠附近晒乾，就像農民收成後在農徑晒乾莊稼，炫耀財富讓他更加聲名狼藉。但即使在一九八九年末的黑暗日子，蕪湖黨部也得設法羅織一個可以整肅年廣久的罪名。他們首先控告他「侵吞和濫用公帑」，但在上訴到省級法院時被駁回。只要年廣久能證明公司是他個人擁有的，就不能控告他竊取自己的錢財。安徽當局唯一能做的就是以「流氓」之名起訴他，也就是說他從一九八四年至一九八九年共和十名婦女往來。年廣久從頭到尾不予理會。被控亂交女友，他回答說：「你的數字錯了，其實有十二個。」年廣久被判三年徒刑，但兩年後就出獄，他說，再次感謝鄧小平親自干預。

儘管態度囂張，年廣久仍試著依循體制正確行事。他的公司以集體企業之名註冊，因為他無法以純粹私營企業之名在當地工商局註冊。他也雇用了一些官員，把做生意的利益分一點給地方政府。但在關鍵時刻，這幫不上忙。官員顯然不認為拿了錢就得做事。他說：「幹部在工作時間看報紙，我就罰他們錢，遲到一分鐘扣一塊人民幣。」在他坐牢時，生意清淡，公司倒閉。獲釋後，年廣久重新銷售傻子瓜子，二〇〇八年見到他時，他生意依然興隆，但無法再像八〇年代那麼風光。

在一九八九年「六四事件」後，**中國花了近四年的時間才認清，經濟成長和繁榮少不了私營企業。鄧小平一九九二年南巡是個催化劑，瓦解了北京最極端的意識形態障礙。**九〇年代，官方策略性地部分退出，大規模拋售政府認為不具策略意義的產業，像是紡織品、食品和消費性電子產品，此舉讓消息靈通人士占盡優勢。中國二〇〇一年加入世界貿易組織，讓勤奮的企業家可以尋找新的出口市場。透過把國宅廉價賣給原住戶，柴契爾夫人成功地將國宅私有化，這套作法也被中國模仿；九〇年代後，中國一個城市接著一個城市，以銷售公房打造私人物業市場。

但是正如一九八九年的鎮壓改變了黨帶領國家經濟的方式，對私營經濟的管理也來了一次大檢修。八〇年代鼓勵農村創業的政策，已被以都市為重、關注政治不安和經濟動盪的新體制取代。農民賦稅加重，農村信貸緊縮。大型國有工業度過九〇年代大規模的重組，此時獲得重生，安坐於黨替它們建立的資金堡壘。重工業、電訊和交通仍維持國有，以避免完全競爭。

張瑞敏的海爾是在八〇年代末的政治地震後存活的企業典型。海爾定義為集體企業，管理人員和工人持有公司股份，受當地青島市政府監督，後者向來強力支持海爾。青島市提供土地給公司，方便其貸款，其他都由公司自己決定。不管在任何一方面，海爾多年以來都成功地不讓國家干預它的管理工作，彷彿私營公司一般。許多海爾主管開始自認為是公司的主人，二〇〇四年他們提出一個實現這種想法的計畫。海爾提案要接管一家香港上市的公司，並把企業最寶貴的資產挹注一些給它。海爾的高階主管，包括張瑞敏本人，一口氣變成最大的股東，由他們控制公司的經營與品牌、高階主管的薪酬，以及可供進軍海外市場的外匯（因為股票在香港交易）。

一如年廣久一生事業政治時機總是不對，海爾想分給高階主管更多公司的利益時，也同樣選錯時間。當時鐘擺正好擺向反對國有資產私有化。舊左派和民粹評論家怪異地聯手在這個問題上大肆抨擊，把管理層收購國有企業說成是俄羅斯葉爾欽（Boris Yeltsin）可恥的私有化。政府懾於這場運動的廣大迴響，被迫做出回應。海爾的所有權過去或許曾處於灰色地帶，但現在很快便獲得澄清。青島負責市府企業的機構二〇〇四年四月無預警宣布，海爾屬於國家所有。香港交易跟著泡湯。海爾和主管當時哪裡都去不成。**海爾案只是個信號，提醒一個可以看作「私營」的公司可能第二天發現自己竟是國有資產**。

接下來三年，海爾高階主管據理力爭，利用龐大的政治和商業影響力扭轉這個決定。當監督青島市營公司的機構召開國有企業會議時，海爾高階主管擺明不出席。海爾總裁楊綿綿說：「如果被邀請去介紹先進經驗，我們會先聲明自己是集體企業。」當市府要求海爾接下青島一個失敗的企業時，海爾一路抵制，直到計畫消失。**二〇〇七年四月，青島當局終於開竅，以滑鼠把海爾從政府網站中的青島國有企業名單悄悄移除**。海爾重回集體私營狀態。好像為了慶祝好運當頭，海爾很快重新提出獎勵高階主管的方案，雖然不包括張瑞敏，因為給中央委員股票選擇權並不恰當。[3]

儘管經過三十多年的市場改革，但為了回應政治壓力，中國企業仍然得用各種方式加以偽裝，以各種名義進行商業登記。它們可以是完全國有、集體擁有或合作社，或是公股和私股比例不一的有限責任公司。**一些私營公司註冊為集體或國營事業，這頂所謂的「紅帽子」可讓它們享有額外的政治保護，免於官員騷擾。**[4]公司表裡不一，使得企業家生活變得複雜，但大家都能理解。儘管中國所有的銀行都是國有，但還是寧可把錢借給國家，因為政府通常會以某種形式還債。相形之下，借錢給私營公司，尤其是小公司，不知何時才能還錢。銀行可能不明白或不信任新創型公司，或許內部也有能力根據一家公司的現金流通而非資產安全，精算出所承擔的風險；**但銀行不願借錢給私營公司**的原因其實很簡單：私營公司不是自己人。

最精明的公司變得善於玩兩套把戲。收購ＩＢＭ桌上電腦業務的**聯想公司**，它最大的創業股東是一所國家科學智庫，但公司在海外註冊上市，基本上由私人管理。有段時間，它的總部設在美國。二〇〇四年末收購ＩＢＭ成交後，公司負責人楊元慶在被問到如何協調共產黨員身分與業務承諾時，還是有點不安，他回答：「咱們不談政治，好嗎？」[5]但楊元慶本人也試圖和政治保持距離。他的顧問說，他悄悄回絕加入政協，後者是個榮譽機構，設立的用意是給人共產黨廣泛諮詢社會各界的印象，政協主席是中常委之一。

電信設備製造商華為也許是中國全球化最成功的公司，它慎重地自稱是集體事業，而非私人公司——這個定義上的區別，可以決定公司在發展關鍵點能得到國家多少支持。一九九六年，當時的副總理朱鎔基帶著四大國有銀行負責人參訪華為。在聽到公司需要資金以便和外國企業在國內電信設備市場競爭時，朱鎔基當場下令銀行支持這家公司。朱鎔基說：「提供買方信貸（給本地客戶）！」（譯注：買方信貸是指由出口商國家的銀行向進口商或進口商國家的銀行提供的信貸。）華為是否真的是集體企業，這頗令人生疑。公司從未公布完整的股權結構。一般認為，多數股權屬於前人民解放軍後勤人員任正非所有，他一九八八年和底下的主管創立該公司。深圳的保險公司平安是中國最大的金融機構之一，也同樣結構不清，儘管被歸類為私營公司，但多數股權持有人仍不清楚。

不過，不管是對海爾的抨擊，還是對聯想、華為和平安三大公司所有權的爭辯，都不該使我們忽視真正的大潮流，那就是**到了二十一世紀初，許多中國人開始積累大量的個人財富，而且是看得到的財富**。同樣重要的是，有些人開始談論自己的財富。對中國共產黨而言，「超級富豪」這個新興階級是一個危險的挑戰。黨一九四九年上台後消滅了私營企業，現在它需要找到包容企業家的方法。

階級、財富與企業家入黨

九〇年代後期，上海會說中文的年輕會計師胡潤想根據自己對中國的認識解釋「新中國」。「每個看報的人都可以告訴你，國內生產總值將會提升。每個遊客都可以告訴你景觀變了。但那又怎樣？」胡潤本人也算得上是個創業家，他決定彙編中國第一份富豪名單「胡潤百富榜」，利用這個西方由來已久代表創業型經濟的工具，說出其中的故事。由於財富以及新階級在共產中國的出現相當敏感，當地出版業根本不敢碰這個議題。即使不經意地承認中國已是個階級社會，黨都會擔心到寢食難安。上海副市長姜斯憲二〇〇二年接受採訪時隨口提到，上海新中產階級正在快速形成。這看似無害的話，其實是上海的賣點，因為強調中國「越來越像我們」這種話，可以讓西方人安心；但第二天，他的辦公室來電，提出副市長的緊急要求：他談到上海新中產階級的話可否不刊出？

如果副市長不能談論階級和財富，胡潤則無此限制。胡潤從貿然打電話訪問許多企業家開始。多數企業家從來沒有講述過自己的故事，也許出於天真，他們好奇地接聽電話，和素未謀面的外國人交談。若是當地記者來電，他們不會予以同樣的禮遇，因為他們知道中國媒體由官方嚴控。同樣地，許多企業家知道公開自己的財富等於宣判政治死刑，迴避胡潤的懇求，並要求姑隱其名。低調的華為負責人任正非，透過律師與公關發出恐嚇信，要求胡潤不得將他納入百富榜。在中國南部做房地產和家電生意發財的繆壽良，懇託別將他納入二〇〇二年百富榜。胡潤說：「繆壽良很怕激怒地方黨部的人。」但二〇〇三年成為政協委員後，繆壽良態度立即放寬，願意配合。

百富榜發布的時機正好，趕上一九四九年以來第一次私人財富大量增加之際，同時人們崇拜企業家正熱。俗話說，華人有許多經濟奇蹟，但沒有一件在中國，現在不能再這麼說了。共產中國現在有了自己的大亨，他們的財富、家庭、消費習慣、企業策略和投資計畫都突然成了公共財。儘管中國媒體不能在當地主動發表百富榜，但也立刻藉由海外版加以公布。對企業家來說，公開他們的財富，不啻考驗他們的政治關係和生存技能，多位排名最高的人均未能通過這場考驗。

政治陷阱到處都是。二〇〇一年排名第三的楊斌持有荷蘭護照，做房地產和花卉生意，他犯了嚴重的錯誤，把生意跨出國界進入北韓，不久因逃稅被捕。外交界震怒，認為楊斌侵犯他們的地盤。仰融一九九一年成為第一位成功在紐約證券交易所上市的中國人，二〇〇三年因遼寧省政府威脅逮捕他而逃往美國。他的犯罪情節複雜，但說穿了還是政治問題。首先，為了到省外投資的計畫，他和曾支持過他的遼寧省政府翻臉，然後為了公司的一大筆股份所有權而和人民銀行衝突。與政府的爭議公開化後，仰融就完了。

直到二〇〇八年，名列富豪榜前茅仍然相當危險。中國首富黃光裕是國美家電的負責人，估計有六十三億美元的財富，二〇〇八年十一月因為涉嫌內線交易被拘留。逮捕像黃光裕這種人引起的第一個反應，不是「他做錯了什麼？」，而是「他得罪了誰？」。然而，大張旗鼓逮捕富有的企業家，掩蓋了更重要的情勢發展：**一些企業家借不到銀行的錢，經濟上一些最獲利的事業又不准他們去做**，只好被迫去找國企做些不名譽的勾當，有時甚至因此坐牢。但無論如何，**私有財富在中國經濟已登堂入室**。

對許多企業家，上榜有好的一面。若時機恰當，當地政府又友善，上榜可以提高企業家的社會地位和信用評等。二〇〇二年百富榜公布前，我到江蘇參觀沙鋼集團，鋼廠老闆沈文榮的公關人員抱怨他的老闆上榜所引起的注意。我告訴他不要擔心。幾天後新榜出爐，相較於二〇〇一年的排名，沈文榮的排名從三十名落到四十名。我向他保證既然排名倒退，未來一年一定不會有記者去打擾他。聽我這麼說，沈文榮的助理心情立即變了，很不高興地說：「但是我們賺錢比誰都快！」

企業家越有錢，政治觸角越靈光。**精明的企業家向黨靠攏，黨大致上也樂於接近他們**。像王石這種企業家，過去曾捲入政治紛爭，試圖抹去所有不良的公共紀錄。王石是中國最大建設公司萬科的董事長，行事風格像維京（Viking）執行長布蘭森（Richard Branson）一樣多彩多姿，他利用公餘寫書，記下他徒步攀登喜馬拉雅山和縱走整個中亞的歷程。一九八九年，三十八歲的他一馬當先的作風，使他走上不同的路，他率領員工走上深圳街頭，支持北京民運人士。王石參與民運，被當地政府列入黑名單，據說被判入獄一年。[6]

獲釋後，王石一開始還會對外界提及八九民運，表示後悔參加遊行。一九九七年和一九九九年先後接受《時代》雜誌和《華盛頓郵報》專訪時，他說他不應該發動抗議。他說：「身為董事長，我有代表性，而不只是個人。如果我想抗議，我應該下台。」二〇〇八年當他接受《紐約時報》深度採訪時，已是中國首富之一，他說他完全記不起這回事。透過發言人，他堅稱，他從來沒有走上街頭。他已把這件事完全從他生活抹去。

二〇〇八年末，王石歸納身為企業家在中國經商學到的規則。他說，從創業那一刻起，他便謹慎接受政府參股，讓公司戴上「紅帽子」。他說：「你拿多了國家不幹，拿少了自己不願意。」幾年後當這個最先入股他公司的股東換手，他還是選擇國有企業作為他的新搭檔。他的規則如下：「**第一、沒有紅帽子，發展就沒那麼快；第二、沒有紅帽子，發展大了更麻煩。**」[7]他沒有必要說出第三個規則，他在一九八九年早就學乖了，別碰政治。

二〇〇二年，江澤民在五年一度的黨代表大會宣布，企業家可以正式入黨，這象徵黨和私營企業的關係有了改變。許多人已簽字加入黨支部，後者看出富商入黨對它們的好處。其他人在做生意前便入黨。在胡潤百富榜上，約五分之一企業家已是黨員。江澤民早就收回過去伺機貶斥企業家是貪得無厭小販的話。隨著私營經濟成長，江澤民派系政客的一面，能看出公開接納企業家的好處。而慣於在政府和國營企業後台操控的黨，能看出宣揚自己和最有經濟活力的這群人打成一片的政治利益。黨牌掛在私人公司前台，等於提醒所有人是誰最後說了算。

江澤民對此趨勢祭出這一招，可謂意義重大，但也引來巨大的爭議。死硬左派人數不多但聲音很大，他們原本就會習慣性地怒斥黨棄守傳統社會主義路線，這次當然也挺身反對江澤民的提議。比較特別的是，當時的浙江黨委書記張德江也加入他們的陣營，在執政菁英引起罕見的公開分裂。在此重大決定宣布前，張德江說，企業家不能入黨是「很清楚的事」，因為他們可能接管地方黨部。吳曉波出過數本關於私營企業的暢銷書，他說：「張德江認真闡述在這個問題上的立場，也站出來反對企業家，但只換來日後巡視浙江的江澤民一場羞辱，江澤民當面告訴他，打算讓他們入黨，誰反對都沒用。」

若以家戶收入來算，張德江領導的浙江省是全國最富有的省分，這得歸功於企業家。在二〇〇二年的黨代表大會上，張德江是以廣東省委書記的身分晉升到政治局，廣東是另一個靠私營企業創造財富的省分。但張德江反對企業家，至少符合他共產主義的根源。他出生於東北遼寧，年輕時由黨保送到同樣奉行史達林主義的北韓學習。二〇〇二年，在工程師掛帥的政治局中，只有他和另一位委員擁有經濟學背景，但很少人注意到他的學位來自平壤的金日成綜合大學（Kim Il Sung Comprehensive University）。

張德江完全明白企業家帶來的最大威脅：社會和商界建立資金充沛、自給自足的私人網絡，不用再向黨報告，也不必再透過黨。只要不注意，他們就可能發展成競爭權力的中心。黨早就擔憂「和平演變」這種現象，在和平演變的過程中，黨緊抓的權力，可能被不受它控制的團體侵蝕而消失。一家美國直銷公司在北京的負責人說：「黨不希望有任何組織性的大規模團體在它的管轄範圍之外，無論是宗教、政治或就只是個大團體。它就是不要有競爭。」

直銷業在中國引發的爭議是個最生動的例子，凸顯了私營企業在共產主義國家拓展常被忽略的一點。在西方國家提到像安利和雅芳（Avon）這種直銷公司，只會讓人想到寧靜郊區裡的特百惠餐盒（Tupperware）派對。但對於從維持權力的角度看待一切事情的黨而言，直銷業在中國的成長意義非比尋常。雅芳小姐來到中國家門口可是件政治大事。

雅芳小姐與沃爾瑪工會

九〇年代後期，資深華府說客郝里（Richard Holwill）在北京代表他的主要客戶美國直銷龍頭安利，但他面對的是一場從未經歷過的談判。[8]這次坐在桌子對面的是個和過去截然不同的談判對手，是公安局的警察，他們提出一長串要求。郝里曾多次造訪北京，為了打開潛在利潤豐厚的直銷市場，他和商務部及其他處理外貿與商業登記的機關緊密洽談。但現在**桌子對面坐的是警察，意味遊戲規則變了，不僅針對安利和雅芳，而是針對所有直銷公司**。

安利以簡單的商業模式，開創全球業務，讓員工成為公司家居用品和個人護理產品的分銷商，而且不要求初期投資。業績最好的推銷員不只靠推銷安利的商品賺錢，還要吸收其他人加入銷售網。但是，中國地方政府一直無法區分它們和當時盛行的老鼠會之間的差別。其中名聲最臭的是一家賣「腳底振動按摩器」的台灣公司，它以正常價格的八倍強迫會員買進一台，再招募新人加入公司，然後賺回自己的錢。中國各級政府被受騙的憤怒投資人包圍。有些人失去畢生積蓄，自殺身亡；其他人則圍在政府大樓外。北京的反應和一般官僚體系面臨新問題時如出一轍：整個關掉這個行業。**一九九八年四月**，國務院頒布一項法令，在國家電視台晚間新聞宣讀公告，**下令禁止所有直銷業務**。

警察開始提問時，郝里心裡有數，他們擔心的不僅僅是騷亂和詐欺。他們問，安利銷售團隊有無法輪功成員？誰會審核來自台灣的銷售代理商？郝里說：「警察直接告訴我，要解雇所有法輪功信徒。」他反駁說解雇他們沒用，只會讓美國國會更火大：「我告訴他們，如果我們發現有人在傳教，利用公司的時間做不對的事，那麼我們就解雇他們。警察看著我說：『小心點。』」一則外國報紙報導的嘲諷開場白，很傳神地描繪出官方當時對安利和雅芳的無端恐懼。報導寫著：「**難道『叮咚，雅芳來訪』隱藏著反革命信息？**」[9]在中國國安人員眼中，它肯定有。

在中國，黨牢牢控制宗教，官方允許的信仰只有五個，並要求所有宗教工作向當地宗教事務局登記。基於同樣的原因，非政府組織和私人慈善機構也難以立足，因為政府不願接受它們的登記，讓它們有牢固的法律基礎展開運作。黨對宗教、非政府組織和雅芳一視同仁，管理原則就是防止它們發展為敵對的權力中心。

直銷在西方看起來就只是一種單純的行業，一到中國就變成商業領域裡的燙手山芋，帶有像宗教和非政府組織一樣令人擔心的元素。像講道一樣的聚會，往往一次吸引數萬人，為吸引會員加入，還會有人站起來說出直銷帶給他們的好處。當時替安利工作的何伯特（譯音），猶記得有人在聚會時抱怨說：「我跟隨黨三十年，一無所獲。加入安利三年，已有足夠的錢買房子，送孩子上大學。安利是我的新家。」何伯特接著說：「官員聽到很不舒服，並認為有點宗教意味。中國政府對這沒什麼好感。」某外國公司甚至在超敏感的六月四日不知輕重地舉行直銷聚會。

幾位直銷主管坦承，警察確實有他們的道理。許多法輪功信眾因為政府不准他們聚會，開始加入直銷行列。一位主管說：「當公司舉行大型聚會時，他們（法輪功）會舉行小型會議。政府在摧毀他們的工作和收入上一直不遺餘力，所以直銷顯然是他們重新工作的地方。」處理國貿和勞工問題的部會支持成立多年、享有盛名的直銷公司，因為它們帶來收入和就業機會，但是這些部會說話的分量不如國安機構和警察。

中國政府和媒體強力抨擊直銷業，表明黨對此事的敏感。南部一份相對自由的報紙把直銷公司說成「凌駕法律之上的獨立王國，很像邪教」。國家警察機構指稱，直銷公司想要控制會員的「思想和身體」。「邪教」在當時是個具有高度政治意涵的用語，因為官方正是如此稱呼被取締的法輪功。國務院批評直銷，因為「它的組織不對外開放，交易方式神祕，分銷商遍布全國」。這些話用來形容黨也很傳神。

當重新開放直銷時，政府下令各地分會要設一家店面，以確定是公開交易，而不是在私人住宅沒人看到的地方。**銷售人員只能從銷售獲利，不能拉會員抽佣金。對任何超過二十五至五十人（不同地區限制不同）的聚會，需要在兩個星期至一個月前向警方申請批准。**訂出這些規定，就是為了防止它們成為不受國家控制的政治特洛伊木馬。政府當初取締直銷業的熱度在二〇〇八年消退，約有二十多家外國公司取得許可證。安利特別投入大量資金打好所謂的「政府關係」，並在中國做出好成績。但即便是現在，警方每年仍「嚴打」非法傳銷公司，此語通常用來形容打擊犯罪集團。

黨因為擔心安利和雅芳成為顛覆源頭而取締它們，這份擔心也使得黨在同一個時期將目標對準美國資本主義的另一個巨人沃爾瑪。黨拿它當示範，要在所有外國大公司成立工會。

這件事在二〇〇六年初首次發酵，地點是泉州，這個明朝舊港口如今成為體育用品製造中心。**中國法律允許員工成立工會，但不要求公司這麼做**。沃爾瑪先是抵制這件事，稱不反對工會，但同時謊稱不知道有工人想成立工會。在泉州員工於深夜在店外祕密集會商議，取得贊成組工會的足夠簽名數後，沃爾瑪便有成立工會的法律責任。

沃爾瑪不必擔心工會破壞生意。當我前往泉州採訪時，當地工會領袖傅福榮不久前才在辦公室公開一份代表重大勝利的關鍵文件，紙上蓋有三十個血指印，就像成立祕密會社一樣。[10]傅福榮告訴我：「我們絕不會隨便罷工。有了工會，勞資關係可以比較融洽。」在見傅福榮前，他的幕僚也強調了同樣的信息，儘管可能是不自覺地。來機場接我的助理沒有工會的名片，所以她給我一張她家經營的副業的名片，是一家河南省的碎石工廠。第二天早上陪我的人也沒有工會名片，但他有兼差工作的名片，是當地一家運動鞋工廠的股東。他們很高興看到迫使沃爾瑪成立工會的政治勝利，但都沒有把這件事和改善員工薪資與工作條件想在一起。

在共產黨統治下，**唯一的合法工會組織就是中華全國總工會**，它的任務向來是阻止獨立的勞工運動成形。工會不替國企員工說話，反而是替黨服務。外國工會熱烈慶祝中華全國總工會對付沃爾瑪的行動成功，因為沃爾瑪可以說是世界各地勞工組織的大敵，但它們完全是在狀況之外。二〇〇六年，在中華全國總工會主導下，政府為了回應惡劣工作環境的投訴，推出了新勞動法。但是，這個新舉措從一開始便審慎地和黨的利益結合。[11]正如喬治華盛頓大學（George Washington University）的迪克森（Bruce Dickson）所說的：「共產黨近年來允許中華全國總工會在政策擬定和立法過程中主張勞工的利益，但（黨）也把主張成立獨立工會的人關起來。」

對付沃爾瑪與擔心雅芳小姐，兩者在許多地方相似，都是**為了確保黨在外資企業擁有發言權，因為後者現在儼然成為新中國經濟的重要一環**。據兩位熟諳中國勞動法的法律專家說：「（組織工會的）基本目標，是重拾對大量勞工的控制，因為他們現在在外國公司工作，而不是國企。」外企約雇用兩千八百萬中國員工，約占城市勞動力一〇％。三年的工會運動結束時，中華全國總工會所涵蓋的勞工也跟著增加：二〇〇三年，外資企業員工只有三〇％為其成員，但到了二〇〇八年三月已高達七三％。這次運動不只替總工會帶進大筆強制性會費，也替黨在外國公司布置許多眼線。當年稍晚，中國東北一家沃爾瑪悄悄成立黨組。對一個最具資本主義代表性的公司，這是一個多麼令人驚訝的時刻，但也象徵黨的官方意識形態變得多麼空洞。

黨對外資企業的滲透和控制，只是更大策略的一小部分，**最終目標是要在每家大型私營企業都確保黨的存在**。若要展示黨想無孔不入的瘋狂程度，那麼二〇〇七年發生在溫州私人公司的事就是最佳例證。對黨而言，對付沃爾瑪相較之下簡單多了。

黨組是私營公司「正常」的象徵

由上海往南飛一個小時，便可抵達窩在海岸山脈後的溫州，當地的傳奇之處，在於它經歷了中國式的原始資本主義的嚴酷考驗。一九四九年後，由於公路進出不便，農田不足，與台灣的距離又近到危險，溫州被迫自求生路。國家對該市投資甚少，崛起的主要是小型家庭企業，專門生產鈕扣、打火機、證件套和鞋子等產品，透過這些不易取得的基本消費品，溫州企業征服了當地市場，接著它們再把回收的利潤投入其他國內外的投資。溫州的公司曾生產全球八○％的打火機和將近三分之一的鎖。

房地產市場剛開放時，溫州企業家帶動上海等城市的炒樓風潮。二○○二年煤價飆漲前，他們是山西煤礦第一批的中國私人投資者。「溫州幫」還控制境外工商協會和人力仲介公司，後者在九○年代歐洲如雨後春筍般成立。**在中國，溫州商人敏銳的商業觸角已被說成近乎神話**一般。中文書店陳列商管書的地方必有許多溫州書名的書，如《上帝讓溫州人發財——溫州創業文化啟示錄》、《可怕的溫州人》、《溫州富姊妹》、《溫州人的商業書》、《中國猶太人》。

不管是參訪溫州還是其他地方的私人公司，我總是提出一個重要的問題：如果公司裡有黨組，它通常做些什麼事？有些高階主管貶斥黨組不過是為了政治正確妝點門面，這些發言當然不會公開。二〇〇一年因公司基層黨組被選入十大而獲獎的某上海私人公司高階主管說：「不過是個官樣文章，是一種政治秀罷了。」劉家四兄弟九〇年代在四川農村因豬飼料事業而發財，其中的劉永好是少數公然蔑視黨對公司的影響的高階主管。兩次和這位新希望集團的董事長見面，一次在一九九六年，一次則是在二〇〇六年，他都持這種態度。他說：「我覺得（公司內部的）黨員舉辦一些學習班或活動是好事，但是黨組書記並不屬於我們公司的領導階級。」

除了這些少數例外，其他高階主管的回答一致到驚人的地步。就像政府官員牢記領導人的發言，即使在實踐中不當一回事，企業家也一樣牢記黨之所以必須出現在他們公司的制式理由。他們說，**黨組存在是為了調解員工的不滿，很像工會，並提供「倫理」和「精神」的指導**。中國最大的私人服裝公司雅戈爾位於寧波一大片土地上，該公司董事長李如成說：「從公司士氣而言，這很重要。你必須有個精神核心。否則，你是空的。」李如成嚴肅虔誠的語氣，與許多人對外人提及黨時一樣，一聽就知道是在模仿官方說詞，而不是表達個人的獨立見解。

所有企業家都沒有說出黨關注私營企業的根本原因。**黨之所以要進入公司，完全是受列寧主義指導，不僅是為了監控，還是一種政治保險**。在危機時，潛伏的黨細胞可以立刻啟動。黨的目標是在每個重要機構安插一名帶頭人與提議人。黨本身對此角色倒是直言無諱，上海市委黨建處副處長張大紅說：「如果突然有人搞破壞，像是（被禁止的宗教）法輪功，我們可以（利用黨組）調動一切資源遏阻危機。」[12]

黨校特別教導學員，黨滲入外資企業的最佳模式，就是日本日產和中國汽車及卡車製造商東風的合作案。這是中日最大規模的合資企業，帶給陷入困境的東風轉型機會。但中方並未因此不去要求新公司裡必須設立黨組，並為此進行一年多的談判。東風想要的不只是在合資企業內成立一個象徵性的黨組，而且還要讓黨組書記擔任高階主管，並由公司支付他的薪資和辦公費用。不僅如此，東風還具體要求在辦公室外掛上黨組的牌匾。根據組織部的個案研究：「在與日產的合作上，東風的底線是公司的黨組絕對不可以變成地下組織。」[13]

組織部二〇〇五年一篇關於滲入非國有企業的內部報告，其間充斥基層黨員的沮喪回報，他們表示黨在私營和合資企業裡的影響力江河日下。報告引述一名黨員的話：「我們實際上就是缺錢沒權。就連發言都惹人嫌。」相形之下，日產和東風的合資協議是難得做得很漂亮的一次，因為書面協議載明，要把黨的代表納入決策過程核心。

溫州從來不對北京凡事聽命，甚至連裝個樣子都沒有，這也許可以解釋為什麼黨直到二〇〇七年才設法打進該地的私營企業。幾年前我到溫州訪問時，官方例行賜宴歡迎，酒酣耳熱之際，官員譏笑江澤民積極推動的「三個代表」不知所云，他一邊大口吃海鮮一邊說：「我記得前兩個（代表）。有誰記得第三個嗎？」少有中國官員敢在外國人面前嘲笑高層領導，尤其雙方才見面幾分鐘。諷刺的是，江澤民推動三個代表是為了要將企業家納入共產黨，正如他不久後所做的。晚宴上的溫州官員雖然搞不懂江澤民的政策，卻對ＢＭＷ和賓士高級轎車的價格瞭若指掌。

表面上，黨並沒有成功打進溫州。在溫州十萬家私人公司裡，只有四千一百家成立黨組，約占四%。《人民日報》二〇〇八年初的專題報導列出黨組所做的善事，像是送電視機給貧困家庭、到殘疾人家幫忙，這使黨聽起來更像社會工作者，而不是馬克思列寧主義的先鋒。負責人邵德鵬表示，他們並不急於推展，沒有一定要達成的額度，沒有壓力，也不涉及政治。他說：「如果是民營企業、社會團體或非政府組織，我們會幫助它們成立黨組，但不會要求或強迫它們這麼做。我們只是發揮主導作用，如果它們符合資格並提出申請的話。」[14]

但若仔細觀察，就會發現一個不同的模式。儘管成立黨組的公司不多，但它們都是溫州主要民營企業。既然黨貴為大型組織，當然希望和具有影響力的大型企業往來，而不是江澤民過去貶抑的「小販」。黨對這些大型私人公司判斷敏銳，它們的事業跨出溫州，深入各地，攸關政治利害。溫州學者馬津龍說：「成立黨組被當成『正常』的象徵。有了黨組，中央領導人來溫州時才可能訪問它們。如果你問黨組的功能是什麼，這是最大的一個。」

就像華府的律師事務所吸收前朝政客以維持政界人脈，溫州大公司爭相聘請當地宣傳部退休高幹領導公司裡的黨組。溫州最大的私營公司正泰集團是一家電子設備製造商，該公司對黨組領導人選的要求，是他的級別一定得高於同業對手德力西聘請的黨高幹。高幹對自己能受到禮聘樂歪了。馬津龍說：「兩家公司的黨組書記都提前退休，他們在私人公司的待遇更加優渥。」

對黨而言，和企業結合不僅讓它打入私人公司，也給退休幹部製造很多工作機會。企業家好處顯然更多。越來越多的商界領袖進入溫州市的人民代表大會及其諮詢機構政協。在官方提名馬津龍為「改革開放三十年影響溫州經濟三十人」候選人後，他親身感受到企業家的力量。他說，活動推出後不久，他和其他被提名的學者紛紛退出。他說：「最後上榜的所有候選人都是企業家。只有他們有實力參選。」

黨在基層成立的中小企業協會也有同樣的趨勢，藉以聯繫和滲入各地的私人企業。越來越多企業加入協會，協會也代表它們來遊說。迪克森的調查結果顯示，認為國家批准的企業協會的主要責任是由黨來領導私營公司的中國官員，已經從一九九九年的四八%降至二〇〇五年的三二%，認為協會首要職責是服務企業的人數，則從四二%增加到五七%。迪克森說：「對私營企業的黨建工作，在促進企業的利益上遠比展現黨的領導更為成功。」[15]

無論是王石對「紅帽子」的重要性的強調，或是海爾和青島市政府的角力，還是華為討好政治體制，抑或是溫州大公司成立黨組，其實都有共同之處：**企業越大，與黨保持良好關係越重要，好的政治關係能帶來更大的好處**。二十一世紀初，兩家企業試圖進軍國企主導的產業，但下場卻截然不同，它們可以說是如何做好政府關係以發展事業，以及沒做好這個關係會付出何等慘痛代價的經典範例。

要口袋有錢，又懂得政治配合

在力圖打進鋁業近十年後，劉永行在接受採訪時提到，他試著打破一個政府長期壟斷的行業時所學到的心得。[16] 九〇年代後期，在制訂投資計畫時，劉永行的提案單刀直入。他判斷，中國的工業生產和城市建設正快速發展，鋁和製鋁原料的需求將會飆升。由於鋁的供應由一家國企把持，這是劉永行的東方希望集團打入市場千載難逢的機會，因為東方以生產效率、降低成本見長。劉永行希望控制整個生產過程，從開採、精煉到冶煉，不讓國企競爭對手有機會卡死他。

二〇〇二年到二〇〇七年是中國重工業起飛的黃金時期，一個成長和獲利都創紀錄的時代，但打進市場的政治工作十分險峻。當劉永行二〇〇八年被問學到了什麼時，他回答有一件事讓他刻骨銘心：絕不讓他的公司成為「下一個鐵本」。他說：「鐵本就是一個教訓，成了一個悲劇。」

江蘇的鐵本鋼鐵公司近年來成為中國經濟故事的一個註腳：一個惡質商人過分貪心、自食其果的故事。事實上，鐵本老闆戴國芳的計畫和劉永行沒什麼兩樣。二十一世紀初，戴國芳同樣看到鋼鐵的大好時機。因為他的生產成本低，他認為可以輕易從養尊處優的大型國企搶走市場占有率，如長江下游一百五十公里處上海附近的寶鋼，他唯一需要的，只有增加生產規模而已。後來幾年的市場證明他的預測沒錯，從大約二〇〇二年、二〇〇三年到二〇〇八年中，鋼鐵需求和利潤激增。

只不過不像劉永行，戴國芳沒有挨到坐享其成的時候。在國企連番攻擊下，劉永行的事業依然屹立不搖；但是戴國芳在中央政府主導的公開攻擊下，坐牢收場。兩個商人命運不同，理由很簡單。**劉永行對抗國家壟斷的政治手腕靈巧，而戴國芳無法應對北京的政治風向逆轉**，而且當它不利於戴國芳時，他根本無力招架。

戴國芳與常州市委書記一起打造成為中國鋼鐵業巨頭的計畫。當時四十一歲的戴國芳擁有一家小型鋼鐵廠，但他的夢想是個大煉鋼爐。二〇〇二年向市領導提議建造大型鋼廠時，他發現他的聽眾聽得入神。常州是江蘇省長江上的一個工業城，常拿自己和長江三角洲的鄰近對手城市蘇州與無錫相比，但它們的活力讓常州黯然失色、充滿妒意。北京大學知名經濟學家周其仁說：「常州的想法是必須抓住這個機會。這是個簡單的商業決定。戴國芳需要當地政府的支持、土地和貸款，他們必須向中央報告這項計畫。常州市委書記對他說：『別擔心，我們會處理。』」

即使以中國強盜大亨時代的標準，鐵本仍算是個大膽的計畫。等規畫完成，戴國芳常州新公司的產能將達到八百四十萬公噸，放諸全球都屬大廠，相當於英國二〇〇八年鋼鐵產量的三分之二，但不到中國的五%。由於中央政府要求五千萬美元以上的鋼鐵專案要先送北京審批，因此為了繞過這項規定，常州把十二億八千萬美元的專案分成二十二個事業，自行批准動工。全國性大銀行在常州的分行共襄盛舉，承諾提供開工費用的四〇%貸款。二〇〇三年中，戴國芳開工興建。

如果工程早一、兩年動工，戴國芳和常州可能就會安然過關。但二〇〇四年初，北京對過熱的經濟早已心存警惕，尤其注意重工業。重工業消耗過多能源，抬升已經上漲的物價，並製造大量汙染，包括溫室氣體，而且若投入同樣的資本，它所聘用的人力又相對較少。北京決定發出強烈的警告，要「殺雞儆猴」，遏止進一步投資。新添的產能多數來自國有鋼鐵企業，它們也瘋狂擴張，但是沒有一家公司比鐵本更適合作為政治攻擊的目標。

政府很快全面聲討鐵本計畫。二〇〇四年三月中央政府下令，停止建造鐵本。一個月後的四月底，北京把此案拉高為不折不扣的政治事件。國務院召開專門會議，討論戴國芳的鋼鐵廠。會後發出嚴峻的控訴，由官方媒體嚴斥鐵本「違法犯紀」，地方政府和銀行也嚴重違法。不像朱鎔基，溫和的溫家寶總理很少公開點名鬥爭，這次是他難得一見展現政治雄風。溫家寶派出包括九個中央部會的調查小組前往常州，對鐵本查帳，尋找不當行為的證據。北京一點都不擔心部會的偵查會找不到大量的不當行為，因為這本來就是未審先判的調查。接下來就輪到經濟審判大戲上場了。

之後，鐵本案以令人尷尬的方式逐漸開展，讓人更加覺得整件事是場鬧劇。北京的調查小組做出結論，鐵本案主要的不當行為是市府把該計畫分成二十二個小案進行。只有幾位市府官員遭到解職，市委書記則正式接受紀律處分。但是，只有戴國芳被打入大牢。兩年後案件轉到法院時，假帳和貸款欺詐的虛張聲勢指控早已煙消雲散。沒有法律禁止建造大型鋼鐵廠，有的只有政府的規定，而歸根結柢，政府規定之所以具有強制力，只是因為不照規定辦事的官員會被黨撤職。戴國芳最後的罪名是虛開發票申請退稅，但這早已是這個行業的常規。

常州非常不滿北京把矛頭指向它，從中央政府最後所提出的輕微指控以及調查小組未能查出具體不法行為的事實裡，它察覺到中央在整件事上其實站不住腳。二〇〇六年三月戴國芳出庭，死不認罪。在中國審案，被告一般都會認罪，因為這是不致遭受嚴懲的唯一途徑。更令人吃驚的是，市委控制下的常州法院和戴國芳一鼻孔出氣，讓北京十分難堪。四年來，法院拒絕對此案做出判決。戴國放的辯護律師錢烈陽對案子的延宕束手無策，他二〇〇八年底告訴我：「這十分罕見。我們一直催法院做出判決，但現在我們放棄了。」錢烈陽知道不可能判無罪，因為這會迫使中央和市府面對公司資產和土地所有權問題，並賠償政府的強行徵收。錢烈陽說，判「無罪」會引發各種政治問題。但不判決本身也是一種政治表態，是常州市表達不滿北京否決其重大開發案的方式。

二〇〇九年中，戴國芳改為在家拘留，法院悄悄以輕罪判決他有罪。法院的決定凸顯了北京對鐵本的攻擊只是徒勞。二〇〇一年到二〇〇四年，粗鋼產量成長了一倍，達到兩億八千萬公噸。到了二〇〇八年，在全球信貸危機和房地產業崩潰引發景氣低迷前，粗鋼產量已超過五億公噸，比排在中國之後的七大鋼鐵生產國的總產量還多。到二〇〇九年中，鋼鐵年產量約為五億五千萬公噸。在政治上摧毀鐵本，幾乎沒有什麼經濟影響。二〇〇六年審理本案期間，經濟學家周其仁在報紙發表評論說：「到底是什麼原因讓九個中央部會拿一家不起眼的私人公司開刀？大型國企可以參與大型項目。但是，當私人公司這樣做，特別是和國企競爭時，就會出現各種問題。」[17]

雖然在文章中沒有提到，但周其仁曾試圖取得批准，探訪獄中的戴國芳。這是個極不尋常的要求，主要是周其仁對私營企業的政治生態十分感興趣。常州黨部把周其仁的請求轉給市警局，市警局再上報到省，省又將它轉給北京公安部，最後總算同意他去探監。周其仁對戴國芳的看法，是精明但缺乏敏銳的政治觸角，他說：「戴國芳對整個產業一清二楚，對成本更是瞭解。他以為鐵本將是中國成本最低的新鋼廠。他的投資是基於市場考量，但中國的經濟卻是由政治決定。」

在八〇年代末、九〇年代初，劉永行與三位兄弟因豬飼料而賺到第一筆錢時便有此心得。現在他已擁有自己的公司，但他的策略不變：比政府政策早半步，僅此而已。他說：「我們很多時候是走在前頭的，是當時沒有政策的。……（我所謂的比制訂政策的人『只多走半步』，就是）在現定的政策法規之內，探出半步，探探虛實，要有非常好的拿捏，拿捏不準，就陷進去了。鐵本就是一個大教訓，成了一個大悲劇。」他又說：「（政府）對民企沒有對國企那麼支持。這是改革開放的特點。既然是特點，我們就沒有辦法改變的，就把它視同為大自然的規律。」

黨對私營企業既存的偏見，劉永行早就心知肚明。在一九八二年到二〇〇二年，他仍與兄弟合夥時，他就從來不向國有銀行借錢。銀行一開始不想貸款給劉家兄弟，但當銀行開始拚業績時，劉家已經不需要向銀行借貸了。一如大多數企業家，他們學會從獲利籌錢。一旦劉永行接受這是在中國經商的常態，他的態度也變得比較正面，「否則你就會充滿怨氣，就會賭氣，就拉倒不幹了，或者胡來，那就會違法」。

劉永行得來不易的求生之道，影響的不僅僅是他做生意的方式。他決心要和官員維持非常嚴謹的關係，而不是為了比別人享有優勢而做些暗盤交易，這也決定了他要投資哪些行業。他放棄了房地產業，因為難以忍受和官員拉關係。他說：「房地產需要大量的（內幕）交易，需要不斷地吃飯、喝酒、送禮。」基於同樣道理，他說他也不讓新公司在證券交易所掛牌交易，因為「要耗費大量精神與體力去跑證監會，跑這個部門，跑那個部門。這就和邪門歪道離得很近了」。

劉永行打入鋁業面臨的障礙，比戴國芳在鋼業上更大。他要對付的是中國鋁業公司，這是北京黨中央直接控制的五十家重要大型企業之一。中鋁不僅僅是中國最強勢、成熟且具有企圖心的國企，也掌握進入此行的關鍵原物料和技術。最重要的是，中鋁幾乎壟斷了鋁業，控制九八%國內市場的供應。外表有如銅牆鐵壁的中鋁有兩大弱點，一個和政治有關，另一個涉及技術問題。劉永行巧妙而合法地繞過政治障礙。但最令人好奇的是他如何克服第二個難關，拿到進入鋁業的關鍵技術。

劉永行先把目光對準遠離首都的地方。中鋁在北京可能吃得開，但到了各省可能未必如此。二〇〇一年，當中鋁重組並把部分股權在海外上市時，中央政府把各地多數鋁礦開採權給了中鋁。雖然中鋁想囤積鋁礦以維持鋁製品的高價，但擁有資源的省分則想盡快挖礦以增加收入。[18]劉永行在河南找到了一扇可以推開的門，那裡蘊藏了全國約六〇%的鋁礦儲量。河南想增加稅收，因此迅速決定不受中鋁和中央政府協議的約束，開始核發劉永行和想打進鋁業的其他企業家鋁礦開採許可證。

中鋁對劉永行寸土必爭。它利用在中央政府的影響力，以控制投資為由拖延劉永行的專案。中鋁同意放行的條件，是在河南開發案上享有控制股權。與此同時，中鋁放慢鋁進口許可證的發放，以強化在資源上的壟斷。但逐漸地，一個完整的私營鋁業公司的各項條件已經成熟。劉永行得到河南省的鋁礦，他可以提煉礦石生產鋁。他擋掉中鋁入股的要求。他在內蒙古和山東建立冶煉廠，兩廠的電力來自附近的火力發電廠，其燃料來自他也握有股份的煤礦場（製鋁需要大量電力）。

最後一塊拼圖是中鋁控制的專有技術，藉以把鋁土精煉成鋁。劉永行不願說出他如何取得這項技術。但是其他試圖入行的企業家，根本是在中鋁眼前竊走技術。正如鋁礦，中鋁也想限制提供這項技術，把競爭對手逐出市場，保護自己壟斷獨大的地位。透過控制遼寧和貴州兩個國家鋁業研究機構，中鋁試圖將這項技術列為機密。研究機構的工程師對加諸工作上的種種限制十分惱火，因為在市場經濟下，若把他們的專業知識授權給更多人，就可以有更大的現金回報。因為感覺受挫，幾位頂尖的工程師在二〇〇三年退出這兩家官方機構，帶走煉鋁廠的設計圖，並在瀋陽一所大學成立新的研究中心。不久，他們便開始出售中鋁的專有設計給想買的生意人。在短短十二個月內，四名工程師賺進約五百萬美元。

等到這幾名惡質工程師被抓為時已晚。和中鋁競爭的精煉鋁廠，包括劉永行的專案已獲批准或開工運轉。時機抓得恰恰好，它們趕上中國對精製鋁品的需求激增。這帶給中鋁慘痛的衝擊，從二〇〇五年到二〇〇八年，中鋁在全國鋁市場的占有率，從壟斷經營的九八％跌到一半以下。最令人震驚的是，中國最強勢的公司之所以受到這麼大的打擊，是因為地方私營企業從事商業間諜行為。五名前中鋁工程師在貴陽法院被判竊取商業祕密罪。一人判刑三年，其他四人不用坐牢，罰些小錢了事。

儘管中鋁企圖破壞對手的計畫並保護技術，但在這場漫長的拉鋸戰中，劉永行最大的本事就是他有錢。根據中國富豪榜，劉永行二〇〇八年的身價約三十億美元，是首富之一。他與合作夥伴有錢支撐這些專案，還不用向銀行融資。相形之下，常州的戴國芳受到銀行約束，而銀行很容易受政治壓力影響。**劉永行證明了口袋有錢又懂得政治配合的企業家，是能夠生存和發達的**。劉永行得到幾位中央決策者的支持，他們不認為維持中鋁的壟斷地位有什麼經濟價值。但劉永行最重要的關係是在北京城外的各省級地方政府，因為它們有意促進家鄉的經濟發展。各省的地方官員既有動機、也有權利去找像劉永行這類的企業家。劉永行說：「我說得不好聽些，地方政府官員都是要政績的，就（算）是搞腐敗的官員，除了腐敗，他還是要政績的。所以，我們都能滿足他們——我們的業績、稅收、環保，我們的社會形象。」

企業家是重要的養子，不是自己人

二〇〇八年，黨空前地向私營企業示好，挑選了三十五位企業家到北京中央黨校進修。黨原來只打算邀請三十四位，告訴我內幕的某商人說：「第三十五位是託人情才加入的。」[19]

黨校的現代建築坐落於頤和園附近一大片寬敞的土地上。它高居中國兩千八百所全職官員培訓機構的龐大系統之首。不少這類機構只是單調地提供官員進修課程，如黨史與北京最新發起的運動；它們偶而也會邀請中小企業家，當作吸引企業家入黨的一環。

邀請三十五位企業家，是黨校的最新嘗試。他們住在校內，與來自全國各地的明星官員組成親密的學習團體，這些明星官員會是中國未來的領導人。此外，還由黨內大老親自授課。這些企業家主要經營高科技和新媒體事業，全靠自我拚搏成為有錢、有成就的人。他們包括在那斯達克上市的英語教學公司新東方的俞敏洪、消費電子產品愛國者的馮軍、田溯寧的老同事亞信現任執行長丁健。若打個比方，參與黨校的菁英課程，相當於在美國受邀去上哈佛大學高階主管企管碩士班，與美國下一代政治領袖一起上課。在中國，沒有比這更好的建立人脈的機會。

多位企業家到達後注意到的第一件事就是設備一流。房內有數台聯想大電視、液晶顯示器、無線網路。還有五十米長的游泳池、網球場、壁球場，設備齊全的健身房，以及私人健身教練。就像被送到寄宿學校的青少年，透過日常作息中得到的特別禮遇，他們很快就曉得自己與官員的地位不同。他們上食堂吃飯免費，而大部分官員每人要付五元人民幣；他們房內有高露潔牙膏，而不是本地的黑妹牙膏。該企業家說：「我們顯然算很有成就。我們受到優於縣級領導的待遇。」每扇房門上貼有一個名牌，官員的牌子上寫著他們的姓名和地區，企業家則是寫上他們的公司和行業。他們都別上名牌，這些課程讓企業家方便接近本來可能難得見上一面的官員。該名企業家說：「汙染控制設備和鐵路通信設備的銷售商，在黨校中達成了幾筆大交易。」

課程先是簡述黨的神聖理論如「毛澤東思想」和「鄧小平理論」等等，還有冗長的課講解區域軍事衝突、多邊貿易談判及世界各地時事。就像很多人首次見到在自家地盤的老練政客，官員的表達能力，以及談到某個主題出現觀念矛盾時如何平衡處理，都讓多位企業家啞口無言。課程的最後，企業家對官員以及他們肩負的龐大職責有了新的尊重。每位政府官員要為千萬人的福利和食物負責。他們超時工作有如投資銀行家，被迫長時間和家人分開，一個晚上必須參加三、四個宴會，加上不停敬酒。官員也彼此競爭，既相互拉抬也相互對抗，目標觀眾是黨校裡最具權勢的人。該企業家說：「他們之間的競爭比我們激烈得多，我們只能算是業餘的。我們加入後，就成為體制的有力捍衛者。就像孤兒，一旦你成為家庭的一員，你就會捍衛它。」

但課程的最高潮是對企業家的當頭棒喝，提醒他們是家中重要的養子，而不是自己人。當黨校校長胡錦濤接班人習近平對他們演講時，講稿影本發給政府官員，以便他們邊聽邊讀，但不發給企業家。他們被告知黨的正式保密規定特別禁止他們取得影本，甚至也不准他們做筆記。能與地位崇高的黨領導共處一室，企業家就算只能安靜地聽講，也是莫大的榮譽。

歷史課是黨控制最嚴、最不能容忍歧見的領域之一，而黨所要求的就是這種服從。黨大力適應私營企業的成長，學習如何和企業家保持一定的距離，讓他們茁壯成長，但同時得確保他們不會有機會發展為競爭的權力中心。但僅憑黨控制政府和企業是不夠的，要長期緊抓權力，還得控制中國的故事該怎麼說。

注釋

1 Andy Rothman, *China's Capitalists*, CLSA, September 2005; Joe Zhang, *China's Marginal Private Sector*, UBS Investment Research, 15 September 2005.

2 Yasheng Huang, *Capitalism with Chinese Characteristics: Entrepreneurship and the State*, Cambridge University Press, 2008是關於該主題的佳作。此段亦引用筆者與他之間的電子郵件。

3 《二十一世紀經濟報導》，二〇〇七年五月二十日；http://finance.sina.com.cn/stock/s/20070520/18223610668.shtml。

4 這些分類部分要感謝Arthur Kroeber。

5 *Newsweek*, 20 December 2004.

6 之所以用「據說」，是因為無法再向王石本人確認他是否曾受到監禁。一九九九年六月五日的《華盛頓郵報》有篇相當深入的報導，大量引述了王石對入獄的感想。下一段提到的《紐約時報》專訪，刊於二〇〇八年四月六日。

7 http://finance.sina.com.cn/roll/20081230/01002599819.shtml。《二十一世紀經濟報導》二〇〇八年十二月十二日的文章標題是「王石：戴上紅帽子後要摘掉就不容易」。

8 除了多次採訪引述對象，以下的引述也來自Herbert Ho, *The Development of Direct Selling Regulation in China, 1994-2002*, US-China Business Council。

9 *Wall Street Journal*, 23 April 1998.

10 *Financial Times*, 26 April 2006。關於工會運動本身的報導，可參考*Wall Street Journal*, 13 May 2006。

11 Winston Zhao and Owen D. Nee Jr. 'Ensuring Compliance with China's New Labor Laws', paper for a PLI Conference, 'Doing Business in China 2008: Resolving the Challenges in Today's Environment', 21 March 2008.

12 個人採訪，另見《解放日報》，二〇〇四年六月二日。

13 〈混合所有制企業黨的工作研究〉，《組織工作研究文選二〇〇五》（下），中共中央組織部研究室（政策法規組）編。

14 《人民日報》，二〇〇八年四月四日。

15 數字和引述取自Bruce Dickson, *Wealth into Power: The Communist Party's Embrace of China's Private Sector*, Cambridge University Press, 2008初稿。

16 劉永行，〈在寒冷慢步進行〉，《南方人物週刊》，記者徐琳玲，二〇〇八年十一月二十七日。

該文也貼在http://news.sina.com.cn/c/2008-11-27/092716735980.shtml。所有劉永行的引述都來自這篇文章，並與他的辦公室查證過。

17 引自www.ftchinese.com，二〇〇六年五月十六日；其他引言來自筆者對周其仁的採訪。

18 《財經》，二〇〇四年八月二十日。

19 提供資訊的企業家要我絕對不可透露他的姓名或身分。

| 第八章 |

墓碑

黨與歷史

我感覺就像一個人深入山中尋寶，
獨自一人被老虎和其他野獸包圍。
——楊繼繩，《墓碑：中國60年代大饑荒紀實》作者

中國的中宣部部長……和美國的國防部部長，
原蘇聯的農業部長一樣，是各部門中最難當的官員。
因為他涉及到要用什麼樣的精神引導工作，
國家能不能保持穩定，意識形態工作做得怎麼樣非常重要。
——劉忠德，前宣傳部副部長

共產黨！毛主席！救救我們！

二〇〇八年中，《墓碑：中國六十年代大饑荒紀實》開始在香港書店銷售，像過去厚厚的電話簿堆成小山。[1]上下巨冊被厚塑膠套套成一本，疊得高高的。書在店裡的擺放陣勢嚇人，和書中主題的分量匹配。

作者楊繼繩為了該書潛心研究近二十年，鉅細靡遺地寫下一九五八年至一九六一年內三千五百萬到四千萬中國人餓死這個不容置疑的事實發生的經過，這也是黨長期試圖掩蓋的悲劇。依楊繼繩的估計，在同一時期，嬰兒出生率也短少了四千多萬人，因為婦女和她們的丈夫身體都過於孱弱不能生育。這本史詩般的巨著只是重新確認了中國以外的世界史研究者早就知道的事實：毛澤東加速建立他所謂的「真正的共產主義」的烏托邦式計畫，造成歷史紀錄中最嚴重的人為饑荒，災難程度不下於納粹德國的大屠殺。與書同樣不凡的是，新華社記者楊繼繩如何設法編寫完成這本氣勢磅礡的作品。

在職場多數的時間，楊繼繩忠心做名新華社的記者，替通訊社寫稿，要先通過宣傳體系審查才能發布。在後台，他扮演新華社高級記者的第二個祕密角色，提供黨內參消息。這些現場發出的電訊，楊繼繩毫不手軟，是北京監督首都以外官員工作和行為的重要來源。他有幾篇報導軍隊濫權、經濟衰退和官員貪腐的內參消息，都呈到北京高級領導人辦公桌上，讓他派駐地區的黨官驚愕萬分。

八九民運後對共產黨失望，楊繼繩把揭露的對象轉向他的老東家。他不再替北京當眼線，而是祕密進行批判黨的工作。利用新華社高級記者的特權，楊繼繩能進入各地國家檔案局，重建大饑荒最完整的真相，遠超越任何國內外研究人員所及。他努力的結晶是《墓碑》，該書可謂是由大陸當地作者對共產黨掌權時代以中文寫成的最嚴厲指控。不僅如此，該書是次完美的內部起義，獲得其他黨員長期、祕密的合作，決心揭穿數十年來有關饑荒的謊言。

楊繼繩得到體制內數十人合作，其中包括人口學家，他們多年默默在政府機構彙編準確的死亡數字；也有地方官員，他們數十年來守著當地發生之事觸目驚心的紀錄；還有省級檔案局館員，只要點個頭、眨個眼，他們便樂於打開大門歡迎信得過的同志進入，心中也知道後者「研究中國糧食生產史」的說法是個藉口；最後是新華社記者，他們願意利用駐在地的人脈，讓災難真相大白於世。

《墓碑》以厚厚上下兩冊發行自有理由。整本書詳載數字細節，楊繼繩彷彿想先發制人，事前駁斥當局在出書後詆毀書中內容的企圖。楊繼繩說：「沒有戰爭，沒有疾病，氣候正常。但三千五百萬至四千萬人不可思議地消失了！這是歷史上罕見的事，但當局就是掩蓋這麼重大的事，所以沒有多少人知道這段歷史。人們靠口耳相傳留下故事，但現在的年輕人覺得難以置信。」

饑荒期間和事後，中央曾派調查小組到一些地方研究災害，但北京至今還沒拿出此次悲劇和死亡人數的正式公開報告。人口統計學家王為之自己收集大量人口死亡的證據，他說：「我們已經知道大批人餓死，因為我們從地方官員的內部報告看到有關數字，但中央沒有進行大規模的調查。」甚至提到這個問題本身都會成為政治炸藥，因為答案會指向誰？會指向毛澤東和當時其他領導人，以及他們對數千萬人民死亡要負的直接責任。

五〇年代後期，毛澤東下令將農場集體化，強迫許多原本生產力很高的種糧農民，把力氣用來在後院蓋粗糙的高爐。這屬於「大躍進」的一環，毛澤東的追隨者預計幾年內糧食產量將倍增，甚至成長三倍，而鋼鐵產量將激增，超過西方先進國家的產量。此時，殘酷的政治控制也更加深入，進一步強化對毛澤東的個人崇拜。被推崇為「光輝的馬克思主義者」和「傑出思想家」，毛主席已經戴上像上帝一樣不會犯錯的光環。

新的農村公社開始謊報豐收，以應付毛澤東糧食產量破紀錄的政治要求。而奴性官員由於擔心自己若偏離毛澤東路線，就等於政治生涯告終，因此一手導致了國家的恐怖狀態，凡是質疑呈報北京收成數量者，都被打成「右派」，這使得謊言更加牢不可破。多人被地方幹部派出的武裝民兵活活打死，為達到生產目標，不惜任何代價。一些地區已吃光糧食。但即使有儲糧，糧倉也被迫關閉，不得提供可以救人民一命的糧食。若發放糧食，會被荒謬地貼上政治錯誤的標籤，因為儲量會小於上報北京的收成。河南官員俞德紅眼看飢餓的居民聚集在地方糧倉深鎖的大門外，到他們死前奄奄一息之際還在高呼：「共產黨！毛主席！救救我們！」

不用說就知道，《墓碑》不得在中國發行。即使在香港暢銷，也沒有任何出版商敢碰這本書。中部大城武漢的社會治安綜合治理委員會，把《墓碑》列入「淫穢、色情、暴力和不適合兒童閱讀」的書單中，見了就要沒收。[2]除此之外，黨默默抹殺《墓碑》，禁止媒體提它，也不發動任何攻擊，以免反而引人注意這本書。

黨對批評者不是囚禁、就是殺害的時日早已不復存在。熟諳媒體操作的宣傳部還有許多更圓滑、更精準的方法可以處理問題。黨習以「鬧事者」此語稱冥頑不靈的批評者，就像他們是壞學生似的，黨現在的作法包括讓他們丟工作、悄悄威脅家人讓他們閉嘴、不准上媒體，以及以不愛國為名加以羞辱。但最後一招，還是把他們送進監獄或強迫流亡，讓他們與本地生活和政治脫節。「大躍進」的恐怖在西方國家已有紀錄可查，為海外研究中國近代史的學者所熟悉。黨嚴防說出中國的過去，如果有朝一日可以公開，國內版的情節顯然會和海外版截然不同。書出版後，楊繼繩安然無事，仍然住在北京新華社提供的住房。但是，透過忽視書和作者，黨希望《墓碑》會石沉大海，就跟其他許多不安的祕密一樣。

中國共產黨政權的成立是歷史之必然

誠如率先以英文撰寫這場災難的作家貝克爾（Jasper Becker）於一九九六年提到，大饑荒最不可思議的是沒有人確信它曾發生達二十年之久。[3]要一直等到八〇年代初期至中期，美國人口統計學家看到中國的人口統計，三千萬人死於大躍進這三年的第一個權威估計才廣為人知。

對這場饑荒的掩飾當然會讓人想知道，到底政府是如何隱藏幾千萬人的死亡。二〇〇三年，中國政府試圖掩蓋致命病毒SARS的影響，病毒源頭在中國南部，蔓延到香港和北京等大城市。直到也是黨高幹的北京軍事外科醫生，把北京因SARS而死的正確人數傳真給外國媒體，胡錦濤政府才拉高問題的層級，採取嚴厲的隔離措施。二〇〇八年三鹿乳品案的情節大同小異。公司和當地黨委掩蓋奶粉受汙染和嬰兒患病的實情，直到紐西蘭政府姍姍來遲地自揭醜聞，同時當地一名記者違反宣傳部禁令，披露公司名稱，案情才被揭發。

兩案相同之處，是爆料者只是提前披露遲早要出事的問題，因為政府最後還是得被迫承認真相。畢竟，你不可能永遠掩蓋四處蔓延的疾病、死亡和悲傷的家屬；若這樣的論證可以成立，那麼它背後的理由就是事情會透過社群傳播，不像那些可以棄之不理的繫獄異議人士，可以下令禁談、封口，也看不到。但是，在毛澤東極權統治下，政府很簡單就能讓人不敢提大饑荒，也不讓大家口耳相傳、持續發酵。首先，中國沒有獨立的媒體或公民社會可以施壓要求資訊公開。饑荒的主要受害者是農民，他們無能為力，同時遠離政治權力中心。國家統計局的數據可信度不高，並在隨後的政治動盪中被關閉。同時，由誰研究什麼，到什麼地方研究，都完全受黨控制。當時也沒有八九民運期間的衛星天線和傳真機可以讓世界與北京保持聯繫，遑論讓本地和外國記者使用這些設備了。

要像黨當年掩蓋饑荒的規模一樣，試圖掩蓋二十一世紀發生的SARS和三鹿事件，可以說已無可能。中國現有手機和網路串聯，也和全球經濟接軌。任何食物問題或旅行限制，會瞬間傳到中國以外的許多國家，並馬上傳回國內。但即使無法再封殺重大新聞事件，黨仍可有效控制以後事情要怎麼說。

黨把大饑荒定調為「三年困難時期」，好像和政治無關（在八〇年代或更早，官方術語是「三年自然災害」）。黨承認，饑荒後不久在一九六六年發生的文化大革命，歷時十年，犯了災難性的錯誤，但接著黨扭曲論調，變成對黨有利，堅稱唯有黨可以防止未來再出現這種不穩定的局面。在二〇〇九年八月的記者會中，當記者問到中國的言論自由時，廣東省委書記和政治局委員汪洋訓斥道：「文化大革命期間有言論自由，讓整個國家陷入混亂的就是言論自由。」一八九民運被大量報導，但對這起較新事件的記憶也被黨攪亂，並全面嚴加控制，即使是對鎮壓和相關人物做最小幅的報導，也絕不放過。黨掩蓋事實、混淆是非、半真半假、掛一漏萬，必要時彌天撒謊，反正就是不讓不同的說法冒出頭來。

中國隨處都充斥失憶現象，而且病根不淺。最近建造的上海歷史博物館裝潢豪華，在展示列強控制下的上海時，還算能較持平地重建當時的情境。但博物館草草展示一九四〇年後的事，也不做解釋；沒提共產黨一九四九年接管上海，並完全跳過之後近半個世紀的動盪。曾是國際大都會的上海，在文革期間的六〇和七〇年代幾乎陷入內戰。展覽看到最後會有一種奇怪的感受，好像不太寫實，而在忽然想起展覽缺了什麼之後，才明白展覽給人的感覺是幾近可笑。在一大段時期的空白後，博物館的展示從九〇年代繼續下去，但也只有幾張不連貫的煙火綻放在繁華新都上空的照片。在被問到為何上海的發展漏掉這麼大的片段時，博物館館長潘君祥很不自在，他說：「很多事應留給歷史定調。」接著別過頭去並改變話題。[4]

兼管媒體的宣傳部是黨為歷史定調的主力。在會出現爭論的每個關鍵處，它都派哨兵站崗：在學校和教育部一起監督教科書；在智庫和大學監控學術著作；與統戰部聯手提供所謂的「正確歷史」材料給港台同胞；同時對各種形式的媒體進行審查，看管從記者到導演的每個人寫些什麼。一如組織部，宣傳部沒有公開的電話號碼，設在紫禁城旁的領導人辦公廳對街的總部也不掛牌。宣傳部發給媒體的指示屬於機密，有段時間，這些指示貼在政府內部網站，供編輯參考，後來基於安全考慮停掉了。李大同之前是編輯，後來因為對歷史教育刊出敏感文章而被解職，他說：「他們不想留下任何證據，怕被人揭穿。」

宣傳部也回聘媒體退休高級幹部，組成「審讀小組」，每人分配審讀幾家報紙，找出偏離官方路線的內容。這些匿名者擁有大權，可以把可疑文章呈交高級黨官。李大同說：「如果政治局委員或中央書記處高幹表示了看法，那你就完了。就算有些時候他們不表示看法，它也像是一把隨時懸在頭上的『達摩克斯之劍』（sword of Damocles，譯注：迫在眉睫的危險）。」另一名報紙編輯將宣傳部比喻為希臘神話中「普羅克拉斯蒂的鐵床」（Procrustean bed，譯注：強求一致之意）。又名「打鐵拉長之人」的普羅克拉斯蒂，會叫路人躺在他的鐵床上，只要他們的腳比床長，就將腳鋸掉以配合床；如果腿太短，就拉長。每個人的長度要一樣。編輯說：「宣傳部只會說兩個詞，『可』或『不可』。生活在這個怪胎下是我們歹命，他們拉長或切短你，但只會說這兩個詞。」

這名編輯對宣傳部可怕的描述，無疑出自不愉快的親身經歷，卻低估了宣傳部日趨精明的手法。學者布拉迪（Anne-Marie Brady）在《行銷獨裁：現代中國的文宣與思想工作》（*Marketing Dictatorship*）中指出，為了管理現代市場經濟，宣傳部借用西方許多千錘百鍊的手法說服大眾，從廣告到政治公關，不一而足，以讓多數人繼續接受一黨統治。布拉迪女士說：「中國向西方取經，雖然取用的並不是西方自由主義知識份子引以為傲的特長。」

學校的「愛國主義教育」課程與媒體不斷重彈的主旋律，不外乎中國在列強魚肉下一百年的民族屈辱史，而它所占的分量只會越來越重、不斷擴大。更重要的是，宣傳部要確定愛國主義不可和黨切割。共青團中央書記處第一書記陸昊在二〇〇九年推出新運動時表示：「這次愛國主義教育活動的主要內容，即深入開展熱愛中國共產黨……關鍵是要引導他們把愛國主義、社會主義和黨的領導三者統一起來。」[5]

宣傳部對歷史的審查不再局限於共黨執政時期。二〇〇一年，官方歷史最新的版本認定，黨的「淵源」可擴大追溯到一八四〇年，「以解釋中國共產黨政權的成立乃歷史之必然」。[6]此一決定立即使得歷史上的諸多事件都須經由宣傳部嚴審，起始點是第一次鴉片戰爭，因為它是中國被西方帝國主義及後來的日本征服的漫長時期的開始。對於獨立思考的歷史學者，這個決定也大幅增加了他們觸犯當局規定的危險。

黨視歷史為政治管理工作，其第一要務在於維繫黨的威信和權力。就像人事決定和貪腐調查都在內部決定，敏感的歷史辯論也在黨內解決。歷史辯論永遠暗中進行，往往還加密。世界各地左翼政黨，如英國工黨或法國社會黨，在經歷痛苦的意識形態轉變時所會出現的公開叫陣與大會辯論，完全不會在中國出現。

對大躍進、文革、一九五九年鎮壓西藏動亂、八九民運等事件，黨只在內部討論後便做出判決。無論個人怎麼想，黨幹部必須受這些歷史論斷的約束，有點像內閣制的部長受內閣決定約束：你要麼全心全意支持決定，要麼退出。理論上，黨的裁決是全中國及其十三億人民的集體意見，想公開唱反調的人得自冒風險。

宣傳部從不低估推行官方路線這個任務有多重大，其重要性不下維護國家安全。一九九〇年起擔任宣傳部副部長八年的劉忠德說：「中國的中宣部部長……和美國的國防部部長，原蘇聯的農業部長一樣，是各部門中最難當的官員。因為他涉及到要用什麼樣的精神引導工作，國家能不能保持穩定，意識形態工作做得怎麼樣非常重要。」[7]

宣傳部最近在歷史定調上最大的一場戰役，是如何解說八〇年代末和九〇年代初共產主義在蘇聯和東歐的瓦解，這至今尚無定論。直到二〇〇六年，有關蘇聯解體的教訓的八集ＤＶＤ被列為「機密」，分送中央、省、市級黨機關強制觀看。[8]二〇〇七年黨代表大會前，當局仍嚴審提及蘇聯解體和冷戰的文章。大會前，宣傳部發出二十條守則給編輯作為當年度篩選新聞的指標。第十九條指示他們「對俄國十月革命九十週年的宣傳要嚴格把關，禁止渲染蘇聯解體」。

差不多在同一時期，《金融時報》經濟專欄作家沃爾夫（Martin Wolf）的《全球化為什麼可行》（*Why Globalization Works*，繁體版書名為《新世界藍圖：全球化為什麼有效》）正準備在中國出版簡體版，重要的國營出版社中信要求修改的內容，全部集中在他如何描述蘇聯和共產獨裁。中信要求只能用「當時的蘇聯領導人」，不可用蘇聯「共產主義專政」，蘇聯「共產主義制度」要改為「中央計畫經濟」，並要求從瘋狂攬權的獨裁者清單「希特勒、史達林、毛澤東和列寧」中將毛澤東和列寧刪除。

涉及蘇聯時期的好萊塢瑣碎小事，一樣難逃嚴審。007情報員電影《皇家夜總會》（*Casino Royale*）二〇〇七年初在中國上映，媒體大肆強調該片未經審查。事實上，為了在中國發片，扮演情報員首腦M的英國女星茱蒂．丹契（Dame Judi Dench）被要求重新錄製一句英文台詞。原本的「老天，我懷念冷戰」被換掉，到了中國成了「上帝，我懷念舊日」。只有在換了這句話後，電影才放行。

在西方世界身陷不知何時才能結束的伊拉克與阿富汗戰爭並經歷金融危機後，「歷史終結論」或許已變得不值一提，但在中國卻繼續纏著黨不放。年輕的上海文廣新聞傳媒集團總裁黎瑞剛，是二〇〇七年五月中國參訪德國的媒體代表之一，同行的還包括《人民日報》一名高級編輯。事後與朋友談起此行，黎瑞剛描述該名編輯在波昂歷史博物館看到東歐瓦解的展覽時深受震撼，因為其中一份展覽品是一家東德黨報在黯然關門前的頭版。該編輯挖苦地對團友說：「不曉得會不會有博物館收藏最後一期的《人民日報》。」[9]

歷史不但不是黨易受攻訐的痛腳，反倒披掛上陣，成為中國內政和外交利器，可喚起群眾支持政府。中國定期攻訐日本要有「正確的歷史觀」，要像戰後德國一樣深刻反省，已有效挑起年輕人對「隔海相望的小日本鬼子」的憤怒情緒。二〇〇五年中國街頭出現反日抗議時，《人民日報》說：「日本……因肆意篡改歷史、否認侵略（中國）、粉飾暴行，而在亞洲陷於空前孤立。對日本來說，德國其實是一面很現實而明亮的鏡子。想成為『正常國家』的日本，應該認真對照一下，看看德國是怎樣對待歷史，怎樣以史為鏡的。」

中國仇日的根據是日本確實犯下的暴行，而東京一些右翼團體修改侵華歷史的企圖更加深了這股仇恨。同樣地，透過學校歷史課烙印到年輕人意識中的「百年恥辱」，其根據也都是真實事件，砲艦外交、軍事入侵、種族歧視和殖民兼併，都讓西方世界無地自容。但是，只要黨不讓人民以類似的方式檢視黨自己的過去，中國要以歷史教訓日本和其他國家，很難讓人心服口服。拿「歷史的鏡子」照黨，在中國可是萬萬不可。

在建議可否修改對重大政治衝突的定調時，黨冷漠回應。公開ＳＡＲＳ掩蓋案而被許多人譽為英雄的軍醫蔣彥永，在他譴責北京鎮壓八九民運的信外洩後，被拘留了一年多。該信最敏感的部分，是提到支持軍事鎮壓的兩位已故高級領導人楊尚昆和陳雲，私下告訴蔣彥永，官方對八九民運的定調必須修正。對中國而言，這非同小可，修訂歷史不是改寫教科書這麼簡單的事，它代表的是政治風向的重大轉變。對屬於共黨貴族的多個家族而言，捍衛官方對民運的定調，也等於是捍衛他們個人的利益。

舉兩個例子：鄧小平和李鵬兩家人都享有權力、名望和財富，他們在一九八九年親自宣布戒嚴，任何對他們定調的「天安門事件」的修改，都將直接威脅到這兩家人。如果最高領導人要對所作所為負起責任，那麼地方層級享有半獨裁權力的官員又怎麼說。可以一併挑戰他們嗎？改寫黨對歷史的定調，就像允許獨立機構調查貪腐，對體制造成同樣的致命危險。起了頭後，要在哪裡叫停？或者，更要緊的是怎麼叫停？黨不只要控制中國的政府和社會，它還有足夠的政治理由，必須控制中國的故事該怎麼說，因為說法若被拆穿，會把黨也拖下水。

編《墓碑》這本書，楊繼繩等於也向體制挑戰，但他堅持說，他不想拉下黨。楊繼繩與幫忙的人都是黨員，或許方式不同，但他們都一輩子在體制內拿到好處。這就是為什麼在聽到一旦過去的事曝光黨就會垮台的說法時，楊繼繩的態度軟化，他說：「這正是我擔憂的。」楊繼繩想要的不是促使黨加緊控制，而是開放。長遠來說，說出歷史真相，不僅攸關黨的生存，也攸關中國身為強權的正當性。他說：「如果壓抑歷史真相，中國不可能成為超級大國。這就是為什麼我說，不敢正視歷史的民族沒有未來。黨要放下包袱向前進。」

黨最大的包袱就是「偉大的舵手」本人。中國的歷史定調之爭，最大問題出在共產黨堅持捍衛毛澤東的立場，毛澤東依舊是撐起黨和國家的單一象徵。

毛澤東的微笑

在李銳與毛澤東相處的四十多年裡，毛澤東曾是他的導師、長官，也不止一次起訴和關他入牢，當我問他對毛澤東的看法時，他笑笑輕鬆回答說：「我的第一印象？我想他是一個真正的共產黨領導人。」李銳出生於一九一七年，時值中國第一次現代革命，末代帝制清朝的滅亡與現代民族主義運動的興起在此際交錯。他母親要他加入新中國，堅持不讓唯一的兒子在湖南省的封建鄉村受教育，而讓他就讀西式學堂。十幾歲時，李銳帶領學生抗議軍閥。在大學，他參加抗日工作，與蔣介石的執政黨國民黨不合，一九三六年因為收藏馬克思主義書籍而第一次嘗到坐牢的滋味。國民黨把他推向共產黨和毛澤東，一九三九年他見到老毛，毛澤東當時正在延安新據點鞏固自己在黨的領導地位。李銳和中國其他百姓，很快就會見識到「真正的共產黨領導人」的真面目。

二〇〇三年我訪問打不倒的八十六歲老人李銳，一束銀髮和炯炯有神的眼睛，像個巫師靠在他最喜歡的扶手椅上，精力過人話又多。整齊的公寓牆上，掛了最近為他慶生的紅色大字「壽比南山」。他的率直使我撤除心防，甚至有點不自在。在中國當記者常會有這種感覺，當受訪者開始放言批評黨時，採訪的記者雖然興奮，卻也同時會悄悄爬上一種恐懼感，擔心受訪者之後可能惹上什麼麻煩。

從李銳在北京的住所，可以看出殺人不眨眼、囂張的毛派政治沒有擊倒他。他住在「部長住宅」裡，這些公寓住宅位在北京寬敞但髒亂的環狀高速公路旁，只有退休高幹及其家屬可以入住，官場生涯告終之際不討黨歡心的人除外。李銳七上八下的官場生涯得到善終。他從一九八二年起當了兩年的組織部副部長，負責年輕幹部的升遷。而正因為當初他對新進官員照顧有加，使得他可以在後毛澤東時代的初次改革開放時期裡公開抨擊黨。二十一世紀初崛起的多位領導人，在八〇年代初都受過李銳的栽培。後來，有些領導人以容忍他的直言不諱回報他，但是對於引述他說法的媒體就不那麼客氣了。

李銳不僅僅是毛澤東統治下的倖存者。當我見到他時，他也許是中國唯一知道內情並且甘冒大不韙願意公開談論毛澤東事跡的高幹。一九七六年毛澤東的死亡是個分水嶺，今天迎接訪客的是個蓬勃發展並邁向現代化的中國，讓人難以看出之前這是個仇外、沉悶、邪惡的國家，還瀕臨崩潰和內戰，而這就是偉大舵手留給他的繼任者的一切；但唯一可以把現狀與之前的恐怖銜接上的線索，也正是毛澤東。毛澤東在二十一世紀的中國依然無所不在，但幾乎已不再引起什麼討論。

當我詢問一位美國知名漢學家對毛澤東有什麼看法時，他只簡單地回道：「還有什麼新鮮事可說？」但這正是重點。毛澤東所發動的政治鬥爭，使他與史達林和希特勒名列二十世紀三大劊子手，這已無庸置疑。藉由將毛澤東議題視為禁忌，黨等於是禁止了所有的政治辯論。澳洲國立大學的巴梅（Geremie Barmé）說：「毛澤東議題是當代中國一切黑暗的核心。（現代中國的）基礎是一系列的謊言，不只是關於毛澤東，也關於他所代表的集體領導。這帶來嚴重的後果，因為這意味中國無法成長。這個社會不但禁止自己挑戰毛澤東的遺風，也抓不住民間的變化。」

在一定程度上，很容易解釋毛澤東崇高的地位。作為共產黨和紅軍領袖，一九四九年他建立統一的新中國，恢復了從一八四二年第一次鴉片戰爭割讓香港給英國起，被列強魚肉一個多世紀的民族自尊心。除了革命，毛澤東為何繼續被奉為國家象徵的解釋也同樣直截了當：毛澤東的命運與黨的命運綁在一起。李銳說：「毛澤東最大的遺產就是中國共產黨，只要黨存在，毛澤東的影響長存。」

李銳承認，初見毛澤東就被他吸引，但直腸子個性很快讓他惹上麻煩。在延安，李銳協辦《輕騎兵》報，張貼在城內牆上。這份報紙的命運跟毛澤東領導初期新聞媒體的下場一樣。《輕騎兵》的坦率直言振奮了士氣，直到得罪某高級領導人，被即時關掉，數名編輯遭到處分。李銳後來成為黨報《解放日報》的評論員，他寫的社論鏗鏘有聲，但碰上殘酷的整肅，被扣上「反動派和特務」的帽子。數以百計的人在這場整肅中被折磨至死，李銳算是好運的，只關了一年多。約十年後，在辯論興建三峽大壩與否初期，他的上司再次注意到他；三峽大壩雖然引起巨大爭議，最後還是在九〇年代動工。一九五八年，毛澤東欣賞李銳的觀點，聘他為顧問。時機還是對李銳不利，因為第一份爆發饑荒的報告在一九五九年開始傳到黨中央，毛澤東為此備受壓力。

那年中央委員會在林木鬱鬱蔥蔥的廬山避暑勝地討論大躍進，李銳在毛澤東和一些同事出席的會上批評政策。起初毛澤東似乎還聽得進去。「毛澤東能耐心聽並接受反對意見的原因，是這些想法由一些像我這樣的小鬼頭提出，而不是來自中常委，不會對他構成威脅。」但當政治局委員兼國防部長彭德懷譴責大躍進時，毛澤東的情緒立即大變。搞不清楚狀況的李銳竟把毛澤東與「晚年的史達林」相提並論，說他「不能一手遮天」，這讓李銳罪加一等。毛澤東感覺他的領導受到威脅，出手反擊；彭德懷下台，把像李銳等「小鬼頭」從身邊趕走。

今天的廬山，遊客擠滿保存原樣的大廳和其他建築物，以紀念毛澤東和這場歷史性會議。宛如歐威爾小說，紀念廳的告示寫著，在這場會議裡，毛澤東「首次發現」大躍進出了問題。事實上，他早就收到饑荒報告，卻繼續推動這些政策，使饑荒無端延長了兩年，大約多犧牲了兩千萬人的生命。李銳回憶說：「毛澤東的基本目標是成為中國有史以來最強勢、最有權的皇帝，而他認為皇帝絕對無須自我批評。」為了懲罰李銳反對毛澤東，他被迫和妻女離散，下放到寒冷的黑龍江，也就是中國的古拉格。當他憶述往事時，李銳打開桌上的日記，並指給我看這個時期的幾頁：「我在田裡拔了個綠色小甜瓜來吃，覺得自己像個野人。現在我已經習慣吃野菜。我們對廬山過於樂觀，對一九五八年過於樂觀！」李銳嘆了口氣放下日記。他說：「對人最痛苦的事就是飢餓。」李銳每天工作十五小時，看著其他遭下放的知識青年在他身旁倒下死亡。

李銳後來被分發到安徽，在發電廠工作兩年，直到一九六六年發生文化大革命。李銳清楚記得文革鬥爭到他的那一刻。一九六七年某晚，他正享用著難得買到的蜂蜜，兩輛吉普車載著六名武裝男子闖進他住的大院，要他去城裡「聊聊」。第二天在登上前往北京的飛機時，他已經知道自己的命運，除了警衛，他是唯一的乘客。他被送到北京的秦城監獄，該監獄自一九四九年以來就以關政治犯聞名。接下來八年，他沒有機會再吃到蜂蜜或任何類似的東西。「當時我就像是隻死老虎。」

一九七六年文革結束，毛澤東也像是隻死老虎。身體和政治上都油盡燈枯，毛澤東就死於那年，但他的精神還在。今天，中國領導人在重大演講中，必然會把「毛澤東思想」恆久不滅的重要性當成結語。毛澤東柔軟豐腴的畫像，帶著如蒙娜麗莎的詭譎微笑，仍高掛在北京故宮入口處。與之相望的是他安放在天安門廣場陵墓水晶棺中的遺體，「好讓群眾瞻仰」。為保證他的屍體完好如初，毛主席紀念堂管理局定期舉辦論壇以研習屍體保存術。

二〇〇一年中國推出新鈔，是一九四九年革命後的第五套，一元人民幣（價值〇．一四美分）以上的鈔票全印上毛澤東的肖像。[10]印有其他前領導人和彰顯無產階級榮耀的農民工人像的鈔票全部停用。發行前沒有公開解釋這些改變，但參與前幾套紙幣設計的畫家鄧偉接受採訪時說，是為了「符合國際慣例」，鈔票只印一個人的像。這個邏輯使設計人只剩一個選擇，就是以毛澤東代表現代中國。

黨費心多年想找出一個辦法，既能否定毛澤東時代的喪心病狂和殺人無數，還可以不用簽下自己的死亡令。李銳說，經過長達一年的內部辯論，共有四千名官員參與，黨於一九八一年通過《關於建國以來黨的若干歷史問題的決議》，這份文件定調：毛澤東雖然在文革中犯了「嚴重錯誤」，但就他的一生來看，他對中國革命的「功績是第一位的，錯誤是第二位的」。李銳覺得莫名其妙，怎麼會有人認為數千萬人的死亡可以一筆勾銷。他質問：「難道這些數字不夠可怕？我們是否看清這些數字的意義？如果我們不能看清過去的歷史，就無法改善社會，但中宣部仍試圖掩蓋這些罪行。」

儘管黨在決議中未明確提到，但黨其實對毛澤東打了分數，就像給學生打成績。這個分數在中國經常提到，說毛澤東是「七三開」（七分功三分過）。一九七八年成為領導人的鄧小平，主持這次辯論和定調，至今依舊是評價毛澤東可公開援引的依據。巴梅說：「不同於史達林的個人崇拜，我們面對的是一個集史達林、列寧和馬克思於一身的人，鄧小平認為，如果丟棄毛澤東，等於打開（黨）大門，或許不是今天或明天，但遲早會讓一些激進份子全面否定整套體制。」

在學校教科書中，黨依然積極審查涉及毛澤東形象的內容，就像嚴查日本怎麼教育孩子日本帝國侵略中國這段歷史。上海師範大學的蘇智良教授帶領一組學者，他們努力多年，想找出更坦白地總結毛澤東統治時期的方法。二〇〇四年採訪蘇智良時，他說：「以大躍進和文化大革命為例，我們以往的作法是（讓這個時期）模糊，而不是明確。但是，我們在最新版（的學校教材）裡徹底指責毛澤東決心發動這些運動。」過去的教科書把毛澤東發動文革的原因歸咎於「誤以為（黨）大部分權力落到資本家手中」。新版本則認為「個人崇拜和獨裁領導」是文革背後的部分原因。蘇智良說：「中國採取『先經濟改革、後政治改革』的路線，我們正試圖恢復歷史的客觀性，以事實陳述取代毫無根據的結論。」

當《紐約時報》二〇〇六年報導上海中學使用的新版世界歷史教科書裡沒有毛澤東時，引發了一場大騷動。毛澤東以及著重於戰爭和革命的傳統歷史教材，被關注文化、經濟、交通和飲食習慣的內容取代，如某些西方歷史教育流派所主張的。這篇報導下了個聳動的標題「毛澤東安在？」，在網上引起激烈討論。[11] 強勢的二星將軍兼前中央軍事委員會辦公廳主任李際鈞中將對新華社記者說，想淡化革命和意識形態是「荒謬的」。網上其他評論視之為「隱形政變」，是中國的烏克蘭「橘色革命」之始。蘇智良則說，藉由關注社會趨勢而不是各個領袖，社會史體現了正確的「馬克思主義文明觀」。但他的抗辯徒勞無功，耗費多年醞釀的整套新課本被上海當局撤回。在引發爭議前的二〇〇四年接受採訪時，蘇智良坦承加諸他身上的限制。他說：「歷史教科書等於是一國政治意志的公共詮釋，編輯就像在籠中跳舞的鳥。」

並非只有教科書編輯被毛澤東神話套住。毛澤東的接班人也要對之表現尊崇。二〇〇四年十二月下旬毛澤東一百一十歲冥誕紀念日，胡錦濤穿上毛裝在一系列典禮中讚揚偉大的舵手，也一如前例地出版了數十本毛澤東的著作和詩文。為跟上二十一世紀的潮流，還做了首繞舌歌。但二〇〇四年的週年紀念有件事很不同：六位作家和流亡海外的異議人士發表一篇大膽的信，名為「呼籲遷移毛澤東遺體的開放式徵集簽名信」，文中表示：

> 毛澤東在人們心中建立了殘酷鬥爭的哲學和對革命的迷信，愛與寬容被仇恨所取代，野蠻的「造反有理」取代了理性和酷愛和平。人際關係蛻化變質成為狼際關係。

該信結尾呼籲把遺體安葬在毛澤東湖南的家鄉韶山，作為「化解現實中民族怨恨和社會暴力的起點」。

我與其中一位作家余杰在北京一家飯店會面，訪談原本要在開放式的餐廳裡進行，但他臨時建議我們換個地點，改在客房裡。倒不是他怕會晤外國記者會受到監視，而是擔心在公共場合大聲批評毛澤東。上次他在一家餐廳批毛時，毗鄰的顧客站起來怒吼：「你撒謊！」他說：「私下我們可以暢談這些事，但在公開場合和媒體不行。」

余杰來自四川，本性不好煽動，態度溫和，戴著眼鏡，他輕聲談到為什麼他參與寫這封信。他說：「這不是件激進的事。我只是說出一個基本事實。」但余杰的話其實不對。在黨裡，說出歷史真相，可謂一個人可以做出的最激進的事。余杰認為毛澤東的暴行不僅毒害中國的政治文化，也汙染日常用語：所有社會運動變成「鬥爭」；只要是競爭就成了「戰爭」；爭論時不是勝過對手，而是「消滅」他們。毛澤東就是以這種方式強化並加深中國傳統和社會的劣根性。他說：「中國傳統文化認為成者為王、敗者為寇。」雖然這封貶毛的信在海外引起一些注意，但在中國僅在網上流傳一陣子，網站就被封掉。當余杰接受英國廣播公司中文節目電話訪問有關這封信的事，他正準備回答問題時，電話線就被切斷。

觀察保護歷史正統的人對毛澤東諸多恐怖行為的反應，讓人能有更深入的瞭解，但也讓人覺得有點超現實。根據相當於部會級別的智庫中國社會科學院夏春濤的說法，毛澤東議題不是政治敏感問題，而是「原則問題」。夏春濤認為，黨在八〇年代初討論後的定調「七三開」，果斷地結束了辯論。他說：「現在我們回顧，便可以看出當時這個結論在政治上是多麼明智。」

完全否定毛澤東的聲音的確存在。但如果當時否定了毛澤東，對中國社會可能產生很大的負面影響。毛澤東的故事是個現實生活的主題。毛澤東緊貼著我們活著，所以不容易編造他的故事。」

李銳的黨血統讓他可以大聲說話，但當局的寬容並不包括引述他的新聞媒體。李銳接受廣州相對開放的《二十一世紀世界環球報導》採訪，他不但批評黨篡改歷史，也痛斥黨的權力無所節制，甚至把持續神化毛澤東視同「極端邪惡」的「邪教」，跟被禁的法輪功沒什麼兩樣。宣傳部不但譴責刊出李銳言論的主編，還關掉這份刊物。其他在歷史問題上與黨唱反調的編輯和記者都會遭遇同樣的命運，即使是早在共產黨掌權前的歷史亦然。

我們是吃狼奶長大的

黨在二〇〇一年決定把黨史推前到一八四〇年，遠早於清朝滅亡的一九一一年及其與國民黨內戰的三〇年代和四〇年代，這使得歷史定調之爭的範圍擴大。於是，宣傳部有了更多的籌碼，可以教訓一些老早就想開刀的不聽話編輯。在這份黑名單上，《中國青年報》的李大同多年來一直名列前茅。

李大同是作風老派、捲起袖子幹活的報紙編輯，感覺像是個習慣下令並要求立即採取行動的人。他沒有耐心，說話一針見血，回答所有問題時簡潔扼要，明確表達他的意見。大半時候，與其說他在說話，不如說是在怒吼。但是，如果他有編輯的性格，那他也有編輯的本能。他難纏、勇敢、直率，不斷尋找新聞事件挑戰當局。

李大同在文化大革命時被下放再教育，因此早年曾在內蒙古草原放牧綿羊。一九七九年在《中國青年報》省級辦公室第一次接觸新聞工作，後在北京逐漸爬升到高級職位。在八九民運後對自由派記者的整肅中，他勉強倖存，但因為支持民運而被調到報社研究單位五年，之後才全職回到報社。二十一世紀初，他升級為主編，負責該報深具爭議性的每週副刊《冰點》。《中國青年報》的風氣相對自由、政治立場無可挑剔，給了李大同很大的發揮空間。報社的負責單位是共青團，共青團是胡耀邦和後來的胡錦濤在黨裡的權力發源地。但是，過不了多久，報社便無法再提供他政治保護了。

就像中國所有盡職的新聞工作者，李大同厭惡宣傳部每週發出的新聞處理通報。宣傳部的指示視事件的敏感性而定，有些事件規定報導內容，有些事件只做廣泛性的指導。對於日常事件，宣傳部則以電話或簡訊的方式做出指示。宣傳部的決定就是定案，不容爭辯。某高級編輯說：「他們只通知你，從不解釋理由。首先，這些事本來就不和外人討論，同時也因為理由本身就很敏感。它們反映出各種不同利益集團所施加的影響。」運作方式主要靠自我審查，若以黨的用語則是「自律」。不像前蘇聯，沒有審查員坐在編輯部拿紅筆刪改文章。該編輯說：「沒有人必須告訴編輯與編輯部的其他成員該怎麼做，他們腦子裡都有道紅色底線。」

李大同經常牴觸紅線，在介入歷史定調之爭前，宣傳部早就想修理他了。該報新上任的總編輯於二〇〇五年試著以考績制評鑑記者的工作，評鑑差就不加薪，評鑑好就有獎金，李大同率眾反對，導致這項計畫停擺。他還刊出關於台灣國民黨領導人對五〇年代初遷台後發生的「白色恐怖」道歉的文章。文中雖然沒有明白把這和共產黨處理過去整肅史的方式兩相對照，但言下之意顯然如此。在刊出關於台灣的文章後，李大同仍抓著政治教育的主題不放。李大同說：「政治課程就是在人的大腦裡輸入黨的訊息，但這對我們過於敏感，因此我們心想從何下手才好？我們想到從歷史開始。」翻著二〇〇五年底朋友送他的一本期刊，李大同剛好看到一篇老學者的文章完全符合他心中所想。

廣州中山大學哲學系退休教授袁偉時，對政治教育有過類似的想法。二〇〇一年他開始收集高中課本，並與香港、台灣的課本做比較，看他們如何處理鴉片戰爭到一九一一年清朝滅亡這七十年間的歷史。袁偉時說他嚇壞了。大陸的教材通篇愛國主義，「支持」中華傳統文化並保護國家，幾乎沒有對中國自身的弱點做理性地評估。教科書的邏輯是中華文化「博大精深」，而為了保護它，可以使用任何形式的獨裁或暴民暴力來剷除「外來惡勢力」。他形容這種教育就像是「吃狼奶長大」。看這些課本，袁偉時說：「令我大吃一驚的是：我們的青少年還在繼續吃狼奶！」[12]

袁偉時最關心教科書如何處理一八九九年到一九〇〇年間的義和團之亂，遭到圍困的北京舊使館區最後被外國軍隊解救，滿清朝廷為之受盡屈辱。[13]義和團是群像神學士塔利班（Taliban）的農民，以痛恨外國入侵者以及繁複、迷信的武術儀式為人所知，他們相信這些儀式可讓他們刀槍不入。袁偉時說，大陸教科書正確記述外國軍隊勝利後殺人和搶劫，但不提義和團也以暴力對待外國人。袁偉時說：「義和團毀電線、毀學校、拆鐵路、燒洋貨、殺洋人和與外國人及外國文化有點關係的中國人……凡沾點洋氣的物和人，必徹底消滅而後快。……而我們的少年兒童必讀的教科書卻偏偏閉口不談。」

二〇〇二年袁偉時的文章發表在中國南部一個發行量很小的地下刊物。文章幾乎沒什麼影響，石沉大海，直到有人在二〇〇五年底給了李大同那本刊物。他閱讀時內心激動，在二〇〇六年初將全文登在《冰點》上，距文章首度發表近四年。他知道會有風險，但仍不顧報社內部的反對。他說：「（我的同事）全都認為我們不應該刊出這篇文章，因為這將會是挑戰黨的權力。」李大同預計，最多是被審讀小組刮一頓。他指出，中央電視台屬於主流媒體，剛剛播完四十集以清朝末年為題材的影集，劇本根據的就是對歷史照本宣科的解釋。該影集播出前已先由歷史學家審查，並走完所有程序，直到胡錦濤拍板定案獲准通過。他說，袁偉時的文章談的是一個世紀前的事，當時「中國沒有馬克思主義，沒有社會主義，也沒有共產黨」。

李大同有所不知，宣傳部早已等著他出錯。幾星期前，《中國青年報》多位主編被叫到共青團總部，並告訴他們「難擋《冰點》引來的高層壓力」。袁偉時的文章恰好給報紙招惹到的敵人找到藉口。文章在網路上遭到連串抨擊。袁偉時被罵成「顛覆」現代歷史教育的「叛徒」。李大同說：「政治局決定對付我們，在此之前，宣傳部已監測網民對我們的文章的反應。如果文章得到掌聲，他們就什麼也不做，因為他們怕觸怒太多人。但是當反應不好，宣傳部便覺得時機成熟了。」文章刊出後幾天，《冰點》被停刊。

李大同大鬧，他說決心「在歷史上留下抗議的痕跡」。他寫了封公開信質疑該決定，並透過黨的管道抗議，他說，關掉《冰點》是「非法的」。他說：「我們不想再像上一代新聞工作者，成為聽話的工具和黨的『喉舌』。所有媒體組織在歷史一系列災難中都是幫凶，如反右風、大躍進和文化大革命。」李大同的信只是進一步激怒宣傳部。兩個星期後，他被正式解職，重新回到報社的研究單位，那個一九八九年後他曾待過五年的地方。他開玩笑說：「這次是我『二進宮』。」他在北京郊區的公寓來回走著，在資料堆中找材料。最後，他做出唐吉訶德式的壯舉，和一起被調職的老同事發表了冗長的公開信，反對關掉《冰點》。他們說：「州官可以放火，百姓不許點燈！他們腦子裡從來就沒有過一點『公民權利』的影子。」

《冰點》停刊的決定受到黨內保守陣營叫好。社科院歷史學家夏春濤說：「這不難理解，這是共青團下的一份官方報紙。當然不允許刊出反對黨的方針和政策的聲音。我也會關掉它。」按照夏春濤的說法，問題出在太多業餘歷史學家談論他們沒有資格討論的事。他說：「袁偉時的專業不是中國史，但這並不意味他不應該表達他對義和團的觀點，不過，他所說的話必須有歷史根據，不可有基本錯誤。」

調職三年後和李大同談話，他對整件事似乎是興奮多於學乖了，就像許多報紙的編輯，不只是因為他喜歡好好鬥一場。他對宣傳部的攻擊在網上流傳。他曾發表一本書詳細記載整件事的經過，該書也在日本出版。他仍積極寫部落格，讓他有個永久的平台暢談言論自由問題。相對於一九八九年後的高壓政治氣氛，政府現在的反應顯然開明多了。他說：「這回，相較於從前，個人少付出些代價，人民已經認識到他們可以爭取自己的權利。」

在廣州，袁偉時和他的看法相近。文章被《冰點》轉載後，他聽說廣東省政府找大學埋怨了幾句，但被大學擋掉。他說：「沒有人找過我說話。」坐在校園的家裡，他說：「我的公寓很安靜，事後有四十多位記者採訪我。第一個問題總是問：『你有被騷擾嗎？』我說沒有。我想這對共產黨是最好的宣傳。」

大躍進、大饑荒

約當李大同被從《冰點》調走同一時間，楊繼繩的《墓碑》也接近完成。楊繼繩就像李大同，一直是挑起爭議的新聞人，但有一點很不同。李大同自認是局外人，楊繼繩則一直在體制核心內發難。

楊繼繩一輩子為國家通訊社新華社工作，一九六七年開始，二〇〇二年退休。楊繼繩在新華社的工作給了他新聞特權，與民主國家媒體享有的特權截然不同。西方一流記者憑著個人能力揭發醜聞或炒熱公共政策事件，政府應該有所回應。然而，楊繼繩作為新華社記者擁有的權力是在後台發揮，民眾看不到。當我問楊繼繩，在他三十多年的職場生涯中，他的哪篇報導對政策和政治造成最重大的影響，他說以新華社一般經濟記者的身分所寫的報導，他一篇也想不出。他為通訊社所大量製造的新聞報導和評論，都經過宣傳體系的審查和消毒。寫這些報導是為了支持政府，而不是動搖它。

相較之下，替新華社撰寫專供黨高幹閱讀的內部參考消息讓楊繼繩比較有成就感。他寫的兩則新聞因為被最高領導層採納而成為內閣文件。一九七二年他報導軍方在天津強行接管學校、醫院、住宅等，天津是鄰近北京的港都，楊繼繩派駐當地十九年。楊繼繩的內參送到毛澤東和周恩來桌上，他們命令軍隊立即撤離這些建築。另一則內參也是在文化大革命肆虐時寫出，詳述天津工業的崩潰。他說：「毛澤東也讀到這篇內參。」一九八七年，他寫了四篇關於天津經濟中心地位滑落的系列報導，後來這些報導外流到香港新聞界，讓該市領導人十分難堪。李瑞環是當時的天津市長，後來成為政治局委員，他曾調查楊繼繩，但沒有採取任何行動。李瑞環後來提到楊繼繩時說：「他不過是個書呆子，所以我沒有為難他。」

楊繼繩在體制裡工作越久，對體制越感到疏離。一九八九年是轉折點，他當時寫道：「青年學生的鮮血洗淨我腦中所有的謊言。」到九〇年代初，楊繼繩成為新華社經濟巡迴記者，行跡遍布全國。他還決定，要以本名寫書討論黨下令禁談的主題，包括八九民運、高層的政治內鬥，以及最重要的饑荒。第一份工作正好給第二份工作完美的掩護。但寫書只是挑戰的一部分，楊繼繩說要讓中國讀者看到書同樣困難：「只要黨的正當性面臨挑戰，宣傳部會強力壓制。這是一場持續的戰爭。他們會壓制我，但我仍會挑戰他們。」

這個時期楊繼繩寫的第一本書《鄧小平時代——中國改革開放二十年紀實》一九九九年

先在香港出版，經過審查後在中國發行。即使這樣，宣傳部還是下令書要下架，勒令出版該書的國營出版社停業三個月，並要求出版社長寫自我批評。為表明宣傳部的立場，出版社該年度的書號配額還被減少了二〇%（出版商每年有一定的書號配額，以控制出版數量）。不好的經驗讓楊繼繩決定只在香港出版，不受宣傳部約束。二〇〇〇年，他出版《中國社會各階層分析》。然後在二〇〇四年，推出《中國改革年代的政治鬥爭》，裡面包括近十年前與趙紫陽的祕密訪問。這是趙紫陽首次接受這種採訪，這位總書記因為反對武力鎮壓八九民運而下台，此後中國媒體不得報導他的消息。楊繼繩被新華社長官痛斥一頓，但保住飯碗。

當任職多年的湖北省長告訴楊繼繩，他的老家數十萬人死於大饑荒後，他的政治覺醒添上了比較個人的色彩。他開始回想一九五九年去世的父親。父親病危時的狀況，他記得十分清楚。楊繼繩當時才十五歲，在念高中，擔任當地共青團宣傳支部幹部。他熱情支持毛澤東，當某同學衝進房間告訴他「你父親快不行了」時，他正在寫三面紅旗運動的大字報，歌頌大躍進和集體農場。楊繼繩後來自責沒有早點回家，沒有挖野菜給家人吃。當時他沒有想過要指責毛澤東或共產黨，這是個別事件，自家處理。三十多年後，他的看法完全變了。

隨後十年，楊繼繩斷斷續續埋首省檔案館翻閱紀錄：人口數字、糧食生產、氣候摘要、人事調動、調查小組的內部報告和其他拿得到的資料。研究大饑荒是他做過最大和最危險的計畫。假裝調查農村問題和糧食生產，楊繼繩可以看到封存幾十年的檔案。如果新華社高級記者的級別還不夠資格進入檔案局，他就利用同事和省當局建立的關係。他說：「我的同事知道我在做什麼，他們暗中伸出援手。」

在甘肅省，一位以左傾觀點知名的前新華社分社社長支持楊繼繩，並提供他材料。在人口稠密的糧倉四川，另一名老新華社記者也力挺他。他的計畫並不是每次都得逞。在最窮的貴州，楊繼繩幾乎穿幫。他的同事帶他到省黨部辦公大樓尋求批准翻閱檔案。緊張的單位主管向檔案局長請示，後者又把事情轉給副省委書記。他又請示他的上司，後者又請示北京。若送到中央政府查證，很容易查出此研究是掛羊頭賣狗肉。楊繼繩說：「我們以為完了。」聽到要向北京查詢，楊繼繩冷靜地說算了，並表示下回再來。《墓碑》因此沒有一章詳談貴州。

楊繼繩提心吊膽，怕自己被抓，連累同事受處分。他說：「我感覺就像一個人深入山中尋寶，獨自一人被老虎和其他野獸包圍。很危險，因為使用的是禁止的材料。」《墓碑》的資料出處嚴謹，引用時細分到檔案的序號和年分。但是為了防範未來的麻煩，在該書超過兩千個的注釋中，有部分是楊繼繩捏造的。他在書中不明說官方檔案，而是稱其為「非常可靠消息來源提供的原始文件」。

河南小城信陽的饑荒最嚴重，當地政府沒有直接讓楊繼繩去看官方檔案。接待官員殷勤招待他，並請他去見當地水利局退休的幹部余德鴻。信陽官員藉此默默地給了楊繼繩援助。余德鴻可謂在地歷史通，只是他喜歡說給人聽的事，非一般城市地標或開進城的第一台蒸汽火車。余德鴻在五〇年代末曾擔任信陽市長的政治祕書，他親眼看到發生在家鄉周圍村莊和自己家的小型大屠殺。根據最保守的估計，信陽八百萬人口中，在三年內死了一百萬人。之後人們常勸余德鴻忘了這件事。他沒忘，還寫下詳細的狀況，具名呈交地方黨委書記。他說：「有人問我：『難道你犯的錯誤還不夠多？』但如果正史不納入這些資料，我個人的歷史會納入。我有足夠的材料支持我。」

河南因長期貧困及屢次發生饑荒，被稱為「乞丐省」，但不像河南大部分地方，信陽一般都可慶豐收。不過，信陽的任何優勢已被主政官員破壞殆盡。當時，河南與信陽由激進的狂熱毛派監管，他們僅從激烈的階級鬥爭角度看糧食收成。余德鴻清楚記得，一九五九年幾場令人難以置信的會議。信陽地區十八個縣報告一年的收成，正確的收成數字約為二十九億斤（一斤是〇．六公斤）。由於距政府要求的生產目標相去甚遠，每個縣開始瘋狂灌水，誇大自己的收成，拉高數字。十八個縣誇大生產數字後，在收成相對不好的那年，第一次報出的數字達到驚人的三百五十億斤。一九五八年豐收，總收成也不過是五十億斤。

余德鴻的同事不相信這些數字，開始下修。後來達成的新共識，一開始是三百億斤。官員繼續追問後，數字下降到兩百億斤，最後又下修到八十億斤，直到市委書記發怒。因為毛澤東親自公告了每公頃產量的神奇新數字，壓低數字的市委書記等於否定毛澤東。經過激烈爭論，信陽最後宣布，正式糧食收成為七十二億斤，約為實際數字的三倍。

如此這般扭曲事實當然招致後來的災難。信陽政府以這些官方數字計算年度財政，取走實際收成的一半以上，並將其分放到幾個糧倉，其餘的部分交由中央政府處理。余德鴻說：「當時的原則是收集農民日常需要之外的一切餘糧，因此當他們根據七十二億斤的數字徵糧時，許多農家和村莊的食物就這麼被掏空了。當然，信陽政府拒絕開放糧倉，因為他們說，農民應該還剩很多糧食。」人民很少能儲存糧食，因為根據毛澤東的集體化政策，他們必須到人民公社用餐。不久，信陽與周邊地區就發生大規模饑荒。

一九六〇年冬殘初春之際，地上飄散著濃厚的死亡氣味。余德鴻清楚記得季節的變化。走在半農村的隔離區，他看到成千上萬具屍體臥倒在路旁和田裡。在冬天，屍體被凍硬，定格在吐出最後一口氣時的蹉伏姿勢，它們看起來像是曾放進冰櫃，然後被隨意拋出。有些屍體穿著衣服。有些的衣服被撕掉，臀部和腿部的肉不翼而飛。春天乍暖時，屍體開始解凍，散發出的惡臭彌漫在當地人的日常生活中。

倖存的居民後來表示他們因為人手不足或過於疲憊，無法給死者像樣的葬禮。他們指責飢餓的野狗啃食屍體，根據這個地區盛傳的謠言，狗吃了人肉之後眼睛變紅。余德鴻說：「事實並非如此，所有的狗早就被人吃光了。這時怎麼可能還有狗活著？」屍體不是被飢不擇食的狗吃掉，而是被當地居民吃掉。信陽很多人在這個冬天以及後來兩個冬天能夠存活，是靠吃死掉的家人或無人認領的屍體果腹。

余德鴻表示那年冬天他向上級報告了十六次，警告災難即將到來。最後這變成他的「十六大罪狀」，並以此撤除他市長祕書的職位，調到水利局。信陽專署機關黨委書記李文耀也是批評他說真話的人之一。李文耀的父親餓死，他的妻子把人肉帶回家煮熟餵孩子吃，雖然她自己無法下肚。余德鴻幾乎無法相信李文耀批判他試圖提醒領導注意饑荒。余德鴻對李文耀說：

「你老婆把人肉帶回家，你爹餓死了，你還批我，你有人性沒有？」

信陽領導人在火車站和交通樞紐派人阻止饑荒的消息傳出；數位抗議的官員被打死；想離開的上訪者被關進監獄，常被餓死。余德鴻說：「市領導都成了瘋子。」一九六一年末，中央和省政府無法再忽視災難，派出一組官員，由軍事單位保護，接管信陽市，像是內部政變。多年來，這個地區饑荒的記憶慢慢被人淡忘，留在信陽歷史的黑暗深處。

余德鴻的故事讓楊繼繩聽得目瞪口呆。他說：「我沒有料到事情殘酷到這種地步，古代有吃人的饑荒。人們過去常說『換孩子吃』，因為他們沒法吃自己的孩子。但信陽比這更糟。」而全國最後的死亡人數也出人意表，儘管這個數字西方早已知道二十多年了。為了計算人數，楊繼繩從省檔案館得到機密數字。但他同時拜訪另一位知情人士王維志，他是人口統計學者，多年來悄悄收集饑荒造成的影響的資料。

王維志一九五八年從蘇聯學習人口學後歸國，饑荒第一年進入公安局工作，一待三十年。這份工作讓他有機會追蹤饑荒的影響。在共產黨統治的頭三十五年間，中國只做過三次普查，分別在一九五三年、一九六四年和一九八二年。相形之下，警察局每年兩次彙編並更新全國各地戶籍資料。理論上，王維志可以看到各縣提交中央的最新人口數字。

王維志在饑荒結束後一年的一九六二年首次感受到饑荒的實際影響，該年他被派往安徽鳳陽，此地死亡人數與信陽相當。當局派出小組，但不是為了調查前兩年送達北京的饑荒報告，這在政治上過於敏感。他們是被派去調查該年的出生率為什麼急降。村民冷漠地告訴北京來客，他們預計一九六三年出生率還會更低。原因不難猜，該地區的老人和年輕人全死於饑荒。王維志說：「當地倖存者年紀最大的四十三歲，最小的七歲。」

王維志努力數年才在自己的工作處取得一套完整的國家統計數字。文革期間，禁止取得饑荒的相關紀錄。要取得一九五八年之前的資料容易多了，之後的就很難取得。王維志說：「當時這些數字非常敏感，只准極少數人查看。在山東只有最高級別的五個人可以看見公安局的數字，如黨委書記、省長和副省長及公安局長。」七〇年代末政治氣候有所改善，王維志開始悄悄收集材料並自己計算。在體制內，他的專業知識則運用在化解兩組數字的衝突，一組來自人口普查，另一組來自警方。在幾本沒人注意的人口期刊，他把政府主張的半官方統計斥為垃圾。他說：「他們根據的是虛假的數字。」但是，直到九〇年代楊繼繩來敲他的大門，王維志才算是正式公布他所估算的三千五百萬死亡人數。

王維志的個性比較像是個冷漠的公務員，他看待此一悲劇的角度，是專業人口統計學者，而不是別有政治企圖的人。他嚴格地憑數字說話，靠的就是家中辦公室角落裡蒙塵的政府人口書裡的數字表格。他說，看看這兒，抹掉灰塵，手指著一列數字，某省人口少了三百萬。當我問他八〇年代真實死亡數字逐漸外流時，中國有什麼反應，他聳了聳肩。王維志回答說：「因為是那麼久遠的事，人們不在乎。」王維志的專業對楊繼繩十分可貴。在凡事扯上政治的國度，王維志只讓事實說話。王維志說他很高興能幫得上楊繼繩的忙：「對我來說，如果有人想要調查，這些就是事實，我會提供他們事實。」

中國政府至今沒有提出官方版的死亡人數。為了回應美國人口學家在國外出版品發表的三千萬死亡人數，八〇年代中期中國官方授權進行研究，得出的結果只供內部參考。學者蔣正華被政府機構請去做相關研究，但他只在印度加爾各答研究人口統計近一年，之前他多半時間在西安擔任自動化生產系統講師。他提出的死亡人數是一千七百萬人。這項研究在國內外都不被接受，因為它只看死亡紀錄。美國人口統計學家巴尼斯特（Judith Banister）說：「當時人口大量死亡，有一半沒有登錄。人們忙著求生，誰還管統計數字。」[14]主持研究的蔣正華因為這件工作而得到豐厚的回報，並被提拔為人大副委員長。

當局不像從前那麼笨

就像廣東的袁偉時因義和團文章而掀起軒然大波，楊繼繩在《墓碑》出書後也準備接受當局的鞭撻。他肯定不堪一擊。楊繼繩仍然住在新華社提供的公寓，還到銀行兌領政府每月給他的退休金支票。但到目前為止，啥事也沒發生。甚至二〇〇九年在北京一家書店公開演講《墓碑》，也沒有遭到當局阻撓。[15]與他合作的人也同樣未受黨騷擾。人口統計學家王維志住在政府智庫分配給他的北京公寓，並在智庫做到退休。余德鴻住在以中國標準算是寬敞的併排屋，還有菜園，是退休時市府水利局送的。楊繼繩說：「當局不像從前那麼笨，如果這發生在過去，我早完了，我的家也毀了。但我還活著，還在寫書與演說。事實上，沒送我去監獄這本身就說明有所改變。」

楊繼繩談到黨，就好像它是個逐漸被馴化的野獸，但仍需要進一步教化，人們才能直接接近它。他說中國需要逐步改變，別退回「暴力政權和暴徒的惡性循環」。

在最新一輪歷史定調爭議中，黨表現得有如一頭狡猾又千變萬化的野獸，和它管理經濟的方式如出一轍。直接在黨的勢力範圍裡向它挑戰的人，最後都被打倒並剝奪公開發聲的權利。黨認識到不再需要處死批評者，只要不讓他們說話或將他們邊緣化就行了。更重要的是，黨處死異議人士，不再像從前那麼容易脫身。老黨員茅於軾清楚記得過去的殺人鬥爭，現在死亡人數較少，代表已經有所進步。

茅於軾現年八十歲，是位溫文儒雅的自由派經濟學家，二〇〇八年末幾位政治運動者找他簽署一份叫做《〇八憲章》的請願書。其名源自冷戰時期捷克由哈維爾（Vaclav Havel）帶領的異議人士於一九七七年所散發的請願書《七七憲章》（*Charter 77*）。如同《七七憲章》，《〇八憲章》堅定要求中國民主並享有充分法律保障人權。但會讓黨發飆的，正是這種主張。提出後，國安單位拘留被控起草憲章和收集簽名的人，並試圖到一千名左右的簽署者家裡加以審問。茅於軾被列為簽署者。國安人員到他家尋求解釋時，茅於軾堅稱沒簽字，儘管有人找他簽。他後來說，請願者到他家拿出草稿時，他的第一反應是告訴他們請願文件不要挑明了搞對抗，並加進一些肯定黨相較於黑暗過去大有進步的話。[16]

他說：「過去有這麼多人因為看法不同被殺害，我估計五千萬人被（共產黨）政府殺害。

他們每天殺死五千人，但近來，政府連要殺一人都有困難。過去我活在恐懼中，毫無保障可言；現在我生活沒有恐懼。」

並不是每個涉及《〇八憲章》的人都有這麼好的下場。劉曉波是憲章起草者之一，二〇〇九年六月被正式指控「煽動顛覆國家政權」前，他已先被關押了六個月。最會嚇壞與激怒當局的，正是像劉曉波這種沒有其他心機、只是單純擁護自身信念的異議人士。劉曉波畢業於北京師範大學中文系，首次入獄是因為參與八九民運。獲釋後，他無懼地持續公開批評黨，使得他之後又不斷受到關押。但《〇八憲章》惹惱黨的程度又進了一步，遠非過去能比，現在他犯了籌畫對抗黨的滔天大罪。

藉由將劉曉波判刑十一年，黨昭告世人它的不悅，因為在煽動顛覆國家政權罪於九〇年代末出現以來，劉曉波是所有被控該罪的人之中刑期最長的。為了讓抗議關押劉曉波的西方國家明白黨的不滿，他的審判在二〇〇九年十二月下旬進行，以便在聖誕節宣布判決。劉曉波的入獄，以一種奇特的方式證明了茅於軾的說法。在過去的共產中國，體制會剷除像劉曉波這樣挺身對抗它的人；現在，體制則是讓劉曉波在牢裡受苦，藉以殺雞儆猴，嚇阻任何膽敢有樣學樣的人。而這就是目前中國政治進步的程度。

注釋

1 《墓碑——中國六十年代大饑荒紀實》，香港：天地圖書，二〇〇八。
2 楊繼繩二〇〇八年十二月十三日在北京三味書屋回答提問時，提到武漢查禁此書。
3 Jasper Becker, *Hungry Ghosts*, John Murray, 1996.
4 這段對話發生在二〇〇一年。二〇〇四年當我再次參觀博物館時，展覽的內容還是沒有改變。
5 陸昊，〈在青年中弘揚愛國主義光榮傳統〉，《人民日報》，二〇〇九年四月十七日。
6 《人民日報》，二〇〇二年九月九日。
7 《南方週末》，二〇〇六年八月三日。
8 Chapter 4 in David Shambaugh, *China's Communist Party: Atrophy and Adaptation*, University of California Press, 2008.
9 黎瑞剛把這件事至少說給兩人聽，而他們又轉述給我。
10 為配合二〇〇八年北京奧運會，中國又發行了一些新鈔，上頭的圖案是奧運會場。
11 *New York Times*, 1 September 2006.
12 袁偉時文章的翻譯引自東南西北網站（www.zonaeuropa.com），二〇〇六年一月二十六日。二〇〇八年初，我也採訪了袁偉時、李大同及《冰點》其他的高階主管。
13 好萊塢電影《北京五十五日》（*55 Days in Peking*）以西方角度描繪了這個事件。

14 巴尼斯特一九八四年在北京提出一份報告，估計死了三千萬人，見Charles Louis Kincannon and Judith Banister, 'Perspectives on China's 1982 Census', in *A Census of One Billion People*, Beijing, Population Census Office under the State Council and Department of Population Statistics of the State Statistical Bureau, 1986, pp. 288-312。她根據中國一九四九年後的三次人口普查報告（一九五三年、一九六四年、一九八二年）做出計算，她在電子郵件中形容這是「極佳的追溯全國生育率調查」。她說，當時聽講的人很多不相信她的數字。

15 直到二〇〇九年十月，楊繼繩仍未因他的書受到正式處分。

16 *Sydney Morning Herald*, 19 January 2009.

後記

我住在北京的最後一段時間，忙著收拾房子、準備出國、躲避公安、尋找一名律師。警方不光找我這個人。我住的公寓大樓位於北京東西向大道上，幾分鐘計程車程就可以抵達北京政治和精神核心的天安門廣場。大多時候，我位於城中央的住處出入極為方便。但隨著中共建國六十週年（二〇〇九年十月一日）的到來，公寓大樓卻變成麻煩之地。警方家家戶戶盤查，盤問每間公寓的住戶並檢查證件，確保大閱兵路線安全。

搬出公寓後，我們一家人暫時住到朋友的公寓大院裡。全家人的護照已送進英國大使館等待簽證。情況就是這麼單純，許多舉家搬到異國的人都會因為短期的調派異動而必須處理這些事情，但對於處在政治敏感時期的北京警察卻是太複雜了。由於已有一次前車之鑑，若解釋不清為什麼拿不出護照，最好的辦法就是完全避開警方，避免進一步巡查或是被逐出公寓大樓。警方已警告居民，在閱兵當天及之前彩排時關閉窗戶，別在陽台逗留。閱兵要展示的是強大的民族驕傲，公寓是城裡觀賞這場特殊遊行的最佳地點，在這段時間卻要緊閉門窗。

後來有人透過電子郵件將遊行隊伍全景照片寄給中國觀察者群組分享，上頭有士兵、坦克和快樂的西藏和新疆等少數民族，在大道上整齊列隊數英里長。群組裡的某位知名漢學家說，這張照片明顯有問題，必定是穿正式服裝的彩排，因為街上沒有參加慶祝活動的歡呼民眾。情況正好相反。沒有百姓參與活動，正好證實照片拍的是正式遊行現場。**人民不是第一次被排除在慶祝中華人民共和國的活動外**。

大約在同一時間，我自己也在進行調查。離開中國前，我想追查李方平律師的下落，瞭解三鹿訴訟案的近況。但李方平躲起來了，行蹤不明。雖然一直在為三鹿奶粉的受害孩子奔走，李方平和志同道合的社運律師還接下其他敏感的案子。他們力圖捍衛法輪功信徒，並擔任被指控在二〇〇八年與之後參與拉薩暴亂的少數族裔和藏人的法律代表，這下激怒了當局。

國慶一個月前，一群三鹿受害嬰兒的父母接到警告，因為他們試圖前往北京為三鹿事件週年共聚一堂。警察包圍這些孩子受毒害滿一年的父母，並告知他們是非法組織的成員。警方的意思很明確，父母要麼待在家裡，或冒坐牢的風險去北京。隨著建國六十週年即將到來，新形成的律師網絡也成了國安人員注意的目標。李方平不敢在這段時間前往北京市區，全市充斥安全人員。有時李方平會用他的手機打電話給我，答應要和我見面。但多數時候，李方平電話關機，不讓當局利用訊號跟蹤他。

小律師受到的騷擾及國慶的強勢安全措施，相較於發生在中國的其他事情可能微不足道。在歐、美、日受金融危機影響而經濟停滯之際，中國共產黨於二〇〇九年提供國企大量資金，引起經濟驚人的反彈回升。中國經濟激長不是件小事，它可以直接挹注全國數以千萬計老百姓的生活，不管分配有多麼不平均。在海外，中國的聲音在全球性的論壇受到空前的尊重和佩服。但是對黨而言，像李方平這類律師和他代表的普通家庭，仍然構成威脅，必須由巨大的安全機構不斷加以監視。

毛澤東統治下的中國與其他極權體制有許多相似之處。借用人們常說的話，恐嚇不只是體制的副作用，恐嚇本身就是體制，藉以延長毛澤東的統治。過去三十年來，共產黨倒轉這個公式。現在恐嚇真的只是副作用，使用時相對謹慎，在很大程度上非必要不用。**在當代中國，體制的維持是靠誘惑而不是鎮壓，其目標是吸收而不是強迫人民**。但即使如此，恐嚇仍是體制生存不可少的要素，需要動用時一點也不覺得尷尬。某官員曾告訴我：「人民必須怕政府，否則國家就會四分五裂。」從國家打擊李方平律師和他的當事人的方式可以證明，**在黨粗暴、浮誇的外表底下，藏著一個深知其正當性有限和民意基礎不堪一擊的政權**。

閱兵過後幾天，廣東替維權人士打官司的知名律師劉士輝穿著自己設計的T恤騎單車，前面的口號是「一黨專政是災難」，取自一九四〇年共產黨取得權力前新華社的一篇社論。T恤背面是另一句革命前的話，出自前國家主席劉少奇：「共產黨反對國民黨的『一黨專政』，但不要建立共產黨的『一黨專政』。」當地警方不解這種笑話。他們攔下劉士輝並將他拘留審問達四小時。劉士輝說：「他們說我擾亂公共秩序，因為這種T恤和口號會誤導民眾。」警方把T恤剪碎扔進垃圾桶，並在當地超市買件沒有標語的新T恤還他再放他走。[1]

前次和《墓碑》作者楊繼繩談話時，他以深印我腦海的話歸納中國和黨的進步。他說：「體制在敗壞，體制也在演進，在演進中同時敗壞。目前還不清楚最後是哪個勝出。」美國漢學家沈大偉在他的研究也做過類似結論，儘管他將二〇〇八年的著作稱為《中國共產黨：萎縮與調整》（*Atrophy and Adaptation*），但他對黨的調整能力是比較肯定的。他認為，黨不斷調整而避免了萎縮，有點像運動員不斷改變訓練方法以跟上運動的要求。當然，現在運動員可能不時要靠類固醇強身，才能熬過真正艱難的競爭。但到目前為止，沈大偉都算說對了。[2]

要假定黨會在什麼情況下失去政權再容易不過。多年來，金融危機都名列榜首。結果，二十一世紀初的金融大危機反而象徵西方的沒落和中國的崛起，而不是相反。北京加入世界貿易組織是另一個暴露中國弱點的時刻，因為競爭激烈的西方跨國公司將橫掃中國軟弱的對手。再一次，情況正好相反。二〇〇一年全面加入世界貿易體系之後五年，中國的貿易順差增加了八倍。到二〇〇八年，貿易順差是二〇〇一年的十三倍。

許多人預言，中產階級增加，威權統治也就走到了盡頭，就像發生在台灣、南韓和亞洲其他地區的情形，雖然方式不同，但結果相同。但正如某中國學者所說，中國似乎顛倒了已故美國政治學家杭廷頓（Samuel Huntington）的論點，即開發中國家的中產階層先是革命家，後來才變得比較保守。**在中國，中產階級成了維護黨統治的保守勢力。因為會失去太多，中產階級大體上不敢站起來反對政府**。

人們常說貧富不均是黨的另一個死穴。中國極端貧困與（通常以不義方式取得的）龐大財富併存，對自稱是建立在社會主義原則的政府而言，是相當難堪的一件事。黨不斷公開討論貧富不均的解決之道，因為它知道貧富差距如何違背它的立場。但是黨不致因為此一問題而四分五裂。中國已經是企圖心非常旺盛的地方，有點像美國，而美國並不會因為密西西比州和西維吉尼亞州的收入，永遠跟不上富有的馬里蘭州和康乃狄克州而解體。推動中國經濟的，是那些想追上富人的人，而不是拉下富人的人。同樣地，有夠多的中國人自信能為家人打造更美好的生活，就能穩住貧富不均的問題，至少暫時如此。

再來就是貪汙。當然，中國貪汙嚴重，但腐敗政權可以持續很久。涉嫌貪汙而被捕的中國官員一般分為兩類，有時集兩類於一身：他們是政治權力鬥爭的輸家，或因為貪瀆太離譜丟了體制的臉，從而危及其他每個人的遊戲。在中國，貪汙似乎更像交易稅，由統治階級瓜分這不義之財。就此而論，它已經成為黏住體制的膠水。

反貪汙鬥爭喊得震天價響，但因為人贓俱獲而坐牢的官員的風險也微乎其微。自一九八二年，大約每年有十三萬至十九萬官員因瀆職受到黨紀處分，但其中八〇%只被警告了事，只有六%被追究刑事責任，也只有三%會進牢。卡內基國際和平基金會（Carnegie Endowment for International Peace）的裴敏欣計算這些數字，他說：「對於貪汙的官員而言，最多只有三%的機率會進牢，這使貪汙成為高回報、低風險的事。」[3]

除了打擊貪汙，對於所遭遇的難題，黨還算得上勇於負責。相較於十年前，國企與金融業有如脫胎換骨。它們仍受政治控制，但也受其他績效標準檢驗。榮景時徵收的中央稅收，現在終於用在九〇年代末和二十一世紀初嚴重忽視的衛生、教育和福利領域。大部分中國人還是在農村生活和工作，而農村金融已經慢慢開放，部分歸功於過去綁住農民一生的耕地現在可以交易。列寧式的官僚制度繼續存在，但黨加進麥肯錫投資顧問公司的元素，以保障績效。考核官員績效的基準，不論在實際上有多麼沒意義，但它至少把政府必須回應社會輿論的想法灌輸到官員心裡。

政治上，黨從沒停止壓制異議人士，這自然值得高度關注。但即使在這點上，體制也已變得更加高明、低調，不致成為每日的新聞焦點。八九民運後，黨不僅強化各地武警，並配備現代化武器，同時訓練他們盡可能少用武力，以免激怒已經不滿的抗議者。這些年來，幾乎在我訪問過的每個地方，都目睹某種形式的抗議活動。**依我的經驗，多數情況是和平收場，往往是付錢讓人們離開街頭**。如果示威者堅持，甚至試著組成更大的反政府團體，地方當局就會不惜一切手段擊散他們，絕不手軟。但中央不喜歡看到這種對峙。**最好的地方官員是預見麻煩，事前制止發生**。

宣傳工作也更懂得籠絡人心。為了不讓外國媒體和中國網路社運份子比官方媒體搶先報導災害和抗議，當局現在鼓勵地方媒體報導一些負面消息，以維持官方版本在公開辯論裡的主導權。研究宣傳體制的學者布拉迪說，當局在二〇〇三年SARS危機嚴重受創，政府保密造成病毒在該區域大流行。當局開始籌畫一個處理民意的新體制，並向英國布萊爾（Tony Blair）政府在二〇〇〇年到二〇〇一年狂牛症危機時的處理民意經驗取經。布拉迪寫道：「領導層警覺到民眾的抗議可能危及政權，這不是示弱，而是顯示（黨）有生存決心，也有能力吸收新方法和技術維持生存。」[4]

當微調無法成事時，黨還是會大棍侍候。黨中央在北京甚至在省會，努力跟上幅員遼闊的中國各地發生的事。大肆報導貪汙腐敗、浪費公帑、地方牟利和環境惡化這些事都證明了這點。但是，就像塊大磁鐵往上移時，鐵屑會突然緊湊一起，一旦黨釘上了，仍可強迫體制修正並讓成事不足的傢伙小心。

在政治領域，黨的權力無庸置疑。當江澤民下令鎮壓法輪功後，法輪功大致上也就從中國消失了。儘管要讓經濟聽黨的話沒那麼容易，但在緊急時刻，它還是能夠動員體制。二〇〇八年底，當中國與世界其他地方一同墜入金融危機的經濟深淵時，黨吩咐銀行提供借款，銀行樂得照辦。二〇一〇年初，黨的政策逆轉，要求銀行放緩借款，銀行雖然不情願，最後還是乖乖聽話。

在環保上，黨也同樣享有大權。在忽視環保議題數十年後，中央現在已開始試著主導全國性的環保政策。但當局並非犧牲發展來換取環保，而是把環保變成一個經濟機會，提供企業投資替代能源的各種誘因。於是，不過短短幾年，中國不僅是風力發電機與太陽能面板的最大生產國，也是所謂淨煤發電技術的頭號投資者。

大致上，黨的正當性仍仰賴經濟。經濟成長在國內是黨的最重要支柱，也是中國現在打進世界各地的主要力量。經濟成長可以維持生活標準、政策彈性、內部的利益交換網絡，也是全球談判的籌碼。中國成長模式的缺陷指證歷歷，也無法長期維持下去。《金融時報》經濟評論員沃爾夫，二〇〇九年末以極為簡單的計算，對體系抑制個人消費並鼓勵投資和出口的嚴重扭曲做出總結。他說：「在二〇〇七年，個人消費只占國內生產毛額的三五％。與此同時，利用經常帳盈餘，中國把一一％的國內生產毛額投資於收益低的外國資產。別忘了中國還有幾億人生活多麼窮困，然後再想想，淨匯到海外的資源相當於個人消費的三分之一。」

這個計算最諷刺之處不在於它解析了中國的經濟奇蹟，而在於讓中國人知道曾經勇於挑戰既得利益的黨，現在卻從這種扭曲中獲利，而百姓又到底分到了什麼好處。下一階段的經濟改革會有更高的政治風險。如何拆散黨內因國家在經濟上的特殊地位而得利的強大金錢利益集團？揭露國家的經濟利益分配是否會對黨的政治影響力造成無可彌補的損害？走出這片密林並不容易，但也不可輕估黨的適應能力。

經濟成長所意味的不僅是收入提高而已。**經濟成長帶給中國人驕傲，讓許多中國人覺得曾被西方羞辱的偉大文明終於復興了**。這種自豪反過來又成為黨領導人手中的利器，因為黨自命為中華民族自然而強大的捍衛者。中國人以民族復興自豪，對長期高度發展並曾遙遙領先的中華文明充滿文化自信，都是很自然的事。美國是個例子，就外人看來，美國人越富有，就越愛國。中國人沒有理由不同。但在黨的教育下，愛國主義和民族主義近幾年在中國已經變質到叫人難以忍受。

中國常常給人一種像是九一一恐怖攻擊後的美國的感覺，對外人充滿憤怒，堅持要把世界劃分得敵友分明。通常客氣而明理的官員及友善的人民，只要話題轉到西藏和達賴喇嘛、過去日本的侵略、新疆暴動和台灣，馬上變得激動而憤怒。在民主國家如美國，辯論與時俱進，政府上台下台。我待在中國的時期，難與官方冷靜而文明地在這些議題上交換看法。對西藏和抗日戰爭等問題如果看法不同，馬上可以變成對中華民族的嚴重侮辱。美國漢學家傅士卓（Joseph Fewsmith）曾說：「**如果『文明社會』的要件是客氣，中國還沒做到。**」儘管他說這句話時是在談另外一件事，但用在這裡十分恰當。

但即便在這點上，政治體制也做了調整。我曾經相信，民族主義變得如此失控，有可能威脅到黨本身。**在中國，人民知道要怕黨，但當愛國主義發作，黨反而怕老百姓**。二〇〇五年初的反日示威是另一個別低估黨適應能力的證據。當反日騷動在各城爆發，警方先是不加干涉，直到示威的規模足以把憤怒和報復的訊息傳到東京，接著警方介入，使之不致失控，變成反黨的論壇。

在大型示威當天，更能看出無所不能的國家的真正本事。在北京和其他地方，警察徵用國有電信網路，頻發簡訊以確保局勢不致失控。澳洲國立大學的巴梅說，這些簡訊「讓人一瞥中國當代充滿朝氣的威權統治奇妙而又令人不安的一面」：[6]

> 北京市公安局提醒您：不信謠、不傳謠，理性表達愛國熱情。不參加非法遊行活動。中國網通公司祝您五一節日快樂！
>
> 幫忙不要添亂，愛國不要違法，做一個遵紀守法的好公民。中國網通公司祝您五一

節日快樂！

平日忙碌辛苦，五一長假快樂，構建和諧社會，定要遵紀守法。

大示威的最後，在北京日本大使館外，警方祝福群眾好。雖然他們向大使館投擲磚頭，但警方讚揚他們的克制和愛國，並要他們回家，大多數人聽勸回家。

從反日示威的處理可以看出，黨不一定非要控制敏感議題的民意，而是可以引導民意，讓它配合當下的優先政策。二〇〇六年九月，在示威一年多後，日本首相由小泉純一郎換成安倍晉三，中國的領導人也跟著調整政策。北京認為安倍比小泉友善，胡錦濤立即同意雙方會面。官方新聞立即改變語調，把重點放在雙邊關係的「積極」面。警方悄悄拜訪反日示威領導人，告訴他們暫時停火，因為北京正在測試東京的新領導人。一年前還對日本充滿憤怒的群眾馬上保持沉默。

很多西方評論反覆嘮叨中國即將崩潰，彷彿整個世界就要被這件事拖垮。這種看法錯失重點。**中國失敗或成功都會動搖世界**。任何像中國這麼大規模、高成長的國家，都必然會晃動既有的秩序。**世界各國必須調整並與中國競爭**，無論是為了亞洲海上通道的優勢、非洲勘油、世界銀行和國際貨幣基金重訂規範，或者是為了最新的行動電話標準。無論是哪件全球議題，中國都不可避免地處於事件的核心地位。

無論如何，中國對經濟發展的重視，使得北京受到處理這些議題的全球性組織的約束。從聯合國、世界貿易組織到核子供應國集團（Nuclear Suppliers Group），中國已成為越來越活躍的成員。中國有心在這些機構發聲，但不想完全顛覆這些機構，因為任何不穩定都會反過來影響它。在此同時，**儘管中國對全球事務的參與與日俱增，但其內部問題的規模，及其深度、多樣和多元性，意味著內政仍是中央領導人的首要之務**。外人很難明白，胡錦濤早上醒來根本就不會擔心美國參議院怎麼了，而是關注河南的農民暴動、山東的新省委書記人選、上海的貪汙案件、山西的礦災等等。中國比以往更加關心外界，但早上放到胡錦濤辦公桌上的本地問題一定是優先處理。

在中國，人們不在意國家獨特的體制，而是引以為傲。《環球時報》是黨喉舌《人民日報》旗下一份煽動民族主義的小報，高唱中國的崛起，結束了美國在後冷戰時代「單邊」稱霸世界的局面。二〇〇九年十月的社論版寫道：「中國對世界政治最大的貢獻是透過革命、改革和發展，中國已經向世界表明，西方模式不是實現現代化的唯一方式，中國也展示了非西方世界並不一定跟隨西方的腳步。」[7]

社論掌握了中國長期以來的信念，但至今仍受困於金融危機的西方世界直到現在才明白。畢竟，冷戰的結束並不意味歷史的終結。中國的共產主義體制在許多方面是差勁、浪費、腐敗的，還經常功能失調；在金融危機之後，上述的組合又添上幾許危險的傲慢。但是體制也表現得靈活多變，化解丟到面前的各種問題，讓西方許多人大為驚訝，甚至心生恐懼。

沒有民主選舉和公開辯論，難以論斷有多少民心支持黨。但不可否認，**在毛澤東死後，黨的兩大權力基礎——經濟成長與民族主義的再起——變得更加穩固。中國共產黨及其領導人從來就不想讓崛起的中國成為西方世界的一員**，中國老早就清楚這一點，但許多已開發國家的人卻直到現在才開始明白。**中國共產黨及其領導人希望中國能以自己獨有的方式成為世界強權**，而在可預見的將來，他們的願望可能會成真。

注釋

1 *South China Morning Post*, 12 October 2009.

2 當然，運動員的比較是我提出的，不是沈大偉。

3 Carnegie Endowment Policy Brief, No. 55, October 2007.

4 ‘Making the News Fit to Print’, *China Journal*, March 2009.

5 *Financial Times*, 23 September 2009.

6 見巴梅二〇〇五年五月五日的澳洲國立大學演講，講題為Mirrors of History: On a Sino-Japanese Moment and Some Antecedents。

7 《環球時報》，二〇〇九年十月二日。

致謝

新聞記者所仰賴的，是世界各地人們心中的善行、好意與民主，身在中國的記者尤其如此。但在中國，同樣屬實的是，討論政治體制內部運作的人，會惹上大麻煩。即使與外國記者說些無傷大雅的事，也會影響個人的事業發展。因此，儘管我要謝很多人，他們可能不會感謝我這麼做。

中國共產黨往往近乎病態的保密作風，解釋了我在以下的致謝中遺漏這些年來在中國幫助我的許多人，包括替本書蒐集資訊的人。書中引述了許多人，他們同意記錄訪問，有的是在一九九二年至二〇〇〇年我在《金融時報》工作時受訪，有的則是在二〇〇八年五月到二〇〇九年五月我在中國研究與撰寫本書期間受訪。一些材料是九〇年代中期在香港和中國蒐集的，當時我替《澳洲人報》（*The Australian*）工作。書中也匿名引述了許多人，這不是最好的辦法，但難以避免。

這些年來，許多人在中國幫助我，不一定是在寫書的過程，而是以他們的著作、對話、研究或僅僅指引我正確的方向。有幾個人只是透過電子郵件認識，包括Jasper Becker、Nicholas Bequelin、Robin Bordie、現已過世的Jim Brock、Andrew Browne、Chris Buckley、Nicolas Chapuis、

Ching Cheong、Clinton Dines、Ding Xueliang、Erica Downs、Michael Dunne、Graeme Fletcher、John Garnaut、Stephen Green、Ha Jiming、Michael Han、Sebastian Heilmann、Bert Hofman、Rupert Hoogerwerf、Trevor Houser、Fraser Howie、Nico Howson、Szu-chien Hsu、Yasheng Huang、Bruce Jacobs、Joseph Kahn、Nicolas Lardy、Yu Maochun、Alice Miller、Luke Minford、Barry Naughton、Mark O'Neill、Gordon Orr、Lynn Pan、Andy Rothman、Flora Sapio、Bob Shi、Victor Shih、Robert Thomson、Joerg Wuttke與Wu Xiaobo。Richard Baum的中國問題專家人才庫ChinaPol是個源源不絕的寶貴資源。

幾位人士好心地願意閱讀某些章節並提供寶貴的意見。特別感謝Carl Walter、David Shambaugh、Bruce Dickson、John Fitzgerald、Arthur Kroeber、Anne-Marie Brady與 Zhou Xun。John Burns在我寫組織部時提供了寶貴的指導。Duncan Clarke、Don Clarke、David Lague、Alex McGregor、Peter Hartcher與Melinda Liu也提供了有用的意見。

香港中文大學中國研究服務中心的蕭今和組員都幫了大忙，就像他們多年來幫了許多心存感謝的學者。

特別感謝這些年來我在中國《金融時報》出色的同事James Kynge、Mure Dickie、Geoff Dyer、Jamil Anderlini與Andrew Yeh，也要感謝Kathrin Hille給了我有關台灣的建議。還要感謝在香港和倫敦的John Ridding、Lionel Barber、Dan Bogler與Victor Mallett，他們在我告假一年及我在中國採訪新聞時鼎力襄助。

就像多數在中國的外國人，我也一直受益於勇敢的當地人的協助。Samuel Shen、Sun Yu與Wang Bing長期忍受我，特別是Sun Yu。Li Bibo提供本書寶貴的研究協助與洞察，還挖出大量的珍貴資料，最重要的是，他瞭解手上的主題。

我的幾位經紀人，英國的Felicity Bryan與華府的Gail Ross和Howard Yoon，他們立即接受本書這個題材，同時協助我處理提案大綱以提交出版商。我很感激美國出版社HarperCollins的Tim Duggan以及Penguin出版社的Will Goodlad 執行本書的出版工作。

中國外交部如果注意到本書，可能不會太喜歡。我傾向於認為，中國政府不會太關注在國外發行的書，除非它的重點觸動政府的敏感神經，如西藏、新疆、台灣和被取締的宗教組織法輪功。不論如何，作為主管外國記者的機構，我衷心感謝外交部多數時候盡力維持的禮貌、專業與協助。

沒有妻子Kath Cummins的愛與支持，一切都無可能；她在二〇〇〇年遠離故鄉坎培拉，隨我投入中國異鄉。到了二〇〇九年我們離開中國的時候，她已有四分之一的生命在中國度過。我欠她的遠比她知道的多得多。我們兩個可愛的孩子Angus與Cate，分別出生在上海和北京。我當然覺得他們生長在中國是幸運的，不僅僅是說得一口流利的中文，也從小養成良好的飲食習慣（「媽媽，我還要豆腐！」）。中國無疑是世界上最令人興奮、最有趣的國家，我希望孩子永遠都會這樣覺得，就像我一樣。

二〇〇九年八月於北京

全球視野55

中國共產黨不可說的祕密

2011年9月初版
2019年6月初版十七刷

Printed in Taiwan.

定價：新臺幣350元

著者	Richard McGregor
譯者	樂為良
叢書主編	鄒恆月
特約編輯	李尚遠
封面設計	李東記
內文排版	林燕慧

出版者	聯經出版事業股份有限公司
地址	新北市汐止區大同路一段369號1樓
編輯部地址	新北市汐止區大同路一段369號1樓
叢書主編電話	(02)86925588轉5315
台北聯經書房	台北市新生南路三段94號
電話	(02)23620308
台中分公司	台中市北區崇德路一段198號
暨門市電話	(04)22312023
郵政劃撥帳戶第	0100559-3號
郵撥電話	(02)23620308
印刷者	世和印製企業有限公司
總經銷	聯合發行股份有限公司
發行所	新北市新店區寶橋路235巷6弄6號2F
電話	(02)29178022

總編輯	胡金倫
總經理	陳芝宇
社長	羅國俊
發行人	林載爵

行政院新聞局出版事業登記證局版臺業字第0130號

本書如有缺頁，破損，倒裝請寄回台北聯經書房更換。　ISBN 978-957-08-3874-9 (平裝)
聯經網址 http://www.linkingbooks.com.tw
電子信箱 e-mail:linking@udngroup.com

The Party: The Secret World of China's Communist Rulers

國家圖書館出版品預行編目資料

中國共產黨不可說的祕密/ Richard McGregor著．樂為良譯．初版．臺北市．聯經．2011年9月（民100年）．344面．14.8×21公分（全球視野：55）
譯自：The Party : the secret world of china's communist rulers
ISBN 978-957-08-3874-9（平裝）
[2019年6月初版第十七刷]

1.中國共產黨 2.共產主義 3.中華人民共和國

947.1 99009386

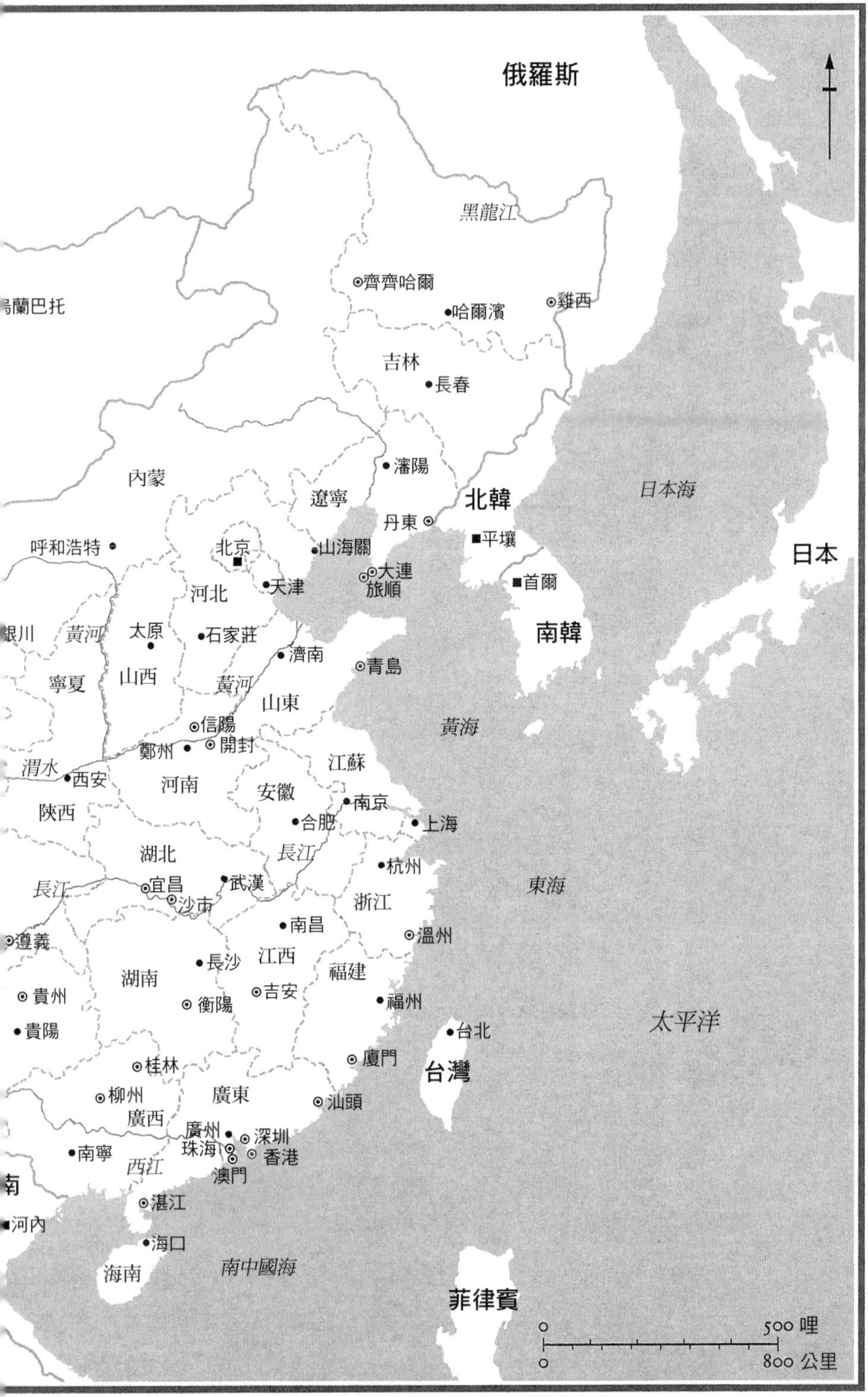

俄羅斯
黑龍江
齊齊哈爾
哈爾濱
雞西
蘭巴托
吉林
長春
瀋陽
內蒙
遼寧
北韓
日本海
丹東
呼和浩特
北京
山海關
平壤
日本
大連
旅順
首爾
河北
天津
銀川
黃河
太原
石家莊
南韓
濟南
青島
寧夏
山西
黃河
山東
信陽
黃海
鄭州
開封
渭水
西安
江蘇
河南
安徽
南京
陝西
合肥
上海
湖北
長江
杭州
長江
宜昌
武漢
東海
沙市
浙江
遵義
南昌
溫州
江西
長沙
福建
湖南
貴州
吉安
衡陽
福州
太平洋
貴陽
台北
廈門
桂林
台灣
柳州
廣東
汕頭
廣西
廣州
深圳
珠海
香港
南寧
西江
澳門
南
湛江
河內
海口
海南
南中國海
菲律賓
0
500 哩
0
800 公里

國界
省界
首都
省會
其他城市
俄羅斯
哈薩克
蒙古
阿拉木圖
烏魯木齊
吐魯番
巴里坤
哈密
吉爾吉斯
新疆
塔吉克
敦煌
甘肅
阿富汗
青海
西寧
伊斯蘭馬巴德
長江
巴基斯坦
瀾滄江(湄公河)
西藏
怒江
四川
新德里
尼泊爾
雅魯藏布江
拉薩
加德滿都
辛布
不丹
印度
孟加拉
昆明
達卡
雲南
加爾各達
緬甸
寮國
孟加拉灣
永珍
泰國